第一章

习近平新时代中国特色社会主义高等教育思想的理论内涵和价值取向研究

习近平总书记关于高等教育的重要论述是习近平新时代中国特色社会主义思想的一个重要组成部分。习近平总书记关于高等教育的论述主要由战略地位、办学方向、重点工作、师资建设、发展动力、重要保证和发展新路径等内容组成。这一系列论述的形成是有理论依循的，它是对马克思主义教育思想的继承、创新和发展，是对中华优秀传统文化教育观点的汲取和厚培，是对党的历代领导人高等教育思想的概括和升华；它体现出了一定的人民性、时代性、战略性和开放性。这一系列论述开辟了马克思主义中国化高等教育理论的新境界，是对中华优秀传统文化中关于教育理论在新时代的新开发，形成了党在新时代关于高等教育发展理论框架的新思路。教育活动作为一种人类社会特有的社会活动，它的重要作用在于既是对人类已有的知识文化的传承，又承担着培养人类价值观体系的任务。如果说教育是一种站在巨人肩膀上看世界、理解世界、改造世界的活动，那么，高等教育就是一种站在最高的巨人的肩膀上看世界、理解世界、改造世界的活动。“高等教育的任务是培养具有社会责任感、创新精神和实践能力的高级专门人才，发展科学技术文化，促进社会主义现代化建设。”① 高等教育的目的是让人变为更好的人。21 世纪已经过去了五分之一，在这 20 年里，世界各国发展异常迅速，要想永远地在世界民族之林站稳脚跟、紧跟时代，高等教育是相当重要的。高等教育发展的好坏事关国计民生，事关人民群众的精神需求。党的十八大以来，作为新一代党中央领导集体的核心，习近平总书记不断探求我国

---

① 中华人民共和国高等教育法：2018 年修订版［N］. 人民日报，1998-08-30.

传统教育文化的继承，《尚书》中提到“天降下民，作之君，作之师”，可见在中国古代，师的地位是极尊贵的。古人“尊教重道”，今人“尊师重教”，这是一个道理，《子贡尊师》《张良拜师》《程门立雪》等尊师的故事至今仍然流传。中国传统文化中的教育思想是我们今人取之不尽的财富，更是习近平高等教育思想形成的历史源头。

第三，中国共产党历代领导人都十分关心教育事业的发展，尤其是事关中国前途命运、事关人民幸福的高等教育。历代领导人关于我国高等教育的重要论述、重要思想是习近平高等教育思想形成的直接来源。

党创办高等教育的历史始于革命时期，革命时期的高等教育主要是为了挽救民族危亡，培养民族脊梁、革命人才而创建的。陕北公学的创立就是革命时期高等教育为民族解放而服务的真实写照。陕北公学就是要造就一大批革命的先锋队，顺利完成中国革命的任务。毛泽东时期，高等教育诞生和发展的目的就是为革命服务，它是培养马克思主义者的重要教育阵地。中华人民共和国成立后，毛泽东主张借鉴苏联高等教育办学模式，坚持正确的政治方向，这些为我国高等教育的发展奠定了总基调。他还强调教育要与生产实践相结合，教育要为生产劳动服务，因此“上山下乡”是那个时期高等学校学生独特的教育活动。“四人帮”被粉碎后，邓小平主动请缨，主抓科学教育工作，在教育部召开的全国教育工作会议上，他提出了教育要为无产阶级政治服务、与国民经济发展相适应的观点，针对“文革”中高等教育的混乱局面，他提出要尊师重教，尊重教师的劳动。① 江泽民同志把高等教育的影响上升到社会主义现代化建设的龙头地位，他指出高等教育为社会经济发展提供了强大的生力军。他提出实施科教兴国战略，大力提升科学教育的水平，发挥高等教育的主要引领作用。十六大之后，胡锦涛同志高度重视高等教育的人民性，高等教育的办学要坚持以人为本，把人民满意作为检验高等教育的重要标准。习近平总书记关于高等教育的重要论述，与中国共产党历代领导人的高等教育思想是一脉相承的，对新时代我国高等教育的发展具有重要指导意义。

---

① 姚海鹰. 论邓小平对马克思主义教育政治学思想的继承与发展［J］. 南通航运职业技术学院学报，2008（01）：18-23.

二、习近平总书记关于高等教育论述的主要内容

习近平总书记在党的十九大报告中指出："建设教育强国是中华民族伟大复兴的基础工程。"① 发展教育是一个国家的基础事业，而且作为培养高级专门人才和职业人员的高等教育作为教育工程的上层，承担着直接为民族复兴育才、为社会经济发展输入人才的重要功能。习近平总书记高度重视高等教育支撑经济社会发展方面的作用，高等教育的发展在国家的整体发展格局中被放在了突出的位置。习近平总书记关于高等教育的论述思想深邃，内容广泛，从高等教育的地位、作用到高等教育发展的目标任务、发展战略，最后到如何实现高等教育发展的新路径，层次递进，构成了习近平新时代中国特色社会主义高等教育思想。

（一）高等教育是实现中国梦的重要抓手

习近平总书记强调："办好高等教育，事关国家发展，事关民族未来。"②

中国梦的实现，离不开高等教育的大力支持，离不开高等教育培养的大量人才。高等教育的基础作用就是培养人才，社会主义国家的高等教育就是要培养社会主义事业的建设者和接班人，培养为社会主义奋斗终生的人才。高校一定要把培养人才、培养高质量的人才作为立校育人的根本，要改变学校教育的着力点，由关注外部条件转变为关注人才培养，提高培养人才的质量。国际竞争说到底是人才的竞争，人才资源具有厚积薄发的特征，具有后发的优势，有着无穷的潜力。习近平总书记指出："高等教育是一个国家发展水平和发展潜力的重要标志。"③

教育发展要与生产实践结合，要为经济社会发展服务。"科学技术是第一生产力"，科技能够提高经济发展水平，高等人才是科技与经济相互促进的重要纽带，而高等教育又是培养高等人才的深厚土壤，高等人才从高校走向社会，能够对经济社会发展起到科技智力支撑的作用，实现科技智力的经济效益。我们应该尽快解决如何把高质量的人才队伍转化为发展优势的问

① 中国共产党第十九次全国代表大会文件汇编［G］. 北京：人民出版社，2017.

② 罗进忠. 坚持正确办学方向 加快高校改革发展［J］. 社会主义论坛，2018（7）：45-46.

③ 习近平在北京大学师生座谈会上的讲话［N］. 人民日报，2018-05-03.

界最大的留学生输出国，同时也成为亚洲最大的留学目的地国。

（3）服务“一带一路”倡议取得新进展。中外合作办学的规模和水平取得双提高。截至2018年年底，我们已在140个国家和地区建立了548所孔子学院和1193个孔子课堂。① 正如习近平总书记评价的那样：“孔子学院是世界认识中国的一个重要平台。”② 教育对外开放对国家建设的影响是全方位的，有的是显性的影响，如对我国教育，特别是对高等教育自身发展的促进是显而易见的，无论是人才队伍建设还是办学管理，都与对外开放密不可分；也有许多是隐性的影响，正如习近平总书记所说的那样，不同文化的交流会发生奇妙的“化学反应”，改变着人们的思维方式和生活方式，促进着人类文明的进步。③ 教育对外开放成绩斐然，但在服务国家重大外交战略、参与教育领域全球治理、推动构建人类命运共同体，更好地满足人民群众多样化、高质量教育需求，更好地服务经济社会发展全局等方面还存在认识不高、能力不足的问题，教育对外开放的质量和效益还不高，一些重大政策措施还有待进一步落实。

习近平总书记说：“坚持和平发展道路，推动构建人类命运共同体。”④ 统筹国内国际两个大局，坚持扩大对外开放，是我国教育应担当的责任与使命。我们要提质增效，扩大教育对外开放。

九、要办好人民满意的教育

中国共产党人的初心和使命，就是坚持以人民为中心，为中国人民谋幸福，为中华民族谋复兴，永远把人民对美好生活的向往作为奋斗目标。

“为人民服务”是教育改革的根本宗旨和发展方向，也是对教育工作提出的明确要求，符合教育工作的实际。党的十七大报告首次把教育列为保障

① 吴晓颖. 世界各地已有548所孔子学院［N］. 人民日报，2018-12-06.

② 习近平. 孔子学院是世界认识中国的重要平台［N］. 人民日报，2015-10-23.

③ 陈赞. 国家主席习近平在伦敦出席全英孔子学院和孔子课堂年会开幕式［N］. 人民日报，2015-10-22.

④ 习近平. 决胜全面建成小康社会 夺取新时代中国特色社会主义伟大胜利——在中国共产党第十九次全国代表大会上的报告［N］. 人民日报，2017-10-28.

和改善民生的重要内容，提出“办好人民满意的教育”的要求。① 这是实事求是、量力而行的重要体现。我国的 GDP 总量从 2007 年的 3.55 万亿美元（世界第三位）增长到 2016 年的 11.2 万亿美元（稳居世界第二位），世界 GDP 总量占比由 5.99%上升到 14.84%；人均 GDP 从 2007 年的 2652 美元（世界第 104 位）增长到 2016 年的 8865 美元（世界第 69 位）。中国已经由低收入国家跃升到中上等收入国家。这是经济社会发展的客观要求，并对教育发展提出了新的更高层次的要求，能够更好地推动人的全面发展和社会全面进步。

（一）教育改革发展的动力

国外媒体曾热炒斯坦福大学经济学家斯科特·罗泽尔对中国教育的研究结论。罗泽尔认为 2010 年中国受过高中教育的劳动者比例为 24%，大大低于经合组织国家的 74%的平均水平，在中等收入国家中排名也很低，不可能维持一个先进的、以服务业为基础的经济体。估计在未来数十年内，大约有 4 亿人技能准备不足，大多数甚至缺少在高收入经济体中所需的最基本技能，因此他判断教育失衡已成中国的“隐形危机”。尽管有点危言耸听，但也并非无稽之谈。

教育者通过教育工作改变人们的命运，提升人民生活质量的过程，也是教育工作者荣誉感、幸福感提升的过程。我们要以增强人民群众安全感、获得感、幸福感为根本标准来衡量教育改革，力争改有所进、改有所成。

（二）深化教改，加快教育现代化

我们要牢固树立育人为本的教育发展观，要坚持内涵发展，以扩大开放促进教育现代化。

习近平站在实现人类社会公平正义的历史高度，道出了每个父母的心声和梦想——“公平而有质量”六个字，重如千钧，清晰地指明了中国教育未来发展的着力点，是谋划教育事业改革发展的生动体现。

① 本报记者. 为党育人为国育才，努力办好人民满意的教育——习近平总书记在教育文化卫生体育领域专家代表座谈会上重要讲话在全国教育战线引发热烈反响[N].人民日报，2020-09-24.

十、为人民满意的教育首先要建设教育强国

习近平指出：“优先发展教育事业。”①

在全国教育大会上，他又一次强调，“坚持优先发展教育事业”②。当今世界的综合国力竞争，说到底是人才竞争，要深化教育体制改革，健全立德树人落实机制。“我们的教育改革，坚持文化自信，好的经验要坚持，不足的要补齐。”③

一是习近平总书记强调，教育应该促进各国学生确立为人类和平与发展贡献智慧和力量的远大志向。

二是面向教育改革谋划发展方向，突出了问题导向。直面矛盾、在矛盾中前进，是我们党的鲜明特征。近年来，我国的教育事业始终坚持问题导向，更进一步为教育强国注入了勇于革新、永不停滞的鲜活力量。

三是人民群众向往优质的教育资源、公平的教育机会。这是我们党的庄严承诺，是必须扛起来、完成好的历史使命。教育强国战略，从受教育者的立场出发、从人民群众获得感和幸福感的立场出发，是民之所盼、民生大计。因此，必然着眼于提高教育质量，办好人民满意的优质教育。教育强国战略，最终是要让人民群众享受改革成果。

四是要解决教育领域存在的问题。必须用改革的办法，大刀阔斧，稳扎稳打地进行下去，以改革推动发展。教育改革要以考试招生制度为切入口。教育改革要着眼于解决短板问题。当前就是要盯住贫困地区，扭住教育脱贫持续用力。通过一系列有针对性的改革举措，不断提高贫困地区教育质量，阻断贫困的代际传递，实现东西部地区之间、城乡之间的教育公平与平衡发展。

五是教育改革要借助信息化建设实现弯道超车。特别是要把西部地区、农村学校作为教育信息化改革的优先领域，优先配置、优先探索、优先使

---

① 习近平. 决胜全面建成小康社会 夺取新时代中国特色社会主义伟大胜利——在中国共产党第十九次全国代表大会上的报告［N］. 人民日报，2017-10-28.

② 习近平. 习近平总书记全国教育大会重要讲话［N］. 人民日报，2018-09-11.

③ 霍小光，张晓松. 习近平回到母校看望师生祝贺教师节［N］. 人民日报，2016-09-10.

用，尽快实现追赶和超越，真正汇聚社会各方面的智慧与力量，实现教育强国的宏伟战略。

六是开辟教育事业发展的崭新华章。要集中资金资源、人力物力、政策项目，特别是要紧盯“公平”二字，把更多的精力放在贫困落后地区和弱势群体上，以实际举措把教育的优先性、重要性真正体现出来。

七是建设具有中国特色的现代教育。要充分把握和运用我国独特的历史、独特的文化、独特的国情，着眼于奋力实现“两个一百年”奋斗目标，践行好中国特色道路，服务好广大人民和国家的发展。如何打造世界水平的现代教育？就是把人才竞争作为提高国家综合竞争力，推动经济社会发展的战略性、纲领性、先导性、全局性资源，不断加强同世界各国的教育交流，扩大对外开放，不断引进人才、培育人才、挖掘人才、储备人才，完成从教育大国向教育强国、人才强国的转变。

办好人民满意的教育，我国的高等教育要贯穿社会主义核心价值观。

在党的十九大精神的指引和感召下，我国高校学习和践行社会主义核心价值观的活动进一步走向深入。习近平总书记对社会主义核心价值观建设重大意义的认识，是站在社会发展、国家建设和民族振兴的全局上提出来的，正是由于深刻认识到中华民族优秀传统文化与社会主义核心价值观之间的渊源关系，习近平总书记坚决反对一段时期以来我国文化教育领域中出现的某些“去中国化”的观念和做法。习近平总书记说：“我很不希望把古代经典的诗词和散文从课本中去掉，加入一堆什么西方的东西，我觉得‘去中国化’是很悲哀的。应该把这些经典嵌在学生的脑子里，成为中华民族的文化基因。”① 他明确提出“教育改革要坚持文化自信，好的经验要坚持，不足的要补齐”②。

习近平总书记不仅重视和倡导中华民族的优秀传统价值观，而且将其自觉地运用到治国理政的伟大事业中去。习近平总书记重视和倡导中华民族的优秀传统价值观，其意义是在新时代背景下对古代民本思想和大同思想的创造性发展和时代性阐释。践行和开展社会主义核心价值观教育，必须体现其

---

① 习近平．做党和人民满意的好老师［N］．人民日报，2014-09-10.

② 习近平．习近平在北京市“八一”学校考查时的讲话［N］．人民日报，2016-09-10.

整体性、系统性和层次性。大中小学开展社会主义核心价值观教育，必须做好顶层设计、系统实施、全面囊括。当然，在不同学段开展社会主义核心价值观教育的具体要求、方式方法可以根据大中小学生的身心发展特点，尤其是价值观形成的阶段性特点有所区别，形成一个方向一致、内容相同、体现学段特点、前后衔接的大中小学的社会主义核心价值观教育体系。

我们要将社会主义核心价值观教育贯穿于国民教育的全过程。培育和弘扬社会主义核心价值观，关键是广大教师要树立起价值观自信。在经济全球化时代既能在价值观领域内沟通中国与世界，同时又彰显中华民族独特的精神气质和价值追求，是团结各民族为实现中华民族伟大复兴中国梦而共同奋斗的坚强纽带。广大教师都必须坚定理想信念，践行社会主义核心价值观。

办好人民满意的教育，要坚持中国共产党在我国高等教育中的领导地位。

习近平总书记指出：“坚持党对一切工作的领导。”①

我们要深入学习研究习近平总书记关于教育的重要论述。为了进一步确立教育在我们党领导的一切工作中“优先发展的战略位置”和“基础性、先导性、全局性地位和作用”②，习总书记深刻地回答了我们的教育培养什么人、怎样培养人的根本问题。

党的十八大以来，习近平总书记立足中国前所未有的接近中华民族伟大复兴的现实，强调教育是国之大计、党之大计。教育强，则国家强。

推进教育事业发展，要通过一系列改革，“加快建设学习型社会，大力提高国民素质”③。立德树人是全面深化教育领域综合改革的任务。要完善市民公约、乡规民约、学生守则等行为准则，要以内涵式发展统领教育领域综合改革，要整体提升教育服务经济能力，要全面深化教育领域综合改革推进教育改革。

---

① 习近平. 习近平在庆祝改革开放40周年大会上的讲话［N］. 人民日报，2018-12-19.

② 习近平. 习近平同北京师范大学师生代表座谈时发表重要讲话［N］. 人民日报，2014-09-10.

③ 习近平. 决胜全面建成小康社会 夺取新时代中国特色社会主义伟大胜利——在中国共产党第十九次全国代表大会上的报告［N］. 人民日报，2017-10-28.

我们要坚持深化教育改革，增强经济社会发展的能力。中华民族伟大复兴的一个重要标志就是文化强盛。习近平总书记说："我们积极推动建设开放型世界经济、构建人类命运共同体，促进全球治理体系变革。"① 在国际舞台上，中国正在展现出新的、强大的文化形象。

---

① 习近平. 习近平在庆祝改革开放 40 周年大会上的讲话［N］. 人民日报，2018-12-19.

第二章

习近平新时代中国特色社会主义思想对高校思想政治教育工作的引领作用研究

第一节　习近平新时代中国特色社会主义思想对高校思想政治教育工作的引领作用研究

一、习近平新时代中国特色社会主义思想在高校思想政治教育中现状研究

（一）新时代高校学生思想政治教育现状

当前，高校学生思想政治教育状况是积极的、健康的、向上的，他们爱党、爱国、爱社会主义，但在现实中也存在着不少问题。主要表现为一些大学生不同程度地存在着政治信仰迷茫、理想信念模糊、价值取向扭曲、诚信意识淡薄、社会责任感缺失、艰苦奋斗精神淡化等问题。如在价值取向上，在市场经济与实用主义的影响下，不少大学生入党动机不纯，入党的目的就是为了评优评先，为以后的就业、择业做准备；部分学生认为思政类、哲学类课程无用，轻视此类课程，故对此类课程不感兴趣，上课玩手机、睡觉已成为常态，甚至部分学生逃课，找人替答“到”，而对关乎他们就业的专业课方面则截然相反，一般花费时间较多，上课的抬头率与听课率都要高于思政类、哲学类课程。

（二）新时代高校教师思想政治教育工作现状

总体而言，高校教师大部分兢兢业业、勤勤勉勉，能够立足岗位、教书育人、敬业奉献，都能做到以习近平新时代中国特色社会主义思想为指导，

用这一最新的理论武装自己的头脑，并及时向学生传达这一最新的思想。但是部分高校教师存在着工作不认真、不安心教书育人、责任心不强的现象。部分教师受市场经济与实用主义的影响，一心向职称看齐，无心教书，并且部分高校党政工作人员对其学生的思想政治教育工作重视不够，工作动力不足，办法不多，尚未形成对高校学生思想政治教育的合力。

（三）习近平新时代中国特色社会主义思想在引领高校思想政治教育工作中存在的问题

目前，各个高校都积极推进习近平新时代中国特色社会主义思想进教材、进课堂、进头脑。并且习近平新时代中国特色社会主义思想进教材、进课堂、进头脑已初具成效，但由于高校自身条件、师资力量等方面的差异，使得习近平新时代中国特色社会主义思想“进头脑”的效果不尽相同。

同时，根据调查、随访、座谈等方式获得的资料显示，高校思想政治理论课过于理论化、抽象化，不够生动，部分教师照本宣科、生搬硬套，方式创新不足，未能很好地将习近平新时代中国特色社会主义思想用学生喜闻乐见的方式讲解出来，未能很好地将理论讲解与学生生活和学习的实际紧密结合，对学生的吸引力较差，并且思政类相关的实践教学和实践活动开展不足，甚至是流于形式，没有做细做小、落实到位。还有部分高校教师重科研不重教书育人，不肯在钻研教材、钻研学情上花费时间，导致理论武装不够扎实。调查结果也显示，部分高校教师花在研读“习近平新时代中国特色社会主义思想”系列著作上的时间很少，不能很好地掌握习近平新时代中国特色社会主义思想的精髓，不能很好地将马克思主义理论教育与高校学生生活学习的实际联系起来，从而导致对学生的思想引领力不够，并且针对部分学生逃课、上课睡觉、玩手机等现象，有些高校教师听之任之，放任自流，没有采取有力的监管手段。甚至教师自身在思想上存在误区，认为高校思政类课程是面子工程，只管上课，其余不管不问，使得这一现象愈演愈烈，影响整个班级，甚至导致整个学校在思政课类课程中对学生管理持不负责任的态度。另外，部分高校对学生的思想政治教育工作不够重视，思想认识不到位，抓得不够严，落实不到位，认为思想政治教育工作这项“务虚”的工作远没有其他工作出成绩、出成效。故他们在实际工作中，往往将思政工作位置摆得很高，口号喊得很响，较注重形式，但是距离真正落到实处还有很大一段距离。随着新媒体时代的到来，部分高校并未做到与时俱进，打造专门的网络学习平台介绍新时代理论最前沿的思想，并且对网络上一些误导学生“三观”的信息并未及时做出有力的回应。

二、习近平新时代中国特色社会主义思想对高校思想政治教育工作的引领作用研究

党的十九大把习近平新时代中国特色社会主义思想确立为中国共产党必须长期坚持的指导思想并写入党章，十三届全国人大一次会议把这一思想载入宪法，实现了党和国家指导思想的与时俱进。习近平新时代中国特色社会主义思想，是新时代中国共产党的思想旗帜，是国家政治生活和社会生活的根本指针，是当代中国马克思主义、21世纪马克思主义，为实现中华民族伟大复兴提供了行动指南，为推动构建人类命运共同体贡献了智慧方案。

教育是国之大计、党之大计。“培养什么人、怎样培养人、为谁培养人”是教育的根本问题，事关中国特色社会主义事业兴旺发达、后继有人，事关党和国家长治久安。课程教材集中体现了党和国家的意志，是育人的载体，直接关系着人才培养方向和质量。推动我国教育改革创新发展和培养担当民族复兴大任时代新人，必须牢牢坚持以习近平新时代中国特色社会主义思想为指导，将其贯穿于教育教学的全过程、各环节。全面落实习近平新时代中国特色社会主义思想进课程教材，对引导广大青少年树立马克思主义信仰，坚定中国特色社会主义道路自信、理论自信、制度自信、文化自信，立志听党话、跟党走，树立正确的世界观、人生观、价值观，具有重大意义。

（一）对高校思想政治教育教师的引领

1. 加强高校思想政治教育教师队伍建设

百年大计，教育为本；教育大计，教师为本。正如习近平在2018年全国教育大会上讲的那样：“教师是人类灵魂的工程师，是人类文明的传承者，承载着传播知识、传播思想、传播真理，塑造灵魂、塑造生命、塑造新人的时代重任。”① 在实现中华民族伟大复兴的进程中，高校教师可以说起着为祖国输送人才的重任，关系着我们“培养什么人、怎样培养人、为谁培养

① 习近平. 习近平在全国教育大会上发表重要讲话［N］. 人民日报，2018-09-10.

人”等一系列问题。因此，在新时代条件下，加强教师队伍建设是一项基础而又紧迫的工作。

相关部门应定期或不定期举办一些讲座、研讨会，以及利用观课比赛等形式促进各个高校及其教师之间的交流，相互借鉴学习。各个高校也应请一些相关专家、学者进校园，并加大力度建设思想政治理论课等相关课程的精品课程。我们还应在高校教师中尤其是高校思想政治教育教师队伍中，挖掘创新人才、教学能手、师德模范人物、理论领军人物等，积极发挥他们的模范带领作用。相关部门还应给各个高校的思想政治教育教师进行相关的业务培训，提高培训的质量，以切实提升高校思政教师队伍质量，打造一支强有力的师资队伍。此外，我们还要把好入口关，严格考核新教师，从源头上纠正“思政课随便什么人都可以教”的思想。严格禁止这类人混进思想政治教育工作教师队伍中。高校相关部门也应加强对兼职思想政治教育教师的监督与管理。高校在不同程度上存在思想政治教育教师兼职的情况，这些兼职人员水平不一，有的学历较低，有的专业和思想政治教育水平相差较大，而且有的兼职教师在课堂上授课比较随意。高校在聘用这些兼职人员时，一定要把好质量关，使其明确自身肩负的重任，时刻牢记政治意识、大局意识、核心意识与看齐意识，并采取有力措施，提升兼职教师队伍的质量。

另外，作为学生思想政治教育工作的主力军之一的辅导员、班主任等也应切实加强自身素质，提升理论修养，加强与高校思想政治理论课教师等高校思想政治教育工作者的互动、联动，齐心协力做好学生思想政治教育工作。

2. 发挥好高校思想政治理论课教师的引领力

学高为师，行为世范。高校教师，尤其是高校思想政治理论课教师更应自觉学习习近平新时代中国特色社会主义思想，深刻领会新时代中国特色社会主义思想的精神实质和丰富内涵，自觉加强理论修养，将习近平新时代中国特色社会主义思想贯穿高校思想政治教育工作的全过程。学习习近平总书记系列重要讲话是最能把握其思想精髓和丰富内涵的。学习习近平总书记系列讲话最管用、最有效的方法就是研读原文，原文是最具权威性、最具准确性的。①

所以，高校思想政治理论课教师一定要以身作则，深入学习习近平总书记系列重要讲话，对习近平新时代中国特色社会主义思想做到真学、真懂、真信，做“四有”好老师。只有让习近平新时代中国特色社会主义思想引领高校思想政治理论课教师前行，才能进而引领高校学生前行。并且从某种程度上，高校思想政治课教师的理论水平以及教学能力直接关系着高校思想政治理论课的效果如何，关系着高校学生对理论汲取的多少，关系着高校学生对习近平新时代中国特色社会主义思想领悟多少。总之，要想发挥好高校思想政治理论课主阵地、主渠道的作用，提升高校思想政治理论课对高校学生的引领力，关键还在于高校思想政治理论课教师。“思想政治理论课教师，要高举伟大旗帜，按照学懂弄通做实的要求，推动习近平新时代中国特色社会主义思想进教材、进课堂、进头脑，融入思想政治理论课全过程，用习近平新时代中国特色社会主义思想铸魂育人。”② 先进的思想加上有效的传播与灌输，才能在高校学生心中生根发芽，在头脑中形成印象。为此，我们要进一步提升高校思想政治理论课教师的综合素质，通过强有力的措施，切实加强高校思政教师的理论水平，提升高校思政教师的教学技能，只有这样才能为高校学生提供优质的思想政治教育，也才能让高校思政课成为受学生欢迎，并使学生终身受益的课程，也只有这样才能切实提升高校思想政治教育的有效性。

要坚持问题导向，注重实效。毛泽东在给群众做思想政治教育工作时认为，不能只讲空话，要给群众实实在在的物质利益，要帮助老百姓解决实际问题，要将思想问题和实际问题相结合，综合解决。③ 同理，我们在做高校学生思想政治教育工作时，一定要以学生为中心，注重问题导向，把解决思想问题与解决实际问题结合起来，增强思想政治教育工作的针对性与实效性。对于高校学生轻视思政类课程的问题，如在高校思想政治理论课课堂上

① 李鸿. 领会与践行：高校思政课贯彻习近平系列重要讲话研究［J］. 改革与开放，2017（10）：82-83.

② 孙兰英. 新时代办好思想政治理论课的根本指南［J］. 红旗文稿，2019（08）：14-16.

③ 徐晋. 习近平关于加强高校思想政治工作的论述及重大意义研究［D］. 南昌：江西财经大学，2018.

出现的抬头率低、上课玩手机、不认真听讲等现实问题，一定要从学生的思想上入手，找到问题的症结所在，然后分类解决。对于这类问题绝不能坐视不管，放任自流。要引起足够重视，及时反思，还要及时和学生辅导员等其他高校思想政治教育工作者沟通，共同找到解决问题的办法。

此外，对于教材不能与时俱进的问题，需要高校思政理论课教师在课堂上进行专题教学并引领学生有目的地自主学习。如结合习近平总书记系列重要讲话内容，经由教师精心设计，结合学生的实际，找好切入点，把习近平新时代中国特色社会主义思想有机融入高校思政课堂，切实推进习近平新时代中国特色社会主义思想进课堂、进头脑。另外，高校教师还可以以实践、课外阅读等作业的形式安排学生进行自主学习，以增强习近平新时代中国特色社会主义思想进头脑的效果。

此外，要发挥好高校思想政治理论课的引领力，需要高校思想政治理论课教师在高校学生价值观的养成、理想信念的生成以及道德观的落实这三个方面下足功夫。正如习近平总书记所讲："青年的价值取向决定了未来整个社会的价值取向，而青年又处在价值观形成和确立的时期，抓好这一时期的价值观养成十分重要。这就像穿衣服扣扣子一样，如果第一粒扣子扣错了，剩余的扣子都会扣错。"① 高校学生拥有什么样的价值观，不仅仅是私事，更是关系国家社会的大事，而理想信念对于高校学生成长成才的重要性更是不言而喻的。习近平总书记在党的十九大报告中明确提出"要以培养担当民族复兴大任的时代新人为着眼点"②，而"培养时代新人，重中之重是要以坚定的理想信念筑牢精神之基"③。日本著名管理学家大前研一在《低欲望社会》中分析了日本经济进入衰退的人为原因，那就是日本年轻人没有梦想、没有干劲。这无疑给当前中国高校部分不思进取、理想信念模糊的学生敲响了警钟。我国虽然随着改革开放的进行，取得了举世瞩目的成就，但是依然是发展中国家，要想满足全体人民对美好生活的需求、实现中华民族伟

---

① 习近平. 青年要自觉践行社会主义核心价值观——在北京大学师生座谈会上的讲话［N］. 人民日报，2014-05-05.

② 习近平. 决胜全面建成小康社会 夺取新时代中国特色社会主义伟大胜利——在中国共产党第十九次全国代表大会上的报告［N］. 人民日报，2017-10-28.

③ 习近平. 举旗帜聚民心育新人兴文化展形象 更好完成新形势下宣传思想工作使命任务［N］. 人民日报，2018-08-22.

大复兴，仍需努力。我国自古以来就重视道德教育与道德教化。“人无德不立……做人是做学问、干事业的前提，高校工作要始终围绕聚人才、育人才、出人才来展开。”① 因此，高校思想政治理论课教师一定要在这三个方面下足功夫，只有这样才能切实发挥高校思政课的引领力。

3. 加强师德建设，做好学生的引路人

广大教师一定要明确认识到自身所肩负的国家使命与社会责任，点燃学生的理想与追求，帮助学生筑梦、追梦、圆梦，在实现中华民族伟大复兴的中国梦中贡献自身的一份力量，做好学生的“四个引路人”。真正这样想、这样做的教师，就是在践行师德的教师，这样的教师也定会在教学与工作中兢兢业业，勤勉教学，处处以身作则，做到以德施教，以德立身。

加强师德建设，需要每位高校教师时刻牢记自己的使命——立德树人，更需要每位高校教师端正自己的态度。不要以为自己是高校教师就高学生一等，要给高校学生传递这样一种观念：老师不是来为难学生的，老师是来引导和帮助他们成长成才的，是来协助他们的，是来造就他们的。让他们树立“有困难找老师”的观念。因此，作为一名高校教师，尤其是思想政治教育教师，一定要真心热爱学生、热爱讲台，要重视言传身教对学生潜移默化的作用，善于发现每一位学生身上潜在的闪光点，做好学生的引路人。

加强师德建设，还需要教师将精力花在所谓的“问题学生”身上。在实际教学工作中，大部分教师会将注意力和精力放在优等生上，对那些表现差、上课不认真听讲、逃课等“问题学生”基本放弃，不闻不问，放任自流。而事实上这些“问题学生”才是思想政治教育工作主要的对象。把这些“问题学生”教育好、引导好，方能显示一个高校教师思想政治教育工作的实力。《道德经》有言：“善人者，不善人之师；不善人者，善人之资。”因此，高校教师，尤其是思想政治教育教师，应该珍惜每一个学生，不仅要引导优等生，更要大力关爱与引导所谓的“问题学生”，争取做好每一位学生的引路人。②

---

① 张烁. 把思想政治工作贯穿教育教学全过程 开创我国高等教育事业发展新局面 [N]. 人民日报，2016-12-09.

② 董洪亮. 坚持立德树人思想引领 加强改进高校党建工作 [N]. 人民日报，2014-12-30.

加强高校教师，尤其是高校思想政治理论课以及思想政治工作人员的师德建设，齐心合力帮助学生认真学好习近平新时代中国特色社会主义思想，用习近平新时代中国特色社会主义思想武装当代高校大学生，做好学生的人生引路人。

（二）对高校党团工作人员等的引领

马克思说："如果从观念上来考察，那么一定的意识形态的解体足以使整个时代覆灭。"① 任何时候任何情况下，我们都不能忽视思想的力量，忽视意识形态的作用。

党的十八大以来，宣传思想领域最具标志性的成果，就是从根本上扭转了意识形态领域一度出现的被动局面，使我国意识形态领域形势发生了全局性、根本性的转变。当前，我国意识形态领域总体保持向上向好态势，但也要看到，思想文化相互激荡、价值观念多元多样，建设具有强大凝聚力和引领力的社会主义意识形态任务依然艰巨。②

毛泽东也曾说过，思想政治工作是经济工作乃至一切工作的生命线，也是我们党能够取得革命胜利的一大传家法宝。意识形态与思想都是看不见摸不着的，却确确实实地影响着每一个人。从某种意义上来讲，意识形态与思想政治建设更是一块无形的阵地。"两个一百年"奋斗目标、实现中华民族伟大复兴以及"中国制造 2025"等目标的提出，在一定程度上激起了西方国家的恐慌、不安以及敌对，他们更是利用一切可以利用的手段与我们争夺这块无形的阵地，向我们的青年学生或明或暗地渗透着代表西方国家的意识形态、价值观等。他们也深谙"赢得青年就赢得未来"，他们目标明确地争夺和影响着我国青年一代。总之，西方对我国和平演变的野心并没有放松。另外，如果正确的、先进的意识形态与思想没有占领学生的头脑，其他诸如西方一些糟粕的、错误的意识形态与思想就会乘虚而入，占据学生的头脑，甚至荼毒学生的心灵。尤其在这个信息大爆炸的时代，思想文化相互激荡、多元价值观错综复杂，借助互联网等平台，学生更容易受到外来思想与事物的影响。由于学生们的心智还不成熟，思想较为活跃，加之分辨能力较弱，更

---

① 马克思，恩格斯. 马克思恩格斯文集：第 8 卷［M］. 北京：人民出版社，2009：170.

② 人民日报评论员. 建设具有强大凝聚力和引领力的社会主义意识形态［N］. 人民日报，2018-08-29.

容易受到外来糟粕与错误思想的影响。所以高校党团工作者要适应高校思想政治教育工作新形势，赋予高校思想政治教育工作新内涵。

作为高校的党团工作人员，要采取切实有效的措施，牢牢掌握高校意识形态工作的领导权、话语权，做好高校意识形态工作。做好宣传习近平新时代中国特色社会主义思想，以及推进习近平新时代中国特色社会主义思想进校园、进课堂、进高校师生脑中和心中的工作。一定要高度重视高校学生在意识形态领域出现的问题，及时掌握学生的最新思想动态，针对学生中出现的一些思想问题，一定要及时解决，做到防患于未然。此外，高校党团工作人员还要大力加强校园文化建设，使校园文化成为宣传习近平新时代中国特色社会主义思想的阵地之一。利用学生会、学生社团等学生组织，开展形式多样的校园活动与实践活动，并与思政类课程形成有效合力，切实提升习近平新时代中国特色社会主义思想对高校思想政治教育工作的引领力；同时还要加强对高校社团、实践活动等的引导与管理；根据形势需要，及时加强对党员、团员、社团干事以及思想政治教育教师等的培训。

（三）对第二课堂活动的引领

高校青年学生一直是以从理论到理论的方式进行思想政治理论学习的，师生之间思想政治理论学习是坐而论道，思考研究的大多数问题并非学生亲自观察到，一切只是“模拟”。因此，学生需要在社会实践中去体验与历练，在第二课堂中锤炼品格，塑造正确的世界观、人生观、价值观，自觉领悟和践行习近平新时代中国特色社会主义思想对青年学子的要求。

辩证唯物主义和历史唯物主义原理告诉我们，实践是认识的来源，是检验真理的唯一标准。因此，实践教学与理论教学应相得益彰，而不应该相互割裂。常言道，百闻不如一见。毛泽东同志也说过，要知道梨的味道，除非你亲自尝一口。无论伟大的文学家把这个味道描绘得多么生动形象，也无法代替你的亲身体验。“纸上得来终觉浅，绝知此事要躬行。”作为高校青年学子，风华正茂，精力充沛，不仅要如饥似渴地吸收古今中外无数经典典籍，还应该到广阔的天地之中历练，去阅读社会这本“无字天书”，学思践悟习近平新时代中国特色社会主义思想。

习近平总书记特别重视高校的第二课堂建设，认为社会实践、社会活动以及校内的各类学生社团活动是学生的第二课堂，对拓展学生的眼界和能力、充实学生社会体验以及丰富学生生活十分有益。① 现在习近平新时代中国特色社会主义思想已经进入高校思政课的教材，进入高校思政课的课堂，正在进入我国当代高校大学生的脑中和心中。调查显示，高校思政类课程普遍存在着实践课时不足、质量不高、效果不好的问题。在这种情况下，发挥第二课堂的实践意义就显得尤为重要，并且也只有通过实践与第二课堂活动，才能将思想政治教育理论知识内化为高校学生的思想、道德，外化为当代我国高校大学生的行为方式；也只有通过实践与第二课堂活动，才能使学在教室的高校学生与社会“无缝对接”；也只有通过实践与第二课堂活动，才能真正使习近平新时代中国特色社会主义思想在高校学生心中生根发芽；这也是弥补高校思政类课程实践课时不足，使理论与实践相结合的重要途径。

高校思想政治教育教师与党团工作人员要充分重视实践育人的作用，发挥好第二课堂与实践育人的引领作用，多带领学生参加社会实践，多举办相关的实践主题活动，使高校学生在实践中自觉践行与领悟习近平新时代中国特色社会主义思想。如相关教师与党团工作人员结合学生的专业、实际情况以及当下的热点，设计实践教学专题，用社会调研、参观访问、社团活动等多种形式积极开展实践教学，丰富理论教学，切实保证习近平新时代中国特色社会主义思想入脑入心，在高校学生心中生根发芽。

（四）对网络思想政治教育的引领

随着第四次科技革命的兴起，互联网、大数据、移动终端等网络社会时代的到来，互联网的影响已经深入我们生产生活的方方面面。第 42 次《中国互联网络发展状况统计报告》显示，截至 2018 年 6 月，我国网民规模达 8.02 亿，互联网普及率为 57.7%。同时随着高校学生手机、平板等移动终端的普及，高校学生已成为网民的主力军，而且上网占据了高校学生很大一部分时间。调查的结果表明，一些历史虚无主义、“普世价值”等不正确的思潮和思想正是通过网络、新媒体的传播与扩散影响高校学生的，网络已成为西方敌对势力争夺我国下一代接班人的有力工具。因此，我们也势必要主动

① 习近平. 在全国高校思想政治工作会议上的讲话 [N]. 人民日报，2018-07-06.

参与到这场战争中去，开辟习近平新时代中国特色社会主义思想教育的第二阵地。①

针对高校学生网民的数量越来越多的现实，高校思想政治理论课开展网络教学是提升教学效果的重要形式。在“互联网+”的新形势下，传统教育面临着巨大的挑战。手机、互联网等的普及使课堂教学受到很大的挑战，尤其是传统的高校思政类课程，学生的抬头率和听课率较其他课程有很大的差距。如何解决这一现实问题？这就要求我们深入学生，站在学生的角度思考为什么他们对思政类课程提不起兴趣，以及我们怎样在“互联网+”的时代背景下，利用网络有利的一面为高校思政教育教学服务。当然，解决这个问题首先还是要解决学生的思想问题，打开学生的思想症结。这就要求我们在当今文化思潮多元化的大背景下，深入把握高校学生的特点及需要②，结合现代新媒体，以学生喜闻乐见的形式把习近平新时代中国特色社会主义思想融入课堂，切实让思政课成为让学生终身受益的课程，成为最受学生欢迎的课程。如“互联网+”优势，创新学习方式，由高校组织牵头，打造学生在线学习、考评等平台，主动顺应新时代下学生思想政治教育的新要求，不断推进授课模式、考核模式的创新，努力形成更加开放、更具活力、更有实效的学生思想政治教育模式。其他高校思想政治教育工作人员也应与时俱进，利用新媒体，尤其充分利用网络的便利，主动出击，与其他相关人员配合，加强交流，齐心协力做好高校学生的思想政治教育工作。此外，为顺应时代形势的需要，还需要打造一支网络思想政治教育队伍，打好网络意识形态攻坚战。一方面，要做好正面宣传，弘扬主旋律，传播正能量；另一方面，还需要对学生在网络上的动态进行随时关注，做到及时引导。积极开展网络意识形态的斗争，坚决打击网上政治谣言、有害信息，消除一些隐性隐患，牢牢掌握网络思想政治教育的主动权，做到防患于未然。

---

① 聂启元. 习近平系列“讲话”精神融入高校思想政治理论课教学体系的思考［J］. 滁州职业技术学院学报，2017（04）：33-36.

② 荆学民，于淑婧. 习近平新时代中国特色社会主义思想的理论价值与传播潜能［N］. 太行日报，2017-11-21.

三、结语

在新时代的条件下，发挥好习近平新时代中国特色社会主义思想在高校的引领力，让习近平新时代中国特色社会主义思想进教材、进课堂、进头脑，关键是要发挥好高校思想政治教育工作人员，包括高校思想政治理论课教师、辅导员、高校党团工作人员、网络思想政治教育者以及一些理论研究者等的作用。要大力加强教师队伍建设和师德建设，把立德树人作为中心，把思想政治工作贯穿教育教学的全过程。此外，为了应对信息化对传统高校思想政治教育的挑战，还应顺应时代潮流，大力建设与推广网络思想政治教育，开辟习近平新时代中国特色社会主义思想教育的第二阵地。总之，用习近平新时代中国特色社会主义思想引领高校思想政治教育工作任重而道远，需要高校相关部门齐心协力，齐抓共管，也只有这样才能出成果、出成效，才能让习近平新时代中国特色社会主义思想入脑入心，从而自觉引领高校学子前行。

第二节　以社会主义核心价值体系引领高校马克思主义大众化进程

如何以社会主义核心价值体系引领高校马克思主义大众化进程，是高校马克思主义大众化研究的重要课题。要加大对大学生马克思主义大众化教育的力度，以社会主义核心价值体系引领大学生思想政治教育，要用“以大学生为本”的理念来思考部署，推动检验高校的思想政治工作，努力把贴近实际、贴近生活、贴近大学生的“三贴近”原则落到实处。

党的十九大报告把“坚持社会主义核心价值体系”作为新时代坚持和发展中国特色社会主义的基本方略之一，提出要坚持马克思主义，树立共产主义理想和中国特色社会主义共同理想，培育和践行社会主义核心价值观，增强意识形态领域主导权和话语权，推动中华优秀传统文化创造性转化、创新性发展，继承革命文化，发展社会主义先进文化，更好地构筑中国精神、中国价值，为人民提供精神指引。报告中指出：要让“社会主义核心价值体系深入人心，良好思想道德风尚进一步弘扬”①。要使社会主义核心价值体系被大学生所接受、理解和掌握，并转化为他们的群体意识，为学生所自觉遵守和奉行。这就是说，要在高校建设社会主义核心价值体系，并将社会主义核心价值体系作为高校推进马克思主义大众化的重要部分。

一、加大对大学生马克思主义大众化教育的力度

思想政治教育是高校马克思主义大众化教育的重要平台，是我党的光荣传统和优势，是组织、动员大学生践行社会主义核心价值体系的强大思想武器。执政党能不能牢牢占领高校思想的阵地，把握正确的舆论导向，掌握思想工作的领导权和主动权，关系到大学生的人心向背，关系到革命事业的兴衰，关系到社会主义核心价值体系建设的成败。

高等学校可以通过行之有效的思想政治教育，对学生进行社会主义核心价值观的教育，针对思想政治工作特有的主导舆论、创造舆论环境的特点，形成有利于建设社会主义核心价值体系的社会舆论，强化大学生对社会主义核心价值体系的理解和认识，让绝大多数大学生对社会主义核心价值体系的合理性、可靠性和正确性深信不疑，以此督促学生消除杂念，扭转偏颇，树立信心，百折不挠。让每个学生懂得“为什么我们过去能在非常困难的情况下奋斗出来，战胜千难万险使革命胜利呢？就是因为我们有理想，有马克思主义信念，有共产主义信念”②。

同时，思想政治工作可以充分发挥其特有的权威性，为学生提供建设社会主义核心价值体系的“准模式”。这种“准模式”对建设社会主义核心价值体系的方向、内容等发挥着重要的导向与暗示作用，使生活在其中的大学生能够清楚认识到社会在提倡什么、限制什么、反对什么，这就形成了一种无形的选择压力，促使学生去选择和接受社会大力提倡、大力宣传的有利于社会主义核心价值体系建设的信息，规范自身的社会行为。实践告诉我们，加强思想政治工作，是高校建设社会主义核心价值体系的必由之路，思想政治工作要做到广泛深入、扎实有力、富有成效，使马克思主义的指导思想深

---

① 胡锦涛. 高举中国特色社会主义伟大旗帜　为夺取全面建设小康社会新胜利而奋斗［N］. 人民日报，2007-10-26.

② 邓小平. 邓小平文选：第3卷［M］. 北京：人民出版社，1993：144-145.

入每个大学生的心中，使中国特色社会主义的共同理想、以爱国主义为核心的民族精神和以改革创新为核心的时代精神、社会主义荣辱观教育深入当代每个高校大学生的心中。

（一）用习近平新时代中国特色社会主义思想武装我国当代大学生

用习近平新时代中国特色社会主义思想武装我国当代大学生，从正面引导学生，教育和帮助他们接受马克思主义理论，培育中华民族精神和时代精神，让他们学会区分是非荣辱，具备辨别善恶美丑的能力，培养他们的文明道德风尚，激发他们的创造活力。这是促进改革开放、经济发展、政治稳定、社会进步的需要，是凝聚人心、增进团结、励精图治、振兴中华的需要，是培养和造就牢固树立社会主义荣辱观，积极践行社会主义道德的一代新人的需要。不管在什么时候，不管遇到什么情况，都必须时刻坚持党对意识形态工作的绝对领导，充分发挥思想政治工作的正面引导作用。

各个高校要做大做强有利于推进社会主义核心价值体系建设的正面宣传，自觉地坚持团结稳定鼓劲、坚持用中共中央宣传部发布的时代楷模可歌可泣的先进事例去感召学生，要充分发挥电视和网络等多种传播媒体的优势，使“民主法治、公平正义、诚信友爱、安定有序、人与自然和谐相处”① 等构建和谐社会所必须具备的重要理念深入人心，成为学生的自觉行动。

（二）以社会主义核心价值体系引领社会思潮

没有对差异的尊重、对多样的包容，意识形态清一色，就会封闭僵化，丧失思想活力和文化创造力。因此，在社会主义核心价值体系的建设过程中必须树立和强化差异互补、多样共生的意识，形成一元主导统领又多样兼容共存的格局。

用中国特色社会主义理论体系武装学生，要引领社会思潮，不能采取行政手段，不能搞无限上纲的“大批判”，要坚持实事求是原则，以理服人，以理取胜。为此，加强社会主义核心价值体系建设必须不断地从各种社会思潮中汲取优秀的成果，经过批判、消化和吸收，充实、丰富和发展自己，不

① 中国共产党第十六届中央委员会. 中共中央关于构建社会主义和谐社会若干重大问题的决定［N］. 人民日报，2006-10-18.

断创新，增强创造力，不断提高对社会思潮的预判能力，最大限度地防止错误思潮的形成，做到防患于未然。必须坚持破中有立、立中有破的原则。要根据社会思潮的不同性质采取不同的措施。对非马克思主义的社会思潮，可以和睦相处，并积极引导其沿着健康的轨道前进，向着积极的方向发展；对反马克思主义的思潮，则要坚决抵制，以削弱其影响，不允许这样的社会思潮滋长。

（三）重视大众传媒的舆论导向功能

任何社会都不可能对大众传播放任自流。在社会主义国家，大众传媒是社会主义事业的重要组成部分，是党、政府和人民的耳目和喉舌，因此，更应该充分重视大众传媒在功能上的两面性，加强对大众传媒的社会控制，把大众传媒的负效应降到最低限度。

大众传媒工作在政治上必须与党中央保持一致，将党的路线、方针和政策及时而准确地贯穿到报道、言论等各项具体业务中。报道以正面宣传为主，就高校而言就是要将大学生吸引、凝聚在党中央的周围，团结奋斗，激励他们积极进取。对消极和落后的现象必须进行批评，通过批评达到增强学生对中国特色社会主义道路的信心的目的。社会主义国家的大众传媒是共产党领导的信息工具，因此，必须遵守党的新闻宣传纪律。高校的大众传媒应坚定文化自信、把握时代脉搏，聆听时代声音、坚持与时代同步伐，以人民为中心、以精品奉献人民、用明德引领风尚，更好地用中国特色社会主义理论解读中国特色社会主义实践，为当代大学生的发展提供强大的精神激励。

二、用中国特色社会主义理论体系塑造大学生的心灵

思想政治课程是高校推进马克思主义大众化的重要载体。对大学生进行思想政治教育是我国高校建设社会主义核心价值体系的中心环节，是统一全党、全国人民思想认识的有效工具。要让思想政治教育在化解当前我国高校大学生面临的各种矛盾方面发挥重要的作用，以达到让他们达成思想共识、振奋精神的目的。要让思想政治教育在我国高校创造文明风尚、构建和谐社会中发挥基础性的作用。在高校建设社会主义核心价值体系的过程中，必须充分发挥思想政治工作的重要作用，从总体上提高我们做好思想政治工作的能力。

（一）提高对大学生中国特色社会主义理论体系灌输的实效性

在大力推进高校马克思主义大众化的进程中，向学生灌输中国特色社会主义理论体系是无产阶级政党进行政治教育的主要方式，是无产阶级进行政治统治和社会管理的一条重要途径，也是建设社会主义核心价值体系的内在要求。对大学生灌输中国特色社会主义理论体系时要特别重视理论和实践的紧密结合，注重用事实说话。对一些社会的热点问题、大学生关心的焦点问题，要敢于接触，善于引导。

要注重中国特色社会主义理论体系灌输的对象——我国高校大学生的层次性，这是提高灌输实效性的关键。从以往对大学生思想政治教育工作的总结来看，有一个比较大的失误就是往往对灌输对象采取“一刀切”的做法。当今，我们面对的是一个比以往任何时候都要复杂、多元化的时代，加之不同地区、不同高校、不同专业的学生，他们的生活环境、家庭背景、所学的专业等的不同，其思想活动的特点和要求也不相同。这就决定了我们对学生的中国特色社会主义理论体系灌输要从实际出发，要因人而异，根据大学生文化结构、知识结构、接受能力等各个方面的不同，对灌输对象因材施教，既“鼓励先进、又照顾多数，把先进性的要求和广泛性的要求结合起来，联结和引导不同思想状况的大学生一起向上”①。对学生中的共产党员，要强调先进性，高标准、严要求，充分发挥他们在广大的高校及全社会的示范作用。对大学生要强调现实可行性，根据他们的思想实际和认知程度，引导他们在自觉遵守基本行为准则的基础上，不断追求更高的价值目标和人生境界。在推进高校马克思主义大众化、对大学生进行马克思主义的理论教育时，要注重教育形式的多样化，因为教育形式多样化是提高教育实效性的保障。世界是多彩的，学生们的思想状况是多种多样的，社会主义核心价值体系教育的内容要进入学生们的头脑，就必须有灵活多样的形式。为此，高校的思想政治工作者一定要从实际出发，采用合时宜、受欢迎的形式来进行社会主义核心价值体系教育。比如，为激发学生对理论学习的兴趣，既可以采取参观访问、专题讲座、事迹报告、图片展览、讲演联谊等学习方式，又可

---

① 曹文军. 充分发挥大学生党员发展工作的思想政治教育功能［J］. 中国林业教育，2007（4）：22-24.

以把学生共同关心的问题交给大家，做到问题大家摆、是非大家辨、答案大家找，在思想交锋中明辨是非，提高觉悟。另外，读书演讲、知识竞赛、唱歌跳舞、体育比赛、技术培训等，都可以成为思想教育的有效形式。

（二）要让当代中国马克思主义放射出真理光芒

让当代中国马克思主义放射出更加灿烂的真理光芒，就必须具备做好学生思想政治工作的能力，积极探索新形势下思想政治工作的规律和方法，从体制和机制的角度，进一步加强和改进党对思想政治工作的领导。

建设社会主义核心价值体系是一项全新的事业，要求高校的中国特色社会主义理论体系课程教师对大学生的思想政治教育要从深度到广度都具有新的内容、新的特点、新的途径、新的方式。这就需要高校的中国特色社会主义理论体系课程教师和思想政治工作者深入探索新形势、新任务下对学生进行思想政治教育的规律和方法。从规律上看，为推动社会主义核心价值体系建设，必须了解和掌握的是：当前大学生价值观的形成发展规律，是探索大学生思想政治工作规律的基础；探索学生们的思想支配行为的活动规律，是探索大学生思想政治教育规律的关键；探索大学生的思想政治教育规律和管理规律，是探索思想政治工作规律的重点。从方法上看，为推动高校的社会主义核心价值体系建设，必须特别重视以下方法：对大学生进行社会主义核心价值体系教育，必须用社会主义核心价值体系引领大学生思想政治教育，必须坚持正面灌输，提高灌输有效性的方法；坚持“以人为本”，将加强对大学生中国特色社会主义理论体系的武装与解决实际生活的问题相结合的方法；坚持疏导方针，化解矛盾的方法；将加强思想政治教育与加强管理和制度建设相结合的方法。

历史经验反复证明，党的领导是做好高校思想政治工作的重要保障。加强党对高校的思想政治工作的领导，首先，要求高校的各级党组织思想认识到位，领导责任到位，工作落实到位，形成主要领导亲自抓、主管领导具体抓、其他领导协同抓的权责分明的局面。其次，要建立高校“一把手”为思想政治工作的“第一责任人”的领导体制，把思想政治工作的内容列入高校领导干部工作责任制和目标考核体系，作为衡量领导工作政绩的重要标准，以进一步增强高校各级领导的责任感。再次，要按照提高素质、优化结构、相对稳定的要求，建设一支政治思想强、业务素质高、工作作风正的高校思想政治工作队伍。最后，要在高校党委的统一领导下，建立相应的规章制度，形成一个以高校党委为核心，其他各方密切配合、上下齐动、左右联动、信息灵、反应快、覆盖广、能力强的工作机制，全方位调动高校各方面的积极性、主动性、创造性，使思想政治工作在建设社会主义核心价值体系的过程中更加充满生机与活力。

三、基本理念、原则和实施策略

（一）树立“求真务实抓宣传”的理念

求真务实，就高校建立社会主义核心价值体系而言，就是高校的思想政治工作坚持“三贴近”原则的实质所在，就是要从大学生和思想政治教育的实际出发，求对学生进行思想政治教育的基本规律之真，务解决大学生的思想、生活等问题之实。把大学生的思想政治工作往深里做，往实里做，重实际求实效。努力把社会主义核心价值体系融入学生的生活，以社会主义核心价值体系引领高校当代中国马克思主义大众化的进程，使社会主义核心价值体系真正融入学生的思想意识当中。要牢固树立“与时俱进抓宣传”的理念。思想政治工作要适应新形势，着眼新任务，与时俱进，不断创新。要丰富工作内容，增强用发展着的马克思主义中国化最新成果武装自己的自觉性和坚定性。加强抗震救灾精神教育，大力弘扬中华民族自强不息、勤劳勇敢、不畏艰难、敢于抗争的大无畏英雄气概以及团结一心、患难与共的爱国主义精神和巨大凝聚力、向心力。

（二）要坚持“三贴近”原则

从贴近实际、贴近生活、贴近大学生入手改革和创新思想政治工作，是中国共产党长期以来，特别是近几年来高校的思想政治工作经验的科学总结，是新形势下高校建设社会主义核心价值体系的必然要求，是高校思想政治工作践行“三个代表”重要思想，贯彻和落实科学发展观和习近平新时代中国特色社会主义思想的具体体现。同时也是以社会主义核心价值体系引领高校的马克思主义大众化进程，大力推进马克思主义大众化，“增强对大学生的思想政治工作的针对性、实效性和吸引力、感染力”① 的根本实现途径，是新世纪新阶段加强和改进中国特色社会主义理论体系宣传教育和思想工作的重要突破口，是高校的思想政治战线必须长期坚持的工作原则。高校在大力推进马克思主义大众化的进程中，要做到真正意义上的“三贴近”，思想政治工作在理念、要求、机制、方法和评价体系等方面都要与时俱进，开拓创新。

要适应新形势，树立新理念，为真正实现“三贴近”提供思想基础。思想观念是行为的先导。要做好大学生的思想政治工作，真正实现“三贴近”，没有适应新形势的思想观念，一切都无从谈起。首先，要牢固树立对大学生“以人为本抓宣传教育”的理念。做宣传教育思想工作就是做人的工作。在高校就是要坚持以大学生为本，把这一理念贯穿于思想政治工作的全过程。在建设社会主义核心价值体系的过程中，要充分尊重大学生的主体地位，引导学生的思想、激发他们的激情、振奋他们的精神、迸发他们的力量，充分发挥他们的能动性和创造性，积极引导学生自我教育、自我提高。要始终着眼于促进他们的全面发展，不断提高他们的思想道德素质和科学文化素质，培养有理想、有道德、有文化、有纪律的社会主义公民。在具体工作中，要努力掌握学生的所思所想、所盼所虑。

其次，要把以人为本贯穿于社会主义核心价值体系教育的始终，使教育回归生活。教育回归生活，意味着社会主义核心价值体系教育要联系生活、贴近生活，同时也意味着要给教育对象营造一种教育氛围和生活情景，必须把教育对象的利益作为教育的出发点和落脚点。要把解决思想问题与解决实际问题有机结合起来，有针对性地解决大学生中的思想疑虑和实际问题，着力于统一思想、理顺情绪、化解矛盾、凝聚力量、消除不和谐因素，不断满足大学生的精神文化需求，提高他们的道德素质，使他们的思想、道德、行为、能力发展与社会进步要求同步，促进他们的和谐与发展。要结合我国现阶段出现的一些新现象、新问题，引导大学生用社会主义核心价值有针对性地去分析和解决，使社会主义核心价值成为他们的价值导向。要立足平等、理解与沟通、双向互动的原则，激发他们的创造活力，齐心协力，使他们投

① 汪晓丽. 对增强大学生思想政治教育针对性和实效性的几点思考［J］. 吉林省教育学院学报，2007（03）：25-27.

身于学习、投身于和谐社会的建设中去。把“以大学生为本”作为思想政治工作的出发点和落脚点，努力把“三贴近”原则落到实处，推进习近平新时代中国特色社会主义思想进教材、进课堂、进头脑、进科研、进读本。推动高校的思想政治工作创新发展，推进高校马克思主义大众化。

（三）改革大学生的管理体制，健全高校政治宣传和思想教育体系

为真正实现对学生思想政治教育工作的“三贴近”创造最佳条件，第一，要创新管理体制，更好地推进高校的马克思主义大众化对大学生的政治宣传和思想教育工作。要整合内容资源、阵地资源、人才资源，共同做好思想政治工作，更好地服务于高校的社会主义核心价值体系建设。第二，要在高校着力构建并健全分层分众的理论宣传体系和内外联动的新闻宣传体系。要着力构建并健全覆盖广泛的精神文明建设体系和全民共享的公共文化服务体系，大力推进高校的马克思主义大众化。第三，要把握机遇，充分利用先进的网络媒介，创新理论传播体系。随着互联网技术和手段的广泛应用，我国的舆论环境和舆论格局正在发生着深刻的变化。由于网络媒体是完全开放的，并且带有很大的隐蔽性，更由于网络传播具有速度快、范围广、易复制的特点，很多诸如色情、暴力和其他有害信息非常容易在网上泛滥，这对高校马克思主义大众化而言无疑是不利的因素。另外，“国际上各种反动势力可以非常便利地利用网络进行‘西化’‘分化’宣传，对我国进行意识形态与文化上的渗透”①。这种全球化的特征在很大程度上已经改变了我国新闻媒介所处的舆论环境。这些都对思想政治工作正面引导作用的发挥带来了不利影响。②

四、结语

总之，面对互联网对大学生的中国特色社会主义理论体系教育带来的机遇与挑战，要与时俱进，积极应对。一是要充分发挥主流网络媒体在舆论导向上的权威性与品牌优势。二是专业新闻媒介机构要积极利用网络快速有效

① 中共中央宣传部舆情信息局. 舆情信息汇集分析机制研究［M］. 北京：学习出版社，2006：65-66.

② 朱桂娟. 网络化条件下高校思想政治工作面临的挑战与对策［J］. 思想理论教育导刊，2003（01）：65-66.

的交互式反馈机制来反映和引导舆论。三是政府要加大技术与法规控制力度，对经由网络发布的信息进行限制和规范。同时，还应通过抢占网络制高点，由高校马克思主义教育单位控制信息通道，用科技手段管理网络媒体的方法，来加强对网络媒体的管理，努力掌握高校网络舆论宣传阵地的主动权，正确引导大学生的网上舆论。只有这样，才能有效地以社会主义核心价值体系引领高校马克思主义大众化进程。

第三节 只争朝夕，不负韶华

——浅谈对当代我国高校大学生进行有温度的社会主义核心价值观教育

“让我们只争朝夕，不负韶华，共同迎接2020年的到来。”① 辞旧迎新之际，国家主席习近平发表2020年新年贺词。我们高校的马克思主义教师要做到只争朝夕，不负韶华，要在新的一年与时俱进地对我国当代高校大学生进行有温度的社会主义核心价值观的教育。弘扬社会主义核心价值观是构建和谐社会的本质要求②，更是我国当代高校大学生健康成长成才的心灵钥匙和人生指南。把社会主义核心价值观融入我国当代高校大学生的教育，必须针对我国当代高校大学生不同年龄阶段的心理特点、认知水平和生活的经验，以社会主义核心价值观为主线，对高校思想政治理论课进行整体规划、修订完善。如“马克思主义基本原理”课程要重点讲清建设“自由、平等、公正、法治”的和谐社会是实现经济社会又好又快发展的坚实基础；“毛泽东思想和中国特色社会主义理论体系概论”课程应重点讲清建设“富强、民主、文明、和谐、美丽”的社会主义现代化强国是中华民族坚持不懈奋斗的关键所在；“中国近现代史纲要”课程应用丰富的历史事实讲清提出社会主义核心价值观的历史必然性以及当代青年弘扬社会主义核心价值观的重要性；“思想道德修养与法律基础”课程应重点讲清坚守“爱国、敬业、诚信、友善”的价值准则是做一个合格公民的基本规范和基本要求。此外，高校还

① 习近平. 2020年新年贺词：只争朝夕 不负韶华 [N]. 人民日报，2020-01-01.

② 刘纯银. 弘扬社会主义核心价值观是构建和谐社会的本质要求 [EB/OL]. 人民网，2014-02-27.

应坚持校内与校外、课内与课外相结合，集中与分散、整体与个体相结合，深入挖掘学校和社会两种资源，充分发挥学校和社会两种力量，本着“着眼未来、关注现实、着重建设”的精神，发挥整体效应，汇聚强大合力，形成加强我国当代高校大学生社会主义核心价值观教育的良好局面。

对我国当代高校大学生进行有温度的社会主义核心价值观的教育需要全社会营造良好的氛围。要用与时俱进的传播方式向他们传播有温度的社会主义核心价值观，要用有温度的社会主义核心价值观的理念引导他们的思想观念，加强他们对社会主义核心价值观的认同度。要注重在我国当代高校大学生身边选择先进典型，依靠榜样的力量，要用有温度的社会主义核心价值观的教育增强我国高校大学生核心价值观教育的实效性。

一、当前我国高校大学生对社会主义核心价值观认同与实践的状况

第一，从政治信仰角度来看，根据来自网络和媒体的调查研究分析，我国当代高校大学生热爱祖国，拥护中国共产党领导，坚决维护以习近平同志为核心的党中央权威和集中统一领导，自觉同以习近平同志为核心的党中央保持高度一致。具体来说，他们对祖国和中国共产党的拥护表现在以下几个方面：首先，我国当代高校大学生能够努力认真学习习近平新时代中国特色社会主义思想，努力做到自觉地用习近平新时代中国特色社会主义思想武装头脑。他们具有强烈的爱国主义情怀。在大是大非面前，他们坚决维护祖国的荣誉和利益，愿意为祖国的繁荣和富强贡献出自己的力量。其次，当代大学生对中国共产党执政很有信心，相信中国共产党能够带领中国人民完成中华民族伟大复兴的宏伟蓝图。最后，当代大学生普遍坚信社会主义战胜资本主义是人类历史发展的必然趋势，坚定走中国特色社会主义道路。

但是由于我国改革开放后西方思潮的不断涌入，也有极少数的大学生存在着政治信仰淡薄的问题。这些大学生对中国共产党领导的社会主义道路并不完全认同，他们崇尚西方政治思想与西方的资本主义制度，对我国的社会主义制度信心不足。

第二，从对道德的认知和践行的角度来看，由于当代大学生受到了高等教育，绝大多数大学生的道德素养较高，具有强烈的社会责任感。在国家发生天灾人祸时，能够积极伸出援手，帮助同胞渡过难关。例如，每逢我国出

现自然灾害，我国的大学生都自发向灾区捐款；每逢暑假，大学生都自发地组织来到四川、贵州的贫困山区支教，武汉大学学生赵小亭将自己的青春年华和生命奉献给了贫困山区的支教事业①，还有在贵州支教14年的石河子大学毕业生徐绍伟的动人事迹②；许许多多的大学生还经常到敬老院慰问和帮助老人。在日常生活中，他们遵守社会公德，如在公交车上主动给老人和需要帮助的人让座位；他们待人友善，能够遵循诚实信用的行为准则，表现出良好的道德素质。然而，仍有极少数的大学生缺乏社会责任感，认为个人的利益高于集体利益，自私自利，少数大学生在为人处世方面事事都与金钱、利益挂钩，更有甚者，极少数的大学生为了自身利益不惜牺牲他人或者社会的利益，团体意识尤其淡薄。

第三，从我国当代大学生对社会主义核心价值观的认同和实践的角度来看，绝大多数大学生认同社会主义核心价值观，并认可社会主义核心价值观同我国的基本国情以及社会主义本质属性相契合，高度评价社会主义核心价值观在我国社会发展过程中能够起到的积极引领作用。

二、当前我国高校大学生对社会主义核心价值观认同与实践的状况

当前我国高校的大学生绝大多数对社会主义核心价值观是认同的，他们对培育和践行社会主义核心价值观的态度也是非常正确和积极的，但也有极少部分的大学生因受错误观点的影响，政治意识模糊、有利己主义倾向，造成这种局面的原因是复杂的。

第一，西方文化思潮开始在我国蔓延，大学生受到了这些思潮的影响。当前，国际形势总体趋于和平，但是强权政治仍然存在，西方国家通过和平演变的方式对社会主义国家进行干预，通过文化渗透、信息入侵、价值观和生活理念的转变等来消解人们的思想和认识。特别是作为西方大国的美国，对日益强大的中国始终持警戒态度，在政治上利用人权、宗教等问题不断发难；在经济上，利用紧缩市场、封锁技术、限制贸易等形式破坏中国经济的实力、潜力以及发展经济所需要的环境；在文化上，美国不断地发挥文化软实力的作用，将自己的核心价值观“自由、民主、人权、平等”作为国家发

① 柳路. 生命花绽放贵州山中［N］. 光明日报，2010-07-29.

② 王瑟. 记在云南、贵州支教14年的大学生徐绍伟［N］. 光明日报，2019-05-08.

展的重大战略，在国内外不停灌输、传播资产阶级的思想理论、价值观念和生活方式。

我国高校大学生作为易于接受新事物、新思潮的群体成为敌对势力演变的重点对象。大学生群体中存在对意识形态不理解、不肯定的问题，很多人认为社会主义核心价值观属于意识形态范畴，是一个深奥的哲学问题，距离自己很遥远，丧失了应有的政治警惕性。有些人对西方文化演变没有任何危机感，甚至认为只要是西方的文化、价值观就有优越性而刻意学习模仿。高校在传授知识的同时，要把大力提高大学生的思想政治素质放在首位，要注重发挥社会主义核心价值观对青年学生思想政治教育的引领作用，要用马克思主义理论教育、爱党爱国教育、民族精神教育、集体意识教育、道德教育武装大学生思想，培养中国特色社会主义事业的合格建设者和可靠接班人。

第二，当今社会的急剧变化。中国实行改革开放以来，社会价值观从一元向多元发展，从单一走向复杂，加上经济全球化大环境的影响，为我国当代高校大学生的价值观塑造创造了一个资源丰富的社会环境。大学生可以更加自由地选择认为对自身有益的价值观。在这种社会背景下，极少数大学生的价值观呈现出了多元性、模糊性和多样性的特征。由于大学生个体价值观体系的复杂性、多变性，在课堂或者生活的交流中，大学生的价值观念难免会发生思想意识上的碰撞，信仰和价值观随时可能发生调整。如果缺乏家庭教育、学校教育以及社会的引导，会使大学生的个人价值观念变得复杂，甚至会出现价值模糊、困惑、混沌的情况，从而影响大学生准确地践行社会主义核心价值观。

第三，我国市场经济的发展。中国社会的经济由计划经济模式发展为市场经济模式，使经济得以快速发展。市场经济的繁荣发展，也在无形中催生了“一切向钱看”的价值理念，比如，市场上假冒伪劣的商品时有出现。个别的唯利是图的行为和道德沦丧的现象，腐蚀了大学生的思想观念，使大学生在职业选择、人生追求上易产生以个人利益为重的思想，形成错误的价值观念。此外，市场经济的发展，让社会上一小部分人先富起来，这就会在某种程度上造成社会贫富差距不断扩大。大学生作为知识水平较高的群体，却不易获得与其知识水平相对等价的经济收入，这就造成了他们心理上的不平衡。部分心理失衡的大学生在行为上更趋于功利化，缺乏远大的社会理想，在价值追求上更注重个人的经济利益，缺乏社会责任感，很难形成积极向上的价值观念。

第四，互联网的影响。初、高中的教育模式比较单一，交往范围比较狭窄，但是到了大学，大学校园为学生提供了一个丰富、复杂的开放空间，特别是随着互联网的快速发展，当今世界，互联网已经成为当代青年大学生生活中不可分割的一部分。以95后为主的当代大学生，堪称网络的“原住民”，网络已成为其课堂学习和日常生活的重要组成部分，并且在一定程度上对高校学生思想认识、价值观念和道德规范的形成与塑造有着重要的影响。①

网络在当代大学生的生活中展现出无穷的魅力。它对大学生世界观的影响是不可估量的，互联网迅速改变了我国当代大学生的生产方式、生活方式、思维方式，从而引发了他们的深刻改变。互联网已经成为我国当代大学生获取知识和其他各种信息的重要渠道，正在而且会继续深刻地影响着当代大学生的学习、生活乃至他们的思想观念。然而，从人类科技发展史来看，任何科学技术的发展都是一把双刃剑，既对社会发展产生积极的影响，同时也不可避免地带来许多负面效应，互联网的发展也不例外。在这样的背景下，学习已经不再是学生的唯一目标，互联网以及各式各样的校园活动为大学生之间的交流提供了非常好的机会。随着生活环境的变化，学习的被动性、交流的单一性都会受到冲击，对于那些适应性较差的大学生而言，思维模式会陷入迷茫期。如果大学生在塑造价值观的过程中，大学教育没有对他们的思想意识进行正确的指引，其价值观没有得到正确、有意义的转变，那么大学生也许就不会对我党提出的社会主义核心价值观给予认同，更不用说通过自身努力认真地践行核心价值观了。

三、对当代我国大学生进行有温度的社会主义核心价值观教育的举措

（一）创新文明传承载体

习近平总书记在高校思想政治工作会议上指出：“做好高校思想政治工

① 马天琛. 高校大学生网络思想行为分析与引导研究［D］. 成都：电子科技大学，2017.

作，要因事而化、因时而进、因势而新。”① 习近平总书记高屋建瓴地指出了对我国当代高校大学生进行社会主义核心价值观教育就是创新，中国共产党把马列主义基本原理同中国革命具体实践结合起来就是创新，这个伟大的创新使中国共产党取得了中国革命的胜利并成功建立了中华人民共和国。因此，只有创新文明传承载体，把社会主义核心价值观与青年的现实需要相结合，根据青年心理特点创新传播的内容和手段，使当代大学生对社会主义核心价值观由被动接受转化为主动索取信息，提高社会主义核心价值观传播的主动性和有效性，才能取得事半功倍的理想效果。我国当代大学生的健康成长需要精神的指引。社会主义核心价值观既是社会进步的方向、航行的标灯，也是共筑“中国梦”的基石、保证。因此，两者具有本质上的一致性、需要上的互通性，把两者结合起来才能达到相辅相成、相得益彰的教育目的。

把社会主义核心价值观与我国当代高校大学生的精神需求相结合，要积极发挥文明传承载体的作用。如制作、推广以社会主义核心价值观为主题的宣传光盘、校报、广播台、板报、书籍、报纸、杂志、公益广告、电影、电视剧，开展相关的文艺会演、专题讲座等，通过丰富多彩的文化载体展现社会主义核心价值观的精神内核。高校要积极加强这些传统媒体的建设、管理、运用和推广，努力使其成为传播社会主义核心价值观的前沿阵地、提供公共文化服务的有效平台、促进精神生活健康发展的广阔空间。

话语权决定主动权，传播力决定领导力，透明度决定公信度。传播有温度的社会主义核心价值观，把社会主义核心价值观融入高校的思想政治教育，内化为青年的自觉行动，还必须借助校园网、微博、论坛、博客等新媒体施展新作为。校园网、微博等已成为青年思想文化信息的集散地和学校舆论的晴雨表、调节器，可以将社会主义核心价值观在最短的时间内传播到最广的范围。新媒体时代，信息裂变式、辐射式传递，多方互动，瞬间完成。新媒体信息交互的快捷性、个体连接的紧密性、传播覆盖的广泛性等特征，对高校的教育工作提出了新的更高的要求。网络信息参与方的扁平化、平等

---

① 习近平. 习近平在全国高校思想政治工作会议上强调 把思想政治工作贯穿教育教学全过程，开创我国高等教育事业发展新局面［N］. 光明日报，2016-12-09.

性使教师、学生站在了同一个平台上。青年高校的教育工作者要主动学网、认真待网、正确用网，牢牢掌握信息化条件下高校教育工作的主动权、主导权，学会与学生以平等对话的形式进行交流，解决好学生关心、社会关注、舆论关切的实际问题。重视运用手机报、微电影、网络图片展、随手拍等形式，多角度、立体化鼓励青年晒故事、亮图片、展视频，在新媒体上唱响主旋律、传播正能量。通过新媒体做到下情上传，及时了解掌握青年的思想动态和关注的热点问题；建立青年舆情报告制度；构建学校网络评论员、联络员、宣传员组成的“网络大军”等。“对于教师而言，良好的媒介素养包括两个方面：首先是应当掌握基本的互联网知识；其次是要具备及时熟知并使用网络语言的能力，具备使用移动互联网进行思想政治教育的技能。并在此基础上，同大学生进行有效沟通。”①

高校教师要传播有温度的社会主义核心价值观就必须准确地把握新媒体的运行规律，提高自己驾驭和运用新媒体的能力，善于在新媒体时代以核心价值凝聚精神动力，增强青年践行社会主义核心价值观的牵引力、感染力与亲和力，不断夯实青年思想道德基础。

（二）践行育人为本理念

育人为本是人的发展、高校教育发展的本质要求。马克思曾明确指出：未来的新社会是“以每个人的全面而自由的发展为基本原则的社会形式”②。这一思想深刻揭示了育人为本在实现人的全面发展中的本质地位。把社会主义核心价值观融入青年高校的教育，必须凸显育人为本的理念，将高校的教育引领与理想凝聚相统一。育人为本的高校教育理念，就是将高校的教育与人的幸福、价值、尊严、需要等进行有机结合，以社会主义核心价值观的精神塑造人、以全面发展的广阔视野培养人。牢固树立育人为本的高校教育理念，对于推进高校教育事业科学发展，培养为中华民族伟大复兴而奋斗的一代新人具有极其重要的意义。

理想信念是人们在实践中形成的、具有现实可能性的、对美好未来的向

① 王晓玲，王佩，郭启飞.“互联网+”对大学生思想政治教育实效性的影响及对策探析［N］. 吕梁学院学报，2019（10）：50-53.

② 马克思、恩格斯. 马克思恩格斯全集：第 23 卷［M］. 北京：人民出版社，1972：649.

往和追求。社会主义核心价值观是中华民族在长期的共同社会实践中形成的、为民族大多数成员所认同和接受的思维方式、价值取向等的综合。要使社会主义核心价值观融入青年高校的教育，就必须使社会主义核心价值观扎根于青年思想深处，把社会共同理想转化为青年自觉的价值追求、价值取向和价值目标，使之成为青年的主导意识和精神支柱，使青年学会对各种浅薄、混沌、片面甚至错误的价值观念进行矫正，学会分辨、抵御和清除各种错误价值观念的影响，树立正确的世界观、价值观、人生观和生活观、政治观、道德观。

育人为本是高校教育的生命和灵魂。高校教育是师生间心灵与心灵的沟通、灵魂与灵魂的交融、人格与人格的对话，必须关注我国高校当代大学生的内心世界，以高校教育引领他们和谐发展、个性发展、持续发展和健康发展，以理想唤醒他们的学习激情和生命活力。育人为本的高校教育，要求尊重学生、关爱学生、服务学生。高校坚持育人为本就是要把理想信念教育作为有温度的核心价值观教育的重中之重，高校有温度的社会主义核心价值观的教育就是要用理想信念凝聚精神力量、用习近平新时代中国特色社会主义思想引领高校师生的行动，使高校当代大学生从内心明确国家“富强、民主、文明、和谐”的改革目标，努力以“自由、平等、公正、法治”的理想凝聚共识，不断以“爱国、敬业、诚信、友善”的准则检视行为。重视我国高校当代大学生的能力和人格培养，注重素质和精神提升。

理想信念是价值观的最高层次，是个体的世界观、人生观在价值目标上的集中体现，代表着我国当代高校大学生对未来的美好向往和自觉追求，具有强大的感召力、向心力和凝聚力，是指导和推动他们进行学习、实践活动的强大精神力量。身处经济体制、社会结构、利益关系深刻变革，一元与多元、传统与现代、本土与外来相互交织，多种思想文化相互影响，各种社会思潮跌宕起伏的年代，大学生如何在多元中立主导、多样中谋共识，确立以社会主义核心价值观为引领的崇高理想信念，是对我国当代高校大学生进行理想信念教育的核心。我国当代高校大学生开展理想信念教育，高校教师应该是一个引路人，要坚持从我国当代高校大学生的思想实际、认知能力、接受特点出发，从校园文化、社会环境的现实出发，关心、帮助和教育大学生成为习近平新时代中国特色社会主义思想的忠诚信奉者和坚定实践者，努力通过典型引领、先进示范做到“一把钥匙开一把锁”，引导当代大学生通过对习近平新时代中国特色社会主义思想的学习，通过自我反省、自我总结、自我批评等形式实现自我认识、自我分析、自我教育，着力培育我国当代高校大学生践行社会主义核心价值观。

（三）传承中华优秀传统文化对践行社会主义核心价值观的启示

党的十九大报告指出：“中国特色社会主义文化，源自于中华民族五千多年文明历史所孕育的中华优秀传统文化。”① 足以见得传统文化的重要作用。社会主义核心价值观在中国特色社会主义文化中也是不可或缺的一部分，其精神要素自然也能在传统文化中找到源头。

中华文化具有丰富悠久的内涵，为中华民族立足于世界提供了支撑，党中央领导集体也始终通过继承传统文化践行社会主义核心价值观。

1. 中华优秀传统文化是社会主义核心价值观的思想源泉

中华优秀传统文化以其独特的精神力量和理论价值以及与时俱进的理论品质在历史发展中锐气不减，使中华民族永葆精神家园。当今世界快速发展，我们党提出社会主义核心价值观是对传统文化的继承与发展，总结和概括了民族精神和时代精神，体现了当代中国精神的实质。

2. 中华优秀传统文化是社会主义核心价值观教育实践的起点

我国的传统文化自古以来就十分注重知与行的统一。优秀传统文化一方面在理论上为社会主义核心价值观提供了丰富的内涵，另一方面也在实践上为社会主义核心价值观提供了现实的来源，使其在人们的现实生活中发挥重要作用。社会主义核心价值观始终坚持以优秀传统文化为基础，坚定理想信念，坚持以人为本，逐渐成为全体中华儿女的重要精神支柱。更难得的是它也充分汲取了人类其他优秀文明的成果，并与时代和实践相结合，体现了时代和民族特性以及兼容并包的特征。我们在发展的过程中要坚持符合正确实际的价值观，真正做到古为今用，使优秀传统文化在与时俱进中体现其生命力。同时也应在发扬中华优秀传统文化的基础上在全社会广泛地开展社会主义核心价值观的教育，推动社会主义核心价值观的实践。

---

① 习近平. 决胜全面建成小康社会 夺取新时代中国特色社会主义伟大胜利——在中国共产党第十九次全国代表大会上的报告［N］. 人民日报，2017-10-28.

3. 中华优秀传统文化为社会主义核心价值观提供方法论的指导

中华优秀传统文化历经时间考验，在现代社会中的地位不言自明，它可以指导社会主义核心价值观的实践。一方面，中华优秀传统文化为正确处理社会发展中的各种关系提供了重要的导向作用。中华优秀传统文化之所以能够经久不衰，主要在于其能够立足实践，在现实之中获得发展的条件。无论身处何种社会，个人与他人、社会、国家之间的关系都需要一定的行为准则进行约束和指导，进而使之成为社会的共识。另一方面，优秀传统文化具有现实意义。在社会快速发展的今天，人们对传统文化的认同和认知受到了巨大的冲击，同时人们的价值观也越来越多元化。文学古籍中蕴含着传统文化等众多的文化遗产，是中华民族十分珍贵的瑰宝。只有促进中华优秀传统文化的传承，才能在人民群众认同本民族文化的同时树立起正确的思想与价值观，才能使人们发自内心地接受社会主义核心价值观。

因此，我们应该把优秀传统文化作为社会主义核心价值观的重要文化资源，“充分发挥优秀传统文化对社会主义核心价值观的重要作用，为社会主义核心价值观提供精神支撑”①。

（四）建设中华民族共有的精神家园

精神家园是人们精神生活、精神支柱、精神动力和精神信仰的总和。民族精神家园是民族生命力的精神之母、民族创造力的精神之源、民族凝聚力的精神纽带、民族团结奋进的精神动力。党的十七大报告指出：“建设中华民族共有精神家园。”中华民族共有精神家园由中华民族共同的文化根基、时代精神和价值目标构成，是整个中华民族的共同依托、共同传承、共同发扬的文化精神、价值观念和情感态度的总和，是中华民族赖以生存、发展的精神财富和生生不息、团结奋进的精神动力。中华文化凝聚着中华民族对自身与世界的历史认知和现实感受，承载着中华民族特有的追求和气质，也为中国梦的实现凝聚起强大的精神动力。改革创新是中华民族精神的时代性体现，是在改革开放的历史条件下顺应时代潮流形成的精神气质、思想观念、价值取向、精神风貌和社会风尚的总和，是激发社会创造活力的强大力量。社会主义核心价值观的共同价值目标是一盏明亮的灯塔，它为中华民族照亮

---

① 陶文昭. 以优秀传统文化滋养社会主义核心价值观［N］. 光明日报，2017-09-29.

了前进的道路、点燃了奋斗的希望，体现了民族共同的精神追求，昭示了民族繁荣发展的光明前途。

构建民族精神家园，必须把价值共识与梦想激发相统一，凝聚发展共识，激励中国梦想。中国梦，反映了中国人民包括海外同胞、全世界华人的共同心声、共同愿景、共同意志，是凝聚全党和全国人民的最大共识，极大地激发了中国人民发展国家、振兴民族的热情。在国家层面上，中国梦是民族复兴、国家强盛之梦；在个人层面上，中国梦是人民生活幸福、人生出彩之梦。这两个层次的内涵紧密相连，相辅相成，统一于建设中国特色社会主义的伟大实践。国家好，民族好，大家才会好。在实现民族复兴的中国梦中，唯有将个人之梦融入国家梦，梦想才能成真。坚定不移地推进中国梦的实现，中华文明必将放射出更加灿烂的光芒。

梦想照进现实，关键在于行动、在于实干。作为追梦主体的我国当代高校大学生，要想实现个人成功、生活幸福的梦想，必须把自己的奋斗目标融入中国梦的生动实践。有梦想、有机会、有奋斗，一切美好的东西都能够创造出来。要为实现中华民族共同梦想而拼搏，为努力创造华夏儿女更加幸福美好的未来、更加亮丽和谐的明天而奋斗。实干兴邦、空谈误国。梦在前方，路在脚下。我国当代高校大学生只有牢记使命，带着脚踏实地的实干态度和勇于拼搏、敢于攻坚的奋斗勇气，坚持艰苦奋斗，不畏艰难险阻，脚踏实地做好自己的事情，才能享有同祖国和时代一起成长与进步的机会。

“青年兴则国家兴，青年强则国家强。青年是青年一代的优秀代表，是民族的希望，国家的未来。大学生的思想政治状况、道德品质、科学文化素质如何，关系到党和国家、民族的前途命运，关系到中国特色社会主义事业的兴衰成败。”①

把社会主义核心价值观融入我国当代高校大学生教育的全过程，就是要使他们明确自己肩负的社会责任和历史使命，树立积极进取、乐观向上、厚德载物、自强不息、乐于奉献的人生态度，找准个人在社会中的正确位置，在正确的核心价值观指导下不断提升进取精神，做民族精神和时代精神的倡导者、传播者和实践者。时代给了我们追逐梦想的舞台，我国当代高校大学

① 廖言. 一项关乎民族希望和国家未来的战略决策——大学生思想政治工作五年述评[J]. 求是，2009（20）：61-63.

生要把个人前途和国家命运紧密联系在一起，自觉地把个人梦融入国家梦、民族梦，为构建社会主义和谐社会，全面建设小康社会和实现中华民族伟大复兴做贡献，为建设中华民族共有精神家园、实现中国梦书写出彩人生。

第四节 习近平新时代中国特色社会主义思想进体育课堂研究

——基于体育课堂的课程思政

体育在提高人民身体素质和健康水平、促进人的全面发展、丰富人民精神文化生活、推动经济社会发展，以及激励全国各族人民弘扬追求卓越、突破自我的精神方面，都有着不可替代的作用。2008 年北京奥运会中国奖牌数量荣登奖牌榜首位以来，中国体育事业飞速发展，体育改革也在不断深化，习近平总书记多次在公开场合发声，向世界传递体育的魅力。无论是从体育爱好者还是国家领导人的角度，习近平总书记对体育的系列讲话都有其独特之处。他的体育观念推动了竞技体育、全民健身等事业的发展，他提出将全民体质健康水平考察列入小康水平的考查范围。十九大报告中提出的“实施健康中国战略”将其纳入国家整体发展战略之中并统筹谋划推进，无形中促进了体育事业与医疗事业的融合，从而带动了一个产业的发展。本节通过梳理习近平总书记在体育方面的发言，利用文献分析法阐述了习近平总书记的思想在体育强国、竞技体育、群众体育、体育与医疗融合等方面的推动作用。

一、认真学习习近平总书记有关体育的重要讲话

习近平新时代中国特色社会主义思想既是一个博大精深的理论体系，也是一个可以反映客观规律的科学体系。它内涵丰富，包含政治、经济、文化、外交、军事、体育等内容。党的十八大以来，体育被提及的次数越来越多。我们深入学习党的十八大以来习近平总书记有关于体育的讲话之后发现，习总书记围绕如何建设体育强国，建设什么样的体育强国；如何发展竞技体育，发展什么样的竞技体育；如何发展群众体育，发展什么样的群众体

育；如何将体育与医疗融合做了系统、科学的论述。新时代习近平体育思想作为习近平新时代中国特色社会主义思想的重要组成部分，以自强不息为内核、以全民健身为抓手、以大型赛事为依托、以三大球为重点，全面推动中国体育走向强大。习近平治国理政思想涉及治党、治国、治军和内政、外交、国防等多个领域，体现了党的十八届中央领导集体治国理政的战略目标、历史任务、发展目的、依靠力量、国际关系、领导核心和根本保证等多个方面，包括了中国特色社会主义“五位一体”发展战略的全部内容，是马克思主义中国化的最新理论成果。从本质上来说，体育属于文化，但又不同于一般的文化，它除了具有强身健体的功能之外，还在凝聚人心、振奋精神、展示国力等方面发挥着独特作用。①

（一）体育强国

体育是社会发展和人类进步的重要标志，在一定程度上体现综合国力和社会文明程度。② 从体育大国向体育强国的迈进是中华民族新时期新的追求，是实现中国梦的重要组成部分。③ 党的十八大以来，习近平总书记时刻都在关注我国的体育事业，强调从全面建设小康社会、实现中华民族伟大复兴的战略高度重视发展体育事业。“我们每个人的梦想、体育强国都与中国梦紧密相连。”④ “体育是社会发展和人类进步的重要标志，是综合国力和社会文明程度的重要体现。”⑤ 习近平曾多次强调。

一个国家是否强盛，国民素质是极其重要的因素，不仅仅体现在心理素质，还包含身体素质。强国的实质就是强民，特别是强青少年。体育可以使千千万万的青少年拥有强健体魄、健全心智以及完整人格，从而为国家的富强打下坚实的基础。近20年以来，通过《全民健身计划纲要》《中华人民共和国体育法》《中华人民共和国国民经济和社会发展“九五”计划和2010年远景目标纲要》和《2001—2010年体育改革与发展纲要》等的一系列法规

---

① 李庚全，范博华. 习近平体育强国思想研究［J］. 北京体育大学学报，2017（04）：1-5.

② 韩丹. 论我国体育工作的重点转移［J］. 哈尔滨体育学院学报，1997（02）：1-7.

③ 杨文轩，陈琦. 体育概论：第2版［N］. 北京：高等教育出版社，2013（08）：27.

④ 习近平. 习近平亲切看望索契冬奥会中国体育代表团［N］. 人民日报，2014-02-08.

⑤ 习近平. 习近平会见全国体育先进代表［N］. 人民日报，2013-09-01.

制定、审议和颁行实施，我国对于体育的本质功能和体育战略定位、任务等关键性问题已经有了较明确的共识。我国体育的发展战略是“国家发展体育事业，开展群体性的体育活动，提高全民族身体素质”。1996 年中共中央提出“体育工作必须以增强 12 亿人民的体质为根本宗旨和工作重点”。2004 年 3 月颁布的《宪法》再一次明确了把“国家发展体育事业，开展群众性体育活动，增强人民体质”作为我国发展体育事业的根本目的。

作为世界上人口最多的社会主义大国，全体人民始终是体育发展的主体。增强全民身体素质和生活质量始终是我国体育事业发展的根本宗旨。这既是体育强国、健康强国的中国目标，又是“确保健康生活，促进全人类福祉”的国际目标。在习近平看来，“全民健身是全体人民增强体魄、健康生活的基础和保障。”① 在他的关心下，推动全民健身的文件政策相继发布，全民健身事业发展呈现良好局面。

作为国家领导人，在习近平的外交镜头中，体育贯穿始终。这不仅出于他的爱好，更是站在政治家的高度，借体育助推国之交、民相亲，向世界展现友善、包容的中国。习近平主席爱好足球、游泳，普京擅长冰球、柔道，两国元首热爱体育、重视体育，是公认的“体育迷”，所以在他们的交往中不乏体育话题和体育事件。2014 年，习总书记受邀出席索契冬奥会开幕式，开创我国国家元首出席境外大型国际体育赛事的先河。2018 年，习近平主席同普京总统在天津体育馆共同观看中俄青少年冰球友谊赛。习近平主席用生动的“体育故事”拉近了中国与世界的“距离”。2013 年，在孟夏的墨西哥，习近平在演讲中提到他是一个足球迷。2015 年，在仲夏的北京，习近平会见英国威廉王子，谈及两国体育交流，希望威廉王子能够在今后继续为促进中英体育交流合作做贡献。2017 年，在阳光灿烂的柏林，习近平同德国总理默克尔共同观看中德青少年足球友谊赛。同年，在“冰雪之国”芬兰，习近平和芬兰总统尼尼斯托共同会见中芬两国冰雪运动员代表。2016 年，习近平主席访问沙特阿拉伯、伊朗，在中沙、中伊分别建立全面战略伙伴关系的两份联合声明中都提到了加强体育领域的合作。由此可见，在外交过程中习近平主席不拘于形式，充满亲和力。习近平的体育外交理念，更是谦和、风

① 本报评论员．健康是责任 健身是任务——写在第十二个全民健身日到来之际［N］．人民日报，2020-08-08.

趣与幽默，彰显亲民大国领袖的魅力风范。习近平在访问爱尔兰时参观爱尔兰盖尔式运动协会，应邀开球，一张开球的照片让很多人印象深刻；访问美国，贝克汉姆和约翰逊向习近平赠送球衣并拍照留念；“足球界最牛自拍照”记录下了习近平总书记亲和的笑容。

在习近平主席的体育外交画卷中，奥运是必不可少的关键词。2017 年的一场“颁奖仪式”备受关注，习近平主席受邀登上国际奥林匹克奥运冠军领奖台，站在领奖台上向大家致意，国际奥委会主席巴赫一同登台，气氛轻松活跃。巴赫曾说：“就推动奥林匹克运动而言，习近平主席是当之无愧的冠军。”早在 2013 年 11 月，国际奥委会就授予习近平主席一枚奥林匹克金质奖章，表彰习近平为促进世界体育事业和奥林匹克精神发展所做的杰出贡献。身体力行、亲力亲为是习近平主席的一大特点。2008 年习近平作为分管体育工作的中央领导，全面指挥了北京奥运会的筹办。2015 年，在国际奥委会投票之前，习近平通过视频向国际奥委会委员致辞，做出了最坚定的支持和最庄严的承诺。北京成为历史上唯一的“双奥之城”。

“体育是提高人民健康水平的重要手段，也是实现中国梦的重要内容，能为中华民族伟大复兴提供凝心聚气的强大精神力量。”① 这应该是习近平总书记建设体育强国的目的。因此，习近平总书记以“建设体育强国”为前行目标，为中国体育发展照亮道路，为中国足球呐喊助威，为中国体育外交搭建桥梁，将“体育强国”的烙印深深地打在了每一个中国人的心上。

（二）全民健身

群众体育是人民大众在闲暇时间自愿参加的，以健身、健美、医疗、消遣、娱乐和社交为目的的内容广泛、形式多样的体育活动。② 随着我国经济与社会的迅速发展，人民生活水平的明显提高以及“双休日”制度的实行，广大人民群众对参与体育的热情不断高涨，这些都为开展群众体育提供了良好的社会环境。

体育具有促进人们身心健康发展的作用。随着社会经济的发展，人们的

---

① 习近平. 决胜全面建成小康社会 夺取新时代中国特色社会主义伟大胜利——在中国共产党第十九次全国代表大会上的报告［N］. 人民日报，2017-10-28.

② 石倩，王莉，王芳芳. 超重和肥胖对儿童学习成绩及心理健康的影响［J］. 中国公共卫生，2012，28（12）：1573-1577.

生活水平不断提高，越来越多的人与“富贵病”“结缘”，小到未上幼儿园的孩子，大到耄耋老人。肥胖对人的影响是不容小觑的。有研究表明，肥胖不仅仅影响人的身体健康，也影响人的心理健康。对于儿童来说，大部分肥胖者存在不同程度的心理问题，最明显的表现是常发性喜怒无常，过分自卑、缺乏自信和性格孤僻。① 体重超过平均值的儿童，因为身材臃肿常被作为笨拙和嘲笑的对象，这使他们产生自卑感和精神压力，出现抑郁、易激惹、叛逆行为的概率也要比正常儿童高；肥胖儿童还会出现严重的情绪问题，而严重的情绪障碍反过来又使他们越来越胖。② 研究显示，肥胖与儿童抑郁症关系密切，肥胖儿童的抑郁症发生率远高于体重正常儿童，超重和肥胖可能是儿童抑郁症的一个独立危险因素。③ 大量的研究表明，肥胖儿童注意力集中能力明显下降④，肥胖对儿童注意力分布、工作记忆负荷、手部协调能力以及对问题的理解能力均具有负面影响，对大脑工作能力产生干扰，使大脑工作质量下降。⑤ 与此同时，我国老年人的心理健康也出现了很多问题。所以更应该加快推动全民健身，利用体育促进人们身心健康发展，解决这些老人和孩子出现的心理问题。

习近平曾强调，要坚持以人民为中心的思想，把人民作为发展体育事业的主体，把满足人民健身需求、促进人的全面发展作为体育工作的出发点和落脚点，落实全民健身国家战略，不断提高人民健康水平。把群众性体育纳入全运会，组织人民群众广泛参与，就更好起到了举办全运会的作用。⑥ 在

---

① 石倩，王莉，王芳芳. 超重和肥胖对儿童学习成绩及心理健康的影响［J］. 中国公共卫生，2012，28（12）：1573-1577.

② 石倩，王莉，王芳芳. 超重和肥胖对儿童学习成绩及心理健康的影响［J］. 中国公共卫生，2012，28（12）：1573-1577.

③ 石倩，王莉，王芳芳. 超重和肥胖对儿童学习成绩及心理健康的影响［J］. 中国公共卫生，2012，28（12）：1573-1577.

④ 石倩，王莉，王芳芳. 超重和肥胖对儿童学习成绩及心理健康的影响［J］. 中国公共卫生，2012，28（12）：1573-1577.

⑤ 孙剑，陈平. 儿童单纯性肥胖与心理社会行为因素及心理健康的关系［J］. 中国继续医学教育，2019（28）：55.

⑥ 习近平. 开创我国体育事业发展新局面　加快把我国建设成为体育强国［N］. 人民日报，2017-08-28.

习近平看来，全民健身是全体人民增强体魄、健康生活的基础和保障。① 正是他对全民健身的支持，有力地促进了群众体育活动的蓬勃发展。

党的十八大以来，以习近平同志为核心的党中央高度重视关心体育工作，谋划、推动体育事业改革发展，将全民健身上升为国家战略，推动全民健身和全民健康深度融合。实现全面小康社会宏伟目标，是在谱写国家富强、民族复兴、人民幸福的时代新篇章，这对实现中华民族伟大复兴的中国梦有着重大意义。在全面建成小康社会中，全民健身与其又有何关联？习总书记做出了阐释：“体育强则中国强，国运兴则体育兴。要把发展体育工作摆上重要日程，精心谋划，狠抓落实，不断开创我国体育事业发展新局面，加快把我国建设成为体育强国。”② 2003 年，我国首次将体育纳入小康社会的考核内容之一，在《全民计划（2011—2015）意见稿》中制定了以下目标任务：

1. 经常参加体育锻炼人数显著增加

城乡居民体育健身意识和科学健身素养与之前相比普遍增强，体育健身成为更多人的基本生活方式。经常参加体育锻炼的人数比例达到 32%以上。其中，16 岁以上城乡居民（不含在校学生）达到 12%以上，城市居民达到 18%以上，农村居民达到 7%以上。在校学生每天至少参加一小时体育锻炼。提高残疾人参加体育锻炼人数比例。

2. 城乡居民身体健康素质明显提高

达到《国民体质测定标准》合格标准的城乡居民（不含在校学生）人数比例增加到 90%以上，达到优秀标准的人数比例增加到 16%以上。其中城市居民达到优秀标准的人数比例增加到 20%；农村居民达到优秀标准的人数比例增加到 12%。在校学生普遍达到《国家学生体质健康标准》的基本要求，耐力、力量、速度等体能素质明显提高，达到优秀标准的人数比例达到 25%以上。

---

① 杨迪，崔元苑. 推进“全民健身”习近平总书记这样说 [N]. 人民日报，2019-08-08.

② 习近平. 开创我国体育事业发展新局面　加快把我国建设成为体育强国 [N]. 人民日报，2017-08-28.

3. 体育健身设施有较大发展

全国各类体育场地达到120万个以上，人均体育场地面积达到150平方米以上，形成市（地）、县（区）、街道（乡镇）、社区（行政村）四级公共体育健身设施网络。50%以上的县（区）建有全民健身活动中心，50%以上的街道（乡镇）、社区（行政村）建有公共体育健身设施，有条件的公园、绿地、广场普遍建有体育健身设施。各类体育设施利用率、开放率有较大提高，形成各类体育设施合理布局、互为补充、面向大众的网络化格局。

4. 全民健身组织网络更加健全

全国形成遍布城乡、规范有序、富有活力的社会化全民健身组织网络。县（区）普遍建有体育总会、行业体育协会、单项运动协会和人群体育协会等体育社团，社区体育俱乐部、青少年体育俱乐部有较大发展。80%以上的城市街道、60%以上的农村乡镇建有体育组织。城市社区普遍建有体育健身站（点），50%的农村社区建有体育健身站（点）。

5. 社会体育指导队伍进一步发展

获得社会体育指导员技术等级证书的人数达到100万以上，获得社会体育指导员国家职业资格证书的人数达到10万以上。社会体育指导员素质和技能有较大提高。全民健身志愿服务活动普遍开展，形成组织落实、结构合理、覆盖城乡、服务到位的全民健身志愿服务队伍。

具体实施内容包括：深入开展全民健身宣传教育，充分利用大众传媒方式加强全民健身的社会宣传，倡导健康生活方式，形成崇尚体育健身、积极参加体育健身的社会风气；加强青少年体育工作，倡导科学健康的青少年健身和运动理念；发展社区体育，不断完善社区体育健身环境和条件，为社区居民提供基本的体育健身公共服务；加快发展农村体育，促进城乡体育资源和公共体育服务的均衡配置，逐步建成城乡一体化的全民健身服务体系；广泛开展职工体育、积极发展少数民族传统体育、全面发展老年人体育、大力推广残疾人体育等，使全民健身的观念渗透到社会的每一个角落，住进每一个人的心中。

习近平总书记曾说过：“体育在提高人民身体素质和健康水平、促进人的全面发展，丰富人民精神文化生活、推动经济社会发展，激励全国各族人民弘扬追求卓越、突破自我的精神方面，都有着不可替代的重要作用。”①

习近平总书记在2016年8月20日出席全国卫生与健康大会时表示：“要把人民健康放在优先发展的战略地位，以普及健康生活、优化健康服务、完善健康保障、建设健康环境、发展健康产业为重点，加快推进健康中国建设，努力全方位、全周期保障人民健康。”② 这一重要论述被写进《“健康中国2030”规划纲要》，成为国家意志。

在习近平总书记的关注下，许多推动群众体育和全民运动的政策不断被制定并实施，全民健身的浪潮越演越盛，展现良好的发展形势。越来越多的体育机构承办关于全民健身的活动。越来越多的人放下手机、放下遥控器，走出房间，走向街头跳起广场舞、利用社区的健身器械进行锻炼。每天下班后走进健身房的人也越来越多，为健康买单的人也越来越多。在全民健身、健康中国的大背景下，我国群众体育事业在党和国家的高度重视下发展突飞猛进。

（三）竞技体育

竞技体育是指在全面发展身体，最大限度地挖掘和发挥人（个人或群体）在体力、心理、智力等方面的潜力基础上，以攀登运动技术高峰和创造优异运动成绩为主要目的的一种运动活动过程。③

竞技体育是一种制度化、体系化的竞争性体育活动，具有正式的历史记载和传说，以打败竞争对手来获取有形或无形的价值利益为目标，在正式组织起来的体育群体的成员或代表之间进行，强调通过竞赛来显示体力和智力，在对参加者的职责和位置做出明确界定的正式规则所设立的限度之内进行。

竞技体育标志着一个国家的总体体育水平，发展竞技体育对我国体育事业有重大意义。第一，发展竞技体育项目可以带动全民参与体育活动。竞技体育赛事的举办使体育场馆设施得到一定改善，进而调动全民健身的积极性，加快了大众体育事业的发展。第二，竞技体育可以带动学校体育的发

---

① 习近平. 发展体育运动增强人民体质 促进群众体育和竞技体育全面发展［N］. 人民日报，2013-09-01.

② 习近平. 把人民健康放在优先发展战略地位［N］. 人民日报，2016-08-20.

③ 叶加宝. 体育概论［M］. 北京：北京体育大学出版社，2005：38.

展。让学生亲身参与竞技体育项目，激发学生练习体育的兴趣，让他们在比赛中找回自信，使有天赋的同学找到另一个发展机遇。第三，竞技体育赛事的转播促进体育强国的发展。商业竞争体育的开展更加激励了人们参与体育活动的信心，媒体对竞技体育的传播增强了人们参与体育活动的积极性，对体育强国治理有很大的提升作用。①

2014年，习近平总书记在青奥会运动员村对运动员讲话时强调："希望通过你们在这届青奥会上的精彩表现，带动全国广大青少年都积极投身体育锻炼，既把学习搞得好好的，又把身体搞得棒棒的，做到德智体美全面发展，将来成为祖国建设的栋梁之材。"② 在第十三届全运会即将开幕之际，习总书记在会见全国群众体育先进单位、先进个人代表和全国体育系统先进集体、先进工作者代表以及在本届全运会群众比赛项目中获奖的运动员代表时说："加快建设体育强国，就要弘扬中华体育精神，弘扬体育道德风尚，坚定自信，奋力拼搏，提高竞技体育综合实力，更好发挥举国体制作用，把竞技体育搞得更好、更快、更高、更强，提高为国争光能力，让体育为社会提供强大正能量。"③

我国竞技体育起步较晚，在身体素质方面和西方一些国家的运动员有所差距，所以中国的竞技体育之路走得格外艰难，但这阻挡不了古老民族前进的脚步。从百年前张伯苓的"奥运三问"，到民国时期刘长春悲情的"一个人的奥运"；从洛杉矶金牌零的突破，到悉尼金牌总数位居第三，再到北京"无与伦比的一届奥运会"。这一切都展现出我们自强不息、努力奋进的意志品质。

2008年北京奥运会成功举办，我国实现了金牌和奖牌总数的历史性跨越。习近平总书记也多次谈及奖牌观，奖牌观的基本内核就是展示自强不息的民族精神。他对参加索契冬奥会的健儿说："竞技场上高手云集，成绩不

---

① 宁志勇. 竞技体育对中国体育强国之路的重要作用 [J]. 贵州体育科技，2014 (04)：5-7.

② 习近平看望南京青奥会中国体育代表团 [N]. 人民日报，2014-08-17.

③ 习近平. 开创我国体育事业发展新局面 加快把我国建设成为体育强国 [N]. 人民日报，2017-08-28.

仅仅在于能否拿到或拿到多少奖牌，更在于体现奥林匹克精神。”① 对征战里约奥运会的体育代表团，习近平总书记说：“我们不以胜负论英雄，拿到金牌奖牌的，值得尊敬和表扬。同时，只要勇于战胜自我、超越自我，即使没有拿到金牌奖牌，同样值得尊敬和表扬。”②

习近平总书记非常热爱足球，少年时代的习近平在北京八一中学与足球结下情缘。2016年重返母校，看到小足球队员正在进行带球过人训练，他笑着对大家说：“50多年前我就在这个地方踢过球，那时候还是土场子。”并且自豪地回忆：“我们的球队在北京市比赛中拿过冠军，在全国比赛得了第四名。”③ 跟许多“体育迷”一样，习近平总书记有时也会在深夜看电视转播的体育节目，也会因中国队输球而失望。习近平年轻时曾与聂卫平在上海观看中国国足和英甲亚军沃特福德的比赛，当沃特福德打进5球时，二人愤愤离场。谈及那场比赛，聂卫平表示，习近平总书记虽然“看得伤心”，“但他一直很关注中国足球”。

作为资深体育爱好者，习近平一直关心和重视中国体育事业发展。每遇到重大体育赛事，习近平总书记时常到场看望运动健儿，为他们鼓劲加油。习近平总书记在与体育运动健儿交流时，亲切慈祥得好似“邻家大哥”。问答中，他精通运动项目的各方面，俨然“专业人士”。谈及冰雪运动，习近平问：“风速和雪质是不是影响落地?”谈及拳击，他说：“练拳击，抗击打能力、体能和场上控制力非常重要。”谈及摔跤，他叮嘱运动员，要做好自我防护，避免身体受伤。

对于中国体育事业的发展，习近平有自己的思考。他说：“‘三大球’要搞上去，这是一个体育强国的标志。”④ 在这“三大球”当中，习近平对足球的感情又显得尤为深切。他曾说过：“中国世界杯出线、举办世界杯比赛

---

① 白剑峰，王君平，陈晨曦，等. 习近平亲切看望参加索契冬奥会的中国体育代表团［N］. 人民日报，2014-02-08.

② 习近平. 中共中央总书记、国家主席、中央军委主席习近平25日下午在北京人民大会堂会见第31届奥林匹克运动会中国体育代表团全体成员时的讲话［N］. 人民日报，2016-08-26.

③ 金安. 全民健康托起全面小康［N］. 人民日报，2020-08-09.

④ 习近平. “三大球”要搞上去［EB/OL］. 新华网，2014-08-16.

及获得世界杯冠军是我的三个愿望。”① 他知道，这“看起来比较遥远，但是还得讲啊，你没有这个梦想，也不去想，就根本达不到，你想了才有这可能”②。

中国女排时隔多年在里约奥运会重夺冠军，整个中国为之感动。她们无私奉献、团结协作、艰苦创业、自强不息的精神广为流传，很好地诠释了为国争光、无私奉献、科学求实、遵纪遵法、团结友好、顽强拼搏的中华体育精神。习近平在接见从里约归来的中国奥运代表团时称赞女排：“中国女排不畏强手、英勇顽强，打出了风格、打出了水平，时隔 12 年再夺奥运金牌，充分展现了女排精神，全国人民都很振奋。”③

习近平主席曾说：“重大赛事最令人感动的未必是夺金牌，而是体现奥运精神，这正是中国人讲的自强不息。”④ 习近平总书记对竞技体育的理解是独到的。

“举国体制”是以国家利益作为最高目标，国家体育管理机构在全国范围内调动相关资源和力量，国家负担经费来配置优秀的教练员和软硬件设施，集中选拔、培养、训练有天赋的优秀体育运动员参加奥运会等国际体育赛事，在比赛中与他国竞争，争取优异比赛成绩、打破纪录、夺取金牌的体育机制。这一机制保证了我们可以充分利用一个国家的整体实力，集最有效的人力、财力和物力，最大限度地推动我国竞技事业的发展；为体育基础薄弱、人口众多的发展中国家竞技体育的迅速崛起找到了一条最优路径，同时也是最具有时效性的途径；满足了我国经济、政治、外交等方面发展所需要的良好外部条件，实现了现代竞技体育固有的政治功能。

就我国竞技体育现状来说，在不断的深化改革下，“举国体制”带来的负面影响有所改善，但还须进一步提高。为此发展全民健身事业显得尤为重要，尤其是对青少年体质的关注，体育可使数以亿计的青少年获得强健体魄、健全心智、完整人格，从而为国家的强大打下深厚的基础，也对竞技体

---

① 钟欣. 习近平曾透露对中国足球愿望：举办世界杯并夺冠 [N]. 京华时报，2013-03-21.

② 习近平. 梦想不去想根本达不到 想了才有可能 [N]. 解放日报，2014-03-06.

③ 金安. 中国女排精神影响深远 [N]. 中国社会科学报，2020-12-15.

④ 习近平. 最令人感动的未必是金牌 [N]. 人民日报，2014-02-07.

育的发展有所帮助。

（四）体育医疗

当今时代，体育保健成为人们一种重要的生活方式，在保障人们身心健康方面有重要作用。在人口不断趋于老龄化的社会背景下，进行体育医疗和保健是社会发展的趋势。目前我国的体育保健和医疗管理体系主要针对体育运动员，呈现出目标市场建设规模小、流动资源和人才资源较少的局面，也导致了整个行业的经济收益非常低。① 但是随着全民健身的推广，人们自发地参与体育运动，体育运动已经成为大众的日常生活方式。与此同时，新的健康理念的引入使群众看待体育运动的观念从以往的重视竞技体育转变为如今注重养生和保健运动。体育医疗和保健不仅是避免运动损伤和促进身体健康的手段，在发展的过程中，还不断衍生出合理的体育医疗体系以及文化内涵。②

在党的十九大报告中，习近平总书记提出要实施健康中国战略。从医疗安全、药品安全等方面健全保障措施以积极应对人口老龄化等问题。我国现阶段人口健康水平已经得到了很大的提升，但是我们还要继续努力。当今，慢性病已成为危害我国居民健康的头号杀手，其发病原因60%都取决于个人的生活方式，简单地以疾病防治为主、单纯靠医疗卫生的传统干预模式已经远远不能解决我国现阶段的健康危机问题。国家体育总局群众体育司落实全民健身国家战略，为提高全民族健康水平做贡献③：目前越来越多的人认识到“运动是良方”，“花钱买健康”的意识不断被强化，积极从“被动治疗”转向“主动健康”。大量研究和实践证明体育和医疗如鸟之两翼、车之双轮，对全方位、全周期保障人民健康必不可少。④ 体育与医疗融合发展，就是让人民群众不得病、少得病，治未病、治好病，从而大幅度提高人民健康水平，更好地促进人民的全面发展和社会全面进步，不断满足人民群众对美好

---

① 彭远秋. 全民健身视角下健康管理事业发展刍议［C］//2017年博鳌医药论坛论文集. 海口：海南人民出版社，2017：187.

② 黄敬亨. 健康教育学［M］. 上海：复旦大学出版社，2003：2.

③ 苟仲文. 苟仲文在全国群众体育工作电视电话会议上发表讲话［EB/OL］. 搜狐网，2017-04-11.

④ 苟仲文. 苟仲文在全国群众体育工作电视电话会议上发表讲话［EB/OL］. 搜狐网，2017-04-11.

生活的向往。

“没有全民健康，就没有全民小康。”① 习近平总书记在全国卫生与健康大会上发表讲话，强调要把人民健康放在优先发展的战略地位，以普及健康生活、优化健康服务、完善健康保障、建设健康环境、发展健康产业为重点，加快推进健康中国建设，努力全方位、全周期保障人民健康，为实现中华民族伟大复兴的中国梦打下坚实的基础。

“人民健康是民族昌盛和国家富强的重要标志。要完善国民健康政策，为人民群众提供全方位全周期健康服务。”② 习近平这样说。

体育具有教育功能、健身功能、娱乐功能、经济功能、政治功能。从健身功能来看，体育可以提高心血管系统机能水平。体育活动可以降低人们心血管疾病的发病率，且不参加体育活动者的总体死亡率要比参加体育活动者高出 3 倍多。这表明参加体育活动可以降低心血管系统的发病率，有利于健康。体育还可以提高呼吸系统机能水平。体育活动不能改变人体肺部的容积，但可以改善呼吸肌的状态和效率，更好地发挥肺的功能。与不经常参加体育锻炼的人相比，经常参加体育锻炼的人呼吸次数减少但每次吸入空气多，肺通气量大，可以调适和保持心理健康。现代流行病学研究证明，人们通过适当的体育活动，能够缓解焦虑，提高心理健康水平。另外，从心理神经免疫学角度来看，定期的、适度的体育活动对保持免疫系统健康是有利的，可以促进骨骼和肌肉的生长发育。体育锻炼能达到预防疾病、增强体质、抵御衰老的目的。

在贯彻实施健康中国战略已驶向“快车道”的关键时期，无论是包括健康身体、健康环境、健康经济、健康社会的“大健康”，还是包括服务于全体人民、服务于每个人全面健康、服务于人的生命全周期、服务于健康全过程的“全面健康”，都离不开医疗，离不开体育。这就需要建立体育与医疗深度融合的发展模式，凭借其广泛性、主动性、自助性以及投入少产出大、

① 新华社. 描绘健康中国蓝图——习近平总书记在全国卫生与健康大会上的讲话引起热烈反响 [N]. 人民日报，2016-08-21.

② 习近平. 决胜全面建成小康社会 夺取新时代中国特色社会主义伟大胜利——在中国共产党第十九次全国代表大会上的报告 [N]. 人民日报，2017-10-28.

见效快等优势特点，成为建设健康中国最积极、最有效、最节约的方法和手段。①

长期以来，我国健康事业过分依赖于医疗事业，国家和个人医疗开支负重过大，但国民健康水平仍旧令人担忧；同时也造成了健康行业发展的各种局限性，全民健身事业的可持续性差。推动体育与医疗的融合发展符合我国的基本国情。当前我国体育的发展势头正好，把体育的健身功能与医疗手段相结合，可以达到防治疾病、病后康复以及增强体质、提高生活质量的目的。

健康，是人类永恒的话题，是促进人全面发展的必然要求，是经济社会发展的基础条件。目前，无论是发达国家还是发展中国家，都正在将医疗革命的焦点从医疗健康干预向非医疗健康干预转变，通过改变不良习惯、参加体育锻炼等方式进行自我主动性健康管理。② 其中，体育有着不可替代的作用。我们要坚持和发展习近平体育思想，用中国特色社会主义体育思想的最新成果指导全民健康事业的生动实践，并伴随着全面建设社会主义现代化强国和建设健康中国的新征程的新实践不断得到丰富与发展。③

五、结语

习近平总书记的体育思想的高度是其他人所无法触及的，其特征为：第一，统领性。习近平体育思想其内涵丰富、博大精深、高屋建瓴，初步形成了一个科学、系统、完整的思想体系，为中国体育事业改革发展提供了根本遵循，是统领做好各项体育工作的强大思想武器。第二，传承性。习近平总书记秉承了几代领导人的体育思想精髓，有毛泽东“发展体育运动，增强人民体质”的体育兴国战略思想，有江泽民“全民健身、利国利民，功在当代、利在千秋”的全民健身战略布局，在此基础上，习近平总书记提出了

① HOWARD L. M., CECI C. Problematizing Health Coaching for Chronic Illness Self-Management [J]. Nursing Inquiry, 2013, 20 (03): 223-231.

② 廖祥龙. 中华人民共和国五代领导核心体育兴国战略思想体系与我国体育兴国战略体系研究 [J]. 临沂大学学报, 2015 (05): 66-70.

③ 廖祥龙. 中华人民共和国五代领导核心体育兴国战略思想体系与我国体育兴国战略体系研究 [J]. 临沂大学学报, 2015 (05): 66-70.

"体育强国梦"理念。习近平体育思想既重视历史的延续性，又赋予体育新的时代意义。① 第三，全面性。习近平体育思想涵盖中国体育领域，必须统筹兼顾、全面发展，统筹于竞技体育、群众体育和学校体育的互动发展，加快体育产业发展，促进全民健身活动，共筑体育强国梦。除此之外，习近平体育思想还与"十三五"规划、"十四五"规划发展理念相契合。

习近平总书记的体育思想与中国体育事业的发展关系密切。党的十八大以来，中国的体育事业迎来了崭新的局面：竞技体育积极进取，勇攀高峰；社会体育不断发展，方兴未艾；全民健身如火如荼，士气高涨；学校体育改革创新，劈波斩浪；体育产业生机勃勃，前景广阔。这些境况都极大地丰富了习近平体育观，使其思想更加丰富、完善。

在习近平的体育价值观体系中，体育价值首先应指向人民，体育是为人民身体健康、为人民精神丰满、为人民生活幸福、为民族未来服务的。只有人民拥有了健康的身体、健康的精神，才能更好地创造和享受生活；民族拥有健康体质，且充满青春活力，才能屹立于世界民族之林。②

目前一个国家的强盛，比以往任何时候都取决于国民素质，不仅是心理文化素质，身体素质同样重要。强国的实质是强民，尤其是强青少年。体育强国梦要想真正变为现实，必须将其纳入中国梦的宏大体系中。体育强大与国家的整体强大相辅相成，体育强国是民族复兴中国梦里不可或缺的一个环节。中国梦是民族复兴各方面梦想的汇集，为体育强国建设指引方向；而体育强国梦又是中国梦的重要组成部分，对中国的全面强大有着引领和推动作用。习近平曾说过："体育是社会发展和人类进步的重要标志，是综合国力和社会文明程度的重要体现。"③

"体育是提高人民健康水平的重要手段，也是实现中国梦的重要内容，能为中华民族伟大复兴提供凝心聚气的强大精神力量。"④ 这是习近平总书记建设体育强国的目的。习近平总书记透彻地阐述了体育和人民健康水平之

---

① 廖祥龙. 中华人民共和国五代领导核心体育兴国战略思想体系与我国体育兴国战略体系研究［J］. 临沂大学学报，2015（05）：66-70.

② 谭琳. 论习近平体育思想的人民性［J］. 武汉体育学院学报，2019（04）：5-10.

③ 刘鹏. 从体育大国向体育强国迈进［N］. 人民日报，2014-03-31.

④ 王恒志. 谈建设体育强国，习近平总书记这些论述掷地有声［EB/OL］. 人民网-中国共产党新闻网，2018-08-19.

间的关系，同时还用政治家的眼光审视体育，他总能在恰当的时候、利用恰当的形式使体育功能得到充分发挥。因此，习近平以“建设体育强国”为前行目标，为中国体育发展照亮道路，为中国足球呐喊助威，为中国体育外交搭建桥梁，将“体育强国梦”的烙印深深地打在了每一个中国人的心上。伟大的中国人民正在一步一步地通过不懈的努力将“体育强国梦”变为现实。

第五节　习近平新时代中国特色社会主义思想指导下的当代大学生创新创业研究

——基于“互联网+”的创新创业手段

本节针对新时代我国高校的“互联网+”创新创业教育方面存在的问题，研究我国创新创业教育的发展历程。研究“互联网+”创新创业教育方面存在的问题，研究成果对新时代我国高等学校创新创业教育改革具有重要的意义。

2017 年 8 月 15 日，习近平总书记在给第三届中国“互联网+”大学生创新创业大赛“青年红色筑梦之旅”的大学生的回信中写道：

“第三届中国‘互联网+’大学生创新创业大赛‘青年红色筑梦之旅’的同学们：

来信收悉。得知全国 150 万大学生参加本届大赛，其中上百支大学生创新创业团队参加了走进延安、服务革命老区的‘青年红色筑梦之旅’活动，帮助老区人民脱贫致富奔小康，既取得了积极成效，又受到了思想洗礼，我感到十分高兴。”①

2015 年 6 月，习近平总书记在贵州调研时强调“要依靠产业带动和必要的政策激励，鼓励创业、扩大就业，努力增加城乡居民收入”②。2015 年 7 月，国务院印发《关于积极推进“互联网+”行动的指导意见》，明确了“互联网+”行动的基本原则、发展目标和主要任务。2015 年至今，“互联

① 习近平. 习近平回信勉励第三届中国“互联网+”大学生创新创业大赛“青年红色筑梦之旅”的大学生 [N]. 人民日报，2017-08-16.

② 陈昭晖. 习近平关于就业问题的十大论述 [N]. 中国日报，2015-08-06.

网+”行动得到了包括教育界在内的社会各界的积极响应和广泛实施，“互联网+”高校创新创业教育对深化高等学校创新创业教育改革发挥了积极的作用。

一、新时代我国高校的创新创业教育方面存在的问题

新时代我国的创新创业教育及人才培养模式改革与时俱进，落后的教育理念正在发生着改变，而在创新创业方面我国高校面临的问题也呈现出多样化的情况。

（一）我国高校创新创业教育理念落后和教学方式陈旧等方面的问题

当前，我国一些高等院校的负责人仍停留在传统的教育理念中，未将加强实践教学作为创新创业教育改革的重要抓手，即使应用了“体验式”的实训，也难以将创新创业教育改革工作落到实处。我国有的高等院校虽然开设了创新创业方面的讲座，或是象征性地开设了创新创业的课程，但是没有任何孵化基地，或者是这些学校的创新创业课程的教学目标只是把知识传授给学生们，在教学方法上只是教师讲、学生听。我们认为，我国高等院校的创新创业教育应当以习近平新时代中国特色社会主义思想为指导思想，把《习近平七年知青岁月》作为对我国当代大学生进行创新创业教育的重要教材；以我国当代大学生奉献扶贫事业的动人事例为案例，激励他们创新创业。我国高等院校创新创业的教学目标不能只是把创新创业的知识传授给学生，而是要着眼于学生的全面发展和个性发展，着眼于学生创新创业的综合素质和能力的提高。

（二）教学方法受到高等学校教学的组织形式影响和制约

高等学校的教学组织形式是指为完成特定的教学任务，教师和学生按照一定的要求组合起来进行活动的结构形式。这种教学组织形式不是固定不变的，而是随着社会政治、经济和科学文化的发展及其对人才培养的要求而变化的，其教学组织形式也在不断发展和改进。比如，当今我国进入了社会主义新时代，习近平总书记在党的十九大报告中明确指出：“中国特色社会主义进入新时代，我国社会主要矛盾已经转化为人民日益增长的美好生活需要

和不平衡不充分的发展之间的矛盾。”① 这种矛盾的变化就需要我们高等学校的创新创业教育与时俱进，要进行高等学校就业创业课程的教学改革，以培养新时代我国实现伟大民族复兴需要的新一代大学生。我国高等学校教学史上先后出现的影响较大的教学组织形式有个别教学制、班级授课制、分组教学制、现场教学、复式教学等。这些不同的教学组织形式，不可能运用统一的教学方法。同时，教学方法确定之后，教学的组织形式在一定程度上也要受到教学方法的约束和限制。

（三）我国一些高等学校的创新创业实践教学效果不佳

就创新创业教学内容进行分析：我国部分高校的创新创业教学内容单一，对创新创业能力的训练等方面未能给予足够的重视，学生学习创新创业知识始终停留在理论知识层面，不能深入有效地了解创新创业的实质，缺乏实践创新的过程。这种状况必然会导致教学效果不佳，故应当加强我国当代大学生创新创业的实践训练。

（四）我国高等学校创新创业教育的师资专业化水平有待进一步提高

高等学校负责创新创业教育的教师是高等学校创新创业教育的主力军，而实际上我国高等学校的创新创业教育的师资人数和能力均不足。虽然有各种培训的途径和方法去提高高等学校师资队伍的创新创业教育水平，但我们就调查的实际效果来看，我国高等学校大学生在创新创业方面的实践经验仍旧是不足的，这方面的能力素质还有待进一步提高。

综合对我国部分高等院校的创新创业教育方面的状况进行的分析来看，由于我国高等学校创新创业教育的针对性不强，且个别学校使用的教材与开设的课程在一定程度上与社会实际需要有距离，导致一些学校的大学生缺乏实践经验，创新创业教育纸上谈兵。我国一些高等学校创新创业教育的师资力量薄弱，创新创业教育流于形式并表现出单一的状况，这表明我国一些高等学校的创新创业教育仍旧存在较多问题，我们亟待探索“互联网+”创新创业教育多样化的发展途径。

---

① 习近平. 决胜全面建成小康社会 夺取新时代中国特色社会主义伟大胜利——在中国共产党第十九次全国代表大会上的报告［N］. 人民日报，2017-10-28.

二、我国创新创业教育多样化的发展历程与“互联网+”创新创业教育多样化发展

（一）对我国创新创业教育多样化发展历程的回顾

1997年，清华大学举办了“创业计划大赛”，此次“创业计划大赛”得到了全国大学生与许多知名企业的响应，清华大学成了全球商业计划竞赛联盟的一员。

从1999年开始，团中央、教育部、中国科协、全国学联联合举办的大学生“挑战杯”创业计划大赛每两年举办一届。“挑战杯”大赛的推广作用使创新创业教育的辐射规模日益扩大，许多高等院校加入探索创业教育的行列，并相继开设各具特色的创业教育课程。高校创新创业教育的迅速发展，引起了教育管理部门的高度重视，教育管理部门开始进行组织与指导工作。但由于经验尚浅，创新创业教育只是局限于举办创业大赛这一层次上，并未有其他形式。2002年，教育部选定清华等九所重点高等院校为创业教育试点院校，引领试点院校积极探索创业教育模式，通过各试点院校的探索，形成了三种创业教育模式。第一种模式是目前国内大部分高等院校创新创业教育采用的教育模式，即第一课程与第二课程相结合的创业教育模式；第二种模式是商业化运作的创业教育模式；第三种模式是“三个基点”与“三个转变”的创业教育模式。2005年，中国有关高校开始实施大学生KBA创业项目。2007年，党的十七大提出“提高自主创新能力，建设创新型国家”和“以创业带动就业”的发展战略。2008年，教育部成立了30个创业教育类人才培养模式创新实验区。通过政府相关部门的推动，创业教育开始由重点高等院校向应用型高等院校转移。2012年，教育部下发文件，要求本科院校要创造条件开设“创业基础必修课程”。

（二）“互联网+”创新创业教育多样化发展

2015年，《国务院关于积极推进“互联网+”行动的指导意见》指出：“‘互联网+’是把互联网的创新成果与经济社会各领域深度融合，推动技术进步、效率提升和组织变革，提升实体经济创新力和生产力，形成更广泛的以互联网为基础设施和创新要素的经济社会发展新形态。”随着《国务院关于大力推进大众创业万众创新若干政策措施的意见》和《关于深化高等学校创新创业教育改革的实施意见》等政策的推进，“互联网+”与创新创业教育

多样化融合和发展具有广阔的前景和无限的潜力。

三、我国创新创业教育发展的探索

（一）参与创新创业教育机构的多样化

随着新时代社会对人才需求的多样化，我国高等教育大众化背景下的大学生就业难问题亟待解决。国家及时出台了一系列优惠政策拓宽大学生的就业渠道，支持大学生创业。教育主管部门大力推进，高等学校积极努力探索。我国的创新创业教育开始朝着多样化的方向发展，各高等院校正在积累宝贵的经验。通过全国各高等院校的积极探索、总结经验，我国逐步形成新时代中国特色社会主义创新创业教育理论和实践体系，这是我国高等学校的当代大学生创业就业的重要实践平台，这一体系是由学校、社会、政府、企业等多重层次组成的。

（二）新时代我国高等学校的创新创业教育的多样化发展理念渐入人心

新时代高校在充分意识到创新创业教育的迫切性后，在习近平新时代中国特色高等教育思想的指引下正尝试着转变原有的不适应当前形势发展的教育理念，改革着不适宜的人才培养模式，通过教学的改革，引导学生改变传统被动的就业观念。从事创新创业教育的教师，除了要树立全新的创新创业教育理念，还要尽快解决自身经验不足的问题。随着创新创业教育理念的形成及深入，越来越多具有创业经验的青年教师加入创新创业教育的行列中来，创新创业教育的师资力量日益壮大，创新创业教育多样化发展的理念将越来越深入高等学校师生的心中。

2015 年，国务院办公厅下发《关于深化高等学校创新创业教育改革的实施意见》（国办发〔2015〕36 号）文件。在“大众创业，万众创新”成为国家战略后，创新创业教育也上升到国家层面。在国务院、教育部的大力推动下，目前各高校对于创新创业教育表现出了前所未有的重视，我国开始进入创新创业教育多样化发展阶段。

（三）“互联网+”与创新创业教育多样化的发展

习近平总书记提道：“全党同志一定要登高望远、居安思危，勇于变革、勇于创新，永不僵化、永不停滞，团结带领全国各族人民决胜全面建成小康社会。”①

从习近平在十九大报告的讲话中，我们感受到一种创业精神。“互联网+”为创新创业带来多样化的发展新机遇。完善实体经济的创新力和生产力，逐步实现信息资源共享。互联网的迅猛发展为创新创业提供了新的发展空间和展示平台。早期的创业案例仅局限于虚拟互联网环境中的创新创业，并未将生活实际与虚拟网络空间结合起来，做到互联网形象化与真实化。“互联网+”的衍生与发展实现了中国实体产业经济与虚拟网络环境的融合，为创新创业开辟了新的天地。由此，创新创业教育应新增“互联网+”的内容，鼓励学生以互联网为基础，以移动电子商务、云计算、大数据等为载体，进行多样化的“互联网+”式创业。

（四）“互联网+”为创新创业教育带来多样化发展新机遇

在当下的社会环境中，互联网已应用于各行各业，并且与其高度融合，其中包括教育领域。在教育领域中，近年来由于互联网的普及，网络在线教育迅速发展，其涵盖小学、初中、高中、大学各个领域的内容，学生随时随地可进入学习状态，形成快速便捷的教育模式，受到广大师生的欢迎。

“互联网+”优化了传统产业，增添了创新创业教育的多样化模式。教育行业作为中国传统行业之一，在“互联网+”的影响下，在线教育从传统课堂理论学习与课后社会实践相结合的创新创业教育中脱颖而出，成为最受大众欢迎的教育方式。这给投资者和创业者们提供了政策方面的刺激，激发出创业教育的新方式与特点，使其逐步走出瓶颈期。提高社会创新创业教育的整体水平，要提升在校大学生创新创业的整体素质，从而进一步提升教育的影响力。“互联网+”的出现与迅速发展，无疑为当下处于瓶颈期的高校创新创业教育带来多样化发展的新机遇。

（五）“互联网+”催生大众创业、万众创新的新业态，促进创新创业教育意识深入人心

“互联网+”创造了一个全新的创新创业社会环境。如为“互联网+”创

---

① 习近平. 决胜全面建成小康社会 夺取新时代中国特色社会主义伟大胜利——在中国共产党第十九次全国代表大会上的报告［N］. 人民日报，2017-10-28.

新创业教育搭建的服务平台应运而生，为在线教育创业者提供零技术门槛的网校平台搭建服务，帮助创业者创立自己的品牌。同时，“互联网+”创新创业教育公司又反过来服务于大学生创新创业教育活动，由此形成应用“互联网+”环境的大众创业、万众创新的新局面。

“互联网+”的产生为多样化的创新创业教育注入了新的内容，丰富了高等学校创新创业教育的内涵。

“互联网+”与高等学校创新创业教育的深度融合，形成了新型的创新创业教育内容。对大学生进行“互联网+”创新创业教育，可以调动他们创新创业的热情，实现大众创业、万众创新的新格局。保证国家大力推进大众创业、万众创新战略的顺利实施，源源不断地向社会输送优秀的创新创业人才是高校创新创业教育的重要任务。① 以创新创业的大学生为主体的高素质人才将是大众创新创业的智力源泉。

四、结语

互联网给人们的学习、工作和生活方式带来了革命性影响，其中蕴含着一种新的创新创业教育发展理念和实践范式。“互联网+”创新创业教育将云计算、大数据、人工智能、移动互联网、物联网、可穿戴设备、虚拟现实等高新技术与教育深度融合，为提高我国创新创业教育质量创造了条件，展现了互联网高效、便捷、共享的优势，在创新教与学的过程中为学习者提供了优质、灵活、个性化的学习方式，形成了“互联网+”时代创新创业教育多样化发展的新业态。目前，高校为经济社会发展源源不断地提供创新创业人才的任务显得愈加紧迫。G20 杭州会议后，中国创新创业教育国际化促进了各种教育理念扩散到全球，为本土教育理念的演化、碰撞、互补和丰富提供了国际环境。同时，不同国家的实践对于创新创业教育理论的检验会增加创新创业教育内涵的饱满度，使其内涵愈加接近教育理念的本质，进而形成某种结构严谨稳定的创新创业意识流和教育观念体系，并将意识流和关联体系融入高等教育体系中，成为推动我国高等创新创业教育进步的“生产力”。在习近平新时代中国特色社会主义思想的指导下，应用“互联网+”有效地

① 王洪彪，冯琰，赵洪朋. 高等院校创新创业教育的现状与思考［J］. 辽宁体育学报，2013（06）：82-85.

开展多样化的创新创业教育，可以激发师生的创新创业意识，实现以小创带动大创的创新创业教学目标，构建有中国特色的“互联网+”创新创业教育多样化发展方案。

第三章

习近平新时代中国特色社会主义思想“五进”的原则与方式

第一节　高校推进习近平新时代中国特色社会主义思想“五进”的基本原则

高校推进习近平新时代中国特色社会主义思想“五进”，一方面是指特定历史主体通过对习近平新时代中国特色社会主义思想的掌握、认识与内化而进一步把这一理论根据我国高校大学生的需要、社会发展的需要灌输到我国高校大学生中，使习近平新时代中国特色社会主义思想被我国高校的大学生认同、理解，内化于心、外化于行的活动。通过完成历史主体的理论自觉，使我国高校的大学生能够在实践活动中自觉地以习近平新时代中国特色社会主义思想为指导，形成正确的社会理想、政治理想与核心价值，并学会按照客观世界的发展规律、发展趋势来认识世界、改变世界、创造新的生活。另一方面，也指首先掌握并运用习近平新时代中国特色社会主义思想来指导自己行动的一切历史主体站在历史发展的高度向我国高校的大学生传播习近平新时代中国特色社会主义思想。由此，决定了高校推进习近平新时代中国特色社会主义思想大众化必须遵循的一系列基本原则。

一、理论与实际相结合的原则

我国高校大学生是社会实践的主体，只有在实践中才能逐步使习近平新时代中国特色社会主义思想转化为我国高校大学生的理想信念和价值追求。因此，我们要坚持理论与实践的高度统一，用习近平新时代中国特色社会主义思想指导当代大学生的社会实践，紧密结合十九届五中全会提出的奋力夺取全面建设社会主义现代化国家新胜利、研究回答我国高校大学生关心的重大理论和实际问题的要求。只有把习近平新时代中国特色社会主义思想与我国高校大学生的具体社会实践相结合，才能建立起我党与我国高校大学生之间的精神纽带，从而增强他们对习近平新时代中国特色社会主义思想的政治认同、思想认同、情感认同，使该思想真正为我国当代高校大学生所掌握。用习近平新时代中国特色社会主义思想指导当代大学生的生活实践，是使该思想真正进入大学生头脑的客观要求。

没有正确的理论，就没有正确的行动。这里的理论与实际相结合，一方面，就是要用习近平新时代中国特色社会主义思想指导高校大学生的理论学习与实践，尽快地把这一思想转化为我国当代大学生的实际活动。另一方面，则是必须根据实际情况总结经验教训，及时探索习近平新时代中国特色社会主义思想“进教材、进课堂、进头脑、进科研、进读本”的过程中形成的新的经验和理论成果。当前，习近平新时代中国特色社会主义思想大众化已经取得了一定的成果，但距离党和人民的要求还存在一定的差距。如何在我国的高校推进习近平新时代中国特色社会主义思想大众化，推进习近平新时代中国特色社会主义思想“进教材、进课堂、进头脑、进科研、进读本”，使当代大学生的理论自觉得到充分发挥，是我们面临的首要课题。所以，我国高校习近平新时代中国特色社会主义思想大众化的实施首先遵循理论与实际相结合的基本原则，拓宽用习近平新时代中国特色社会主义思想“进教材、进课堂、进头脑、进科研、进读本”的传播渠道并提升方式方法的实效性。

二、可持续性与动态性相结合的原则

可持续性原则是指要保证习近平新时代中国特色社会主义思想“五进”的常态化和持久性。我国高校要形成一个完善的习近平新时代中国特色社会主义思想“五进”体系。我国高校大学生对习近平新时代中国特色社会主义思想的总体掌握程度还不高。在这种情况下，我们必须从现实情况出发，大

力推进习近平新时代中国特色社会主义思想“进教材、进课堂、进头脑、进科研、进读本”，实现习近平新时代中国特色社会主义思想宣传普及的体制化，推动习近平新时代中国特色社会主义思想宣传普及的大众化。在遵循可持续原则的同时，我们还必须把握继承性原则，也就是在习近平新时代中国特色社会主义思想“进教材、进课堂、进头脑、进科研、进读本”的工作进程中要吸收和借鉴国内外历史上优秀文化传承的经验和多年以来我党形成马克思主义大众化的成功经验。

中华民族有注重启蒙教育的优秀传统，在文化传承方面有非常丰富的成功经验，五千多年的文化传统就是在普及中不断得到发展的。我国高校的思想政治教育课程的教师在推进习近平新时代中国特色社会主义思想“进教材、进课堂、进头脑、进科研、进读本”的工作进程中也积累了一些丰富的经验，他们通过创新传播手段，在对习近平新时代中国特色社会主义思想宣传普及方面做了大量的工作。

动态性原则是指在习近平新时代中国特色社会主义思想“进教材、进课堂、进头脑、进科研、进读本”的工作进程中要保持动的状态。在普及习近平新时代中国特色社会主义思想过程中，要认真研究习近平总书记的语言艺术，要向高校大学生生动地展示习近平新时代中国特色社会主义思想，因为习近平新时代中国特色社会主义思想是“真理”，“真理”具有任何事物都无法阻挡的穿透性。我们要将习近平总书记形象生动、充满亲切感的话语原汁原味地传达给大学生，要对当代大学生进行有温度的习近平新时代中国特色社会主义思想的教育。习近平总书记的讲话充满着语言的魅力，他讲：“没有理想信念，就会导致精神上‘缺钙’。”① “梦在前方，路在脚下。自胜者强，自强者胜。”② “人的一生只有一次青春。现在，青春是用来奋斗的；将来，青春是用来回忆的。”③ “人生之路，有坦途也有陡坡，有平川也有险滩，有直道也有弯路。青年面临的选择很多，关键是要以正确的世界观、人生观、价值观来指导自己的选择。”④ “只有进行了激情奋斗的青春，只有进

① 理想信念就是共产党人精神上的“钙”［N］. 人民日报，2014-10-04.
② 习近平. 在同各界优秀青年代表座谈时的讲话［EB/OL］. 新华网，2013-05-04.
③ 习近平. 在同各界优秀青年代表座谈时的讲话［EB/OL］. 新华网，2013-05-04.
④ 习近平. 在同各界优秀青年代表座谈时的讲话［EB/OL］. 新华网，2013-05-04.

行了顽强拼搏的青春，只有为人民做出了奉献的青春，才会留下充实、温暖、持久、无悔的青春回忆。”①

三、科学性与时代性相结合的原则

习近平新时代中国特色社会主义思想是科学的世界观和方法论，是科学的内涵丰富的理论体系。在习近平新时代中国特色社会主义思想“进教材、进课堂、进头脑、进科研、进读本”的过程中，理论灌输的内容要体现习近平新时代中国特色社会主义思想与时俱进的理论品质，因为这一思想是不断发展的科学体系，会随着时代的发展不断获得新的内涵。时代性原则也就是与时俱进原则，是指习近平新时代中国特色社会主义思想“五进”的工作要紧跟社会发展趋势，运用创新的方式方法对习近平新时代中国特色社会主义思想进行宣传普及。

在习近平新时代中国特色社会主义思想“进教材、进课堂、进头脑、进科研、进读本”的过程中，我们对这一思想的时代脉搏的把握要准确，对这一思想的时代性的理论品质要大力弘扬，对这一思想的传播要实现宣传风格和载体的极大丰富，使习近平新时代中国特色社会主义思想的传播更具吸引力和感染力。我们要使教学普及、网络普及、手机普及等新兴普及方式成为传播习近平新时代中国特色社会主义思想的有效方式。我们要使习近平新时代中国特色社会主义思想转化为我国高校大学生的内心信念，进入我国大学生的脑中、心中。要使党的纲领、理论、路线、方针、政策进入我国大学生的头脑中，我们就必须深入研究，精心设计，实现教育的科学性，提高教学的艺术性，从而使高校大学生能从内心接受习近平新时代中国特色社会主义思想，使学生树立与党中央在思想上、政治上、行动上始终保持高度一致的思想和信念，要服务于党和国家的中心工作和主要任务。我们要真正做到理论灌输贴近实际、贴近生活、贴近学生，提高理论灌输的说服力和感染力。

四、整体性与宣传普及方式方法的多样性相结合的原则

整体性原则就是指全面系统地推进习近平新时代中国特色社会主义思想

---

① 习近平．在同各界优秀青年代表座谈时的讲话［EB/OL］．新华网，2013-05-04.

“进教材、进课堂、进头脑、进科研、进读本”，也就是指在习近平新时代中国特色社会主义思想“进教材、进课堂、进头脑、进科研、进读本”的过程中，将这一思想的基本原理、观点、立场、方法和内在精神进行普及。习近平新时代中国特色社会主义思想是一个完整的体系，因此在推进这一思想“进教材、进课堂、进头脑、进科研、进读本”时必须贯彻整体性原则。只有这样，才能使我国当代大学生完整准确地理解和掌握习近平新时代中国特色社会主义思想。

宣传普及方式方法的多样性原则就是指高校在推进习近平新时代中国特色社会主义思想“进教材、进课堂、进头脑、进科研、进读本”的过程中，工作的方式是多样性的，具体教育、宣传和普及形式、方法是开放性的、多样化的，在宣传形式和方法上也是丰富多变的。

当今我国社会正处在转型期，社会文化表现为多样性的状况，社会思潮呈现出多向性的特征。一个不争的事实是我国高校大学生的价值取向越加多元化，大学生处在“文化市场”“思潮卖场”“思想超市”“价值仓库”之中，可以说是眼花缭乱。我们高校的思想政治教育必须首先以崭新的形式引起我国高校大学生的关注，从而调动他们学习习近平新时代中国特色社会主义思想的主动性，达到以习近平新时代中国特色社会主义思想“武装人”“引导人”“塑造人”“感染人”的目的。当今，在我国的高校大学生中推动习近平新时代中国特色社会主义思想大众化，必须充分调动各种现代大众传播手段，使这些先进传播手段的快捷性、形象性、个性化、互动性、兼容性等诸多优势在高校习近平新时代中国特色社会主义思想大众化的过程中得到充分发挥。具体来说，习近平新时代中国特色社会主义思想“进教材、进课堂、进头脑、进科研、进读本”就是行之有效的、科学的方法和途径。虽然习近平新时代中国特色社会主义思想大众化的方式是多种多样的，但我们要保证在这一思想的传播中采用的每种方式都有实质的内容和目的，都能达成一定的效果，不流于形式。

五、理论性与实效性相结合的原则

习近平新时代中国特色社会主义思想“进教材、进课堂、进头脑、进科研、进读本”的工作是内外作用相统一的过程。其中，理论本身的内在吸引力是根本，理论只要说服人，就能掌握群众；而理论只要彻底，就能说服人。所谓彻底，就是抓住事物的根本。人的根本就是人本身。实效性原则是指习近平新时代中国特色社会主义思想“进教材、进课堂、进头脑、进科研、进读本”，要注重宣传普及工作的实际效果，习近平新时代中国特色社会主义思想“五进”的目的就是让群众掌握理论，继而让理论发挥出强大的动力。

习近平新时代中国特色社会主义思想是强国、兴党、富民的科学理论，是建设富强、民主、文明、和谐、美丽中国的实践理论，是中国人民过上富裕生活、得到全面而自由发展的以人为本的理论，它符合我国社会的发展规律和普通大众的目标追求，具有强烈的理论吸引力和深厚的大众基础。但理论本身的吸引力并不会自发感染普通大众，需要理论工作者结合受众的特点，在不同的场景下，运用不同方式和手段来展现理论本身的魅力，体现理论的说服力。这里的说服，不仅仅是语言的说服，而必须是一种艺术性的说服。由此，说服的原则也就必然是一种艺术化原则，即推进习近平新时代中国特色社会主义思想“进教材、进课堂、进头脑、进科研、进读本”的方式使用艺术化原则。抓住我国高校大学生这个受众群体的注意力，能更好地促进普及效率的提高。在推进习近平新时代中国特色社会主义思想“进教材、进课堂、进头脑、进科研、进读本”的过程中，要坚持艺术化原则就是要使宣传普及形式和方式具有很强的艺术效果。运用艺术化原则，可以使习近平新时代中国特色社会主义思想乐于被接受，易于被得到，便于被掌握，从而增强宣传这一思想的读本等普及作品的吸引力和感染力。用习近平新时代中国特色社会主义思想武装当代大学生，要在我国高校大学生树立正确的世界观、人生观与价值观的过程中彰显人文关怀，使他们坚定建设中国特色社会主义、实现伟大中国梦的理想和信念！

在推进习近平新时代中国特色社会主义思想“进教材、进课堂、进头脑、进科研、进读本”的过程中，要提高实效性，需要从两个方面入手。首先，建立评价制度。它有利于加强思想政治教育课程教师的责任心和认真度，也可以激发我国高校大学生学习习近平新时代中国特色社会主义的积极性和主动性。评价机制还应包括对习近平新时代中国特色社会主义思想的普及手段进行评估，对其可行性、适用性进行科学的评定。其次，建立反馈机制。而且，要逐步实现习近平新时代中国特色社会主义思想“五进”教育经常化、规范化、制度化。

六、传播渠道和方式方法的层次推进及和谐配合原则

我们要遵循高校大学生的思想生成和发展的规律，选择具有针对性的传播渠道和方式方法，以求收到最佳的思想政治教育效果。正如邓小平同志所说：“我们在鼓励帮助每个人勤奋努力的同时，仍然不能不承认各个人在成长过程中所表现出来的才能和品德的差异，并且按照这种差异给以区别对待。”① 落实层次推进原则，要正确把握受教育者的层次性，更好地把握不同类型受教育者的思想品德形成和发展规律。唯有如此，才能形成有效推进习近平新时代中国特色社会主义思想“进教材、进课堂、进头脑、进科研、进读本”的传播合力。在用习近平新时代中国特色社会主义思想铸魂育人的过程中，各个传播渠道和方式方法要遵循和谐配合原则，即思想政治教育系统内各要素在时间和空间上相互协同配合产生的教育力量。“进教材、进课堂、进头脑、进科研、进读本”几种习近平新时代中国特色社会主义思想的传播方式方法有着其内在的关联性，我们要使其传播渠道和方式方法和谐配合。要不断构建实现习近平新时代中国特色社会主义思想“进教材、进课堂、进头脑、进科研、进读本”的环境，以提高这一思想“进头脑”的效果。

思想政治教育的总目标就是培育和造就有理想、有道德、有文化、有纪律的社会主义新人。总目标也可层层分解，可将远期目标近期化、抽象目标具体化、集体目标个体化。为了实现这些目标，必须借助诸多思想政治教育传播渠道和方式方法，要使目标更加具体，实行目标管理。我们要反对形式主义，形式主义是效能原则的大敌。只有这样，思想政治教育传播渠道和方式方法才能得到充分而有效的运用，取得最佳的效果。

七、传播渠道和方式方法的系统化运用原则

习近平总书记在学校思想政治理论课教师座谈会上提出，讲好新时代的

① 邓小平. 在全国教育工作会议上的讲话（一九七八年四月二十二日）[N]. 人民日报，1978-04-23.

思想政治理论课，必须做到“八个统一”：坚持政治性和学理性相统一，坚持价值性和知识性相统一，坚持建设性和批判性相统一，坚持理论性和实践性相统一，坚持统一性和多样性相统一，坚持主导性和主体性相统一，坚持灌输性和启发性相统一，坚持显性教育和隐性教育相统一。这“八个统一”围绕一个主题，就是落实立德树人根本任务，增强思政课的思想性、理论性和亲和力、针对性。贯穿“八个统一”的一条主线就是守正创新，也就是习近平总书记强调的遵循思想政治教育规律、遵循教书育人规律、遵循学生成长规律，沿用好办法、改进老办法、探索新办法，蕴含着一个科学方法，就是唯物辩证法。“八个统一”直面思政课的八大矛盾和问题，运用矛盾分析方法深刻阐述矛盾双方的相辅相成的关系、主要与次要的关系、一般与个别的关系。这“八个统一”是对思政课建设长期以来形成的规律性认识和成功经验的科学概括，是对思政课的重大问题和广大教师关注的热点难点问题的深刻回答，是新时代思政课改革创新的根本遵循。

在推进习近平新时代中国特色社会主义思想“五进”工作中，我们要尽可能地将相关的不同种类的思想政治教育传播渠道和方式方法组合起来配套运用，以达到前后呼应、相互支持、层层递进的教育效果。在思想政治教育传播渠道和方式方法系列化的运用过程中，可先依据“八个统一”将思想政治教育传播渠道和方式方法分为不同的序列，然后理顺各序列之间的关系，形成相互联结、相互支持和相互促进的思想政治教育传播渠道和方式方法系统，以确保思想政治教育传播渠道和方式方法的育人功能得到充分发挥。

第二节 高校推进习近平新时代中国特色社会主义思想“五进”的方式

一、主导作用与主体性相结合的方式

坚持教育者的主导作用，在这里首先体现为方向性原则和责任性原则。所谓方向性原则，就是坚持把习近平新时代中国特色社会主义思想作为一切工作的指导思想，强调坚持和发展习近平新时代中国特色社会主义思想的指

导地位是社会主义核心价值体系的第一要义。习近平新时代中国特色社会主义思想是我们立党立国的根本指导思想，是全国各族人民团结奋斗的共同理论基础。我们在任何时候都要坚持习近平新时代中国特色社会主义思想的基本原理，否则我们的事业就会因为没有正确的理论基础和思想灵魂而迷失方向，就会失败。把习近平新时代中国特色社会主义思想确立为一切工作的指导思想，是发展中国特色社会主义事业的必然要求。坚持和巩固习近平新时代中国特色社会主义思想在我国意识形态领域的指导地位，是建设中国特色社会主义事业的重要保证，也是高校推进习近平新时代中国特色社会主义思想大众化的基本前提。

正因为如此，我们不仅要在一切工作中确立习近平新时代中国特色社会主义思想的指导地位，更要在高校推进这一思想的大众化进程中毫不动摇地坚持其指导地位，以这一思想的方法论指导我国高校大学生思想政治教育的实施。习近平新时代中国特色社会主义思想是我们立党立国的根本指导思想。高校在推进习近平新时代中国特色社会主义思想“进教材、进课堂、进头脑、进科研、进读本”的过程中，为我们提供了正确的世界观和方法论，提供了正确认识世界和改造世界的强大思想武器。现阶段，坚持习近平新时代中国特色社会主义思想的指导地位，要坚定不移地“坚持习近平新时代中国特色社会主义思想的立场、观点、方法和坚持习近平新时代中国特色社会主义思想的基本原理”。

责任性原则是指高校作为推进习近平新时代中国特色社会主义思想大众化的实施者，必须以极高的责任心和崇高的使命感推进这一思想“进教材、进课堂、进头脑、进科研、进读本”，做习近平新时代中国特色社会主义思想的忠诚信奉者和坚定实践者。面对当前活跃的思潮和多元的文化，高校思想政治理论课程教师应该加强理论修养和责任心，以推进习近平新时代中国特色社会主义思想“进教材、进课堂、进头脑、进科研、进读本”为己任。

坚持责任性原则，一是要牢牢把握理论导向，以高度的社会责任感，将习近平新时代中国特色社会主义思想的基本立场、观点、方法灌输给大学生，不能有丝毫偏差。我国高校的思想政治理论教师要始终把握社会主义的前进方向，以习近平新时代中国特色社会主义思想教育、鼓舞、帮助当代大学生树立对习近平新时代中国特色社会主义思想的信仰。二是要使我国高校的思想政治理论教师清醒地认识到我国当前形势的复杂性，端正态度，紧紧围绕党和国家的工作大局，结合国内外形势，深入剖析当前我国高校大学生关心的热点和难点问题，既告诉他们怎么看，又告诉他们怎么办。如赵立坚表示，香港国安立法旨在维护国家主权、安全、发展利益，保障香港长治久安和长期繁荣稳定，确保“一国两制”实践行稳致远。香港事务是中国内政，任何外国无权干涉。中国政府维护国家主权、安全、发展利益的决心坚定不移，贯彻“一国两制”方针的决心坚定不移，反对任何外部势力干预香港事务的决心坚定不移。无论乱港分裂势力如何叫嚣，无论外部反华势力如何施压，都阻挡不了中方推进香港国安立法的决心和行动。

我们对学生进行的思想政治教育要立意高远，定位准确，内涵简明，以理服人，以情动人，要将习近平新时代中国特色社会主义思想进读本，增强普及读本的针对性、说服力、吸引力和感染力。

我国高校在向大学生传播习近平新时代中国特色社会主义思想的过程中要以人为本。必须遵循学生的主体性作用的原则，就是要根据学生自身的主体性特点来引导和培养学生成为习近平新时代中国特色社会主义思想的坚定信仰者、忠实实践者。在推进习近平新时代中国特色社会主义思想“进教材、进课堂、进头脑、进科研、进读本”的进程中，要充分尊重我国高校大学生的主体地位，充分发挥我国高校大学生的主体性。习近平新时代中国特色社会主义思想来源于中国特色社会主义实践，在习近平新时代中国特色社会主义思想指导下的中国特色社会主义实践取得的丰富成果和经验，又不断为这一思想增加新的内容。如从2020年年初至今，习近平指导我党和我国人民战胜新型冠状肺炎的一系列指示和讲话就是对马克思主义理论的创新发展。党的十八大以来，习近平总书记以深谋远虑的战略眼光、海纳百川的宽广胸怀、勇立潮头的非凡勇气、层层推进的扎实作为，统筹国内国际两个大局。他主持召开一系列会议，多次深入地方考察调研，出席一系列主场外交活动和多边峰会，系统提出深入实施新一轮对外开放战略的目标、方向、路径，引领中国同世界经济和国际体系深度融合，与全球同频共振，形成我国东西南北中各区域与亚、非、欧、拉美等国家联动发展的开放格局。从共建“一带一路”、建设自由贸易试验区，到推进中国特色自由贸易港建设；从广交会的“中国制造”，到进博会的“中国市场”，再到服贸会的“中国服务”……习近平总书记亲自谋划的一系列高水平对外开放的重大战略举措，领航掌舵中国号巨轮在经济全球化的大海中乘风破浪，为建设开放型世界经济提供强劲动力。基于对国际国内形势的准确研判，中国积极主动识变、应变、求变，提出要“推动形成以国内大循环为主体、国内国际双循环相互促进的新发展格局”，指向更高的发展质量，也指向更高水平的对外开放。在新发展格局下，中国的市场潜力将被充分激发，为世界各国创造更多需求；中国的开放大门将进一步敞开，同世界各国共享发展机遇；中国的对外合作将不断深化，同世界各国实现互利共赢，为世界经济稳定发展提供强劲动力。中国奇迹的密码是什么？习近平总书记强调：“中国的发展，关键在于中国人民在中国共产党领导下，走出了一条适合中国国情的发展道路。”① 道路决定命运。100 年来，我们党坚持以马克思主义为指导，立足中国国情，从中华文明中汲取智慧，博采东西方各家之长，坚守但不僵化，借鉴但不照搬，领导人民走过了不平凡的历程，成功开辟出通向中华民族伟大复兴宏伟目标的中国特色社会主义道路。习近平总书记从四个主要方面对这条道路的丰富内涵做出了深刻阐述：这是一条“从本国国情出发确立的道路”②“把人民利益放在首位的道路”③“改革创新的道路”④“在开放中谋求共同发展的道路”⑤。中国的发展成就再次充分证明，通向现代化的道路不止一条，“条条大路通罗马”，“谁都不应该把自己的发展道路定为一尊，更不应该把自己的发展道路强加于人”⑥。我国当代高校大学生正亲身经历着习近平新时代中国特色社会主义思想之光照亮的中国和世界经济航程。

2020 年是新中国历史上极不平凡的一年。面对严峻复杂的国际形势，艰巨繁重的国内改革发展稳定任务，特别是新冠肺炎疫情的严重冲击，以习近平同志为核心的党中央保持战略定力，准确判断形势，精心谋划部署，果断采取行动，团结带领全党全军全国各族人民付出艰苦努力，取得了来之不易的成绩。我国成为全球唯一实现经济正增长的主要经济体，显示出强大的抗

---

① 习近平. 共担时代责任，共促全球发展 [J]. 求是，2020 (24)：4-14.
② 习近平. 共担时代责任，共促全球发展 [J]. 求是，2020 (24)：4-14.
③ 习近平. 共担时代责任，共促全球发展 [J]. 求是，2020 (24)：4-14.
④ 习近平. 共担时代责任，共促全球发展 [J]. 求是，2020 (24)：4-14.
⑤ 习近平. 共担时代责任，共促全球发展 [J]. 求是，2020 (24)：4-14.
⑥ 习近平. 共担时代责任，共促全球发展 [J]. 求是，2020 (24)：4-14.

风险能力、顽强的韧性。三大攻坚战取得决定性成就，科技创新取得重大进展，改革开放实现重要突破，民生得到有力保障，在极为不利的条件下“交出了一份人民满意、世界瞩目、可以载入史册的答卷”①。这份沉甸甸的答卷，对我们这样一个拥有 14 亿人口的大国来说是十分了不起的，完全可以载入史册！

创业维艰，奋斗以成。我国经济社会发展历经艰难险阻最终取得令世人刮目相看的成绩，是以习近平同志为核心的党中央坚强领导的结果，是全党全军全国各族人民团结奋战的结果。实践再次证明，有习近平总书记作为全党的核心领航掌舵，亿万人民团结一心、顽强奋斗，就一定能够战胜前进道路上出现的各种艰难险阻，一定能够在新时代把中国特色社会主义更加有力地推向前进。

2020 年是“十三五”规划收官之年。经过五年持续奋斗，我国经济社会发展取得新的历史性成就，“十三五”规划的主要目标任务即将完成。现行标准下农村贫困人口全部脱贫，创造了人类减贫史上的奇迹。我国经济实力、科技实力、综合国力和人民生活水平又跃上新的台阶，全面建成小康社会胜利在望，中华民族伟大复兴向前迈出了新的一大步，社会主义中国以更加雄伟的身姿屹立于世界东方。现在，人民群众发自内心地拥护党的领导，更加深切地感受到社会主义制度优越性，更加由衷地为我们伟大祖国感到骄傲，更加坚定信心在新时代新征程上披荆斩棘、奋勇前进。

习近平新时代中国特色社会主义思想“五进”工作，让我国高校当代大学生明白：当前，世界百年未有之大变局加速演进，疫情变化和外部环境存在诸多不确定性。2021 年是我国现代化建设进程中具有特殊重要性的一年，“十四五”开局，全面建设社会主义现代化国家新征程开启，做好经济工作意义重大。我们要以习近平新时代中国特色社会主义思想为指导，坚持稳中求进的工作总基调，立足新发展阶段，贯彻新发展理念，构建新发展格局，以高质量发展为“十四五”开好局。要增强忧患意识，坚定必胜信心，推动经济持续恢复和高质量发展。要办好自己的事，坚持底线思维，提高风险预见、预判能力，严密防范各种风险挑战。

---

① 本报评论员. 一份人民满意世界瞩目可以载入史册的答卷——论学习贯彻中央经济工作会议精神［N］. 人民日报，2020-12-20.

习近平新时代中国特色社会主义思想“五进”工作，让我国高校当代大学生明白：“所当乘者势也，不可失者时也。”站在“两个一百年”奋斗目标的历史交汇点上，我们怀有无比的自信。我们要更加紧密地团结在以习近平同志为核心的党中央周围，增强“四个意识”、坚定“四个自信”、做到“两个维护”，齐心协力、开拓进取，为全面建设社会主义现代化国家、实现中华民族伟大复兴的中国梦不懈奋斗！

近年来，我国大学生中间涌现出许多自发宣传党的创新理论的模范人物，这使我们看到了蕴藏在我国高校大学生中的宣传习近平新时代中国特色社会主义思想的巨大热情。这些人来自大学生，具有一种大众的身份，他们十分了解我国高校大学生的生活状况及大学生的思想情感、价值追求、生活习惯和认知水平等，因而他们在宣传习近平新时代中国特色社会主义思想方面具有天然的优势。特别是我国高校大学生在亲身经历了十八大以来我党我国发生的天翻地覆的变化，以及习近平总书记领导我党和我国人民战胜新冠肺炎取得伟大胜利等事件后，涌现出了一批信仰习近平新时代中国特色社会主义思想、践行习近平新时代中国特色社会主义思想的模范大学生，他们以自己的成功事迹现身说法，更能使我国高校大学生信服习近平新时代中国特色社会主义思想。高校在推进习近平新时代中国特色社会主义思想大众化的宣讲中，要十分注重与大学生进行情感激励和情感沟通，积极的情感活动有助于增进大学生对习近平新时代中国特色社会主义思想的接纳与自觉实践的欲望。

就我国高校推进习近平新时代中国特色社会主义思想“进教材、进课堂、进头脑、进科研、进读本”而言，在新时代，要坚持和巩固习近平新时代中国特色社会主义思想的指导地位，其中一个重要的目标就是要实现我国高校大学生群体的思想整合，建立习近平新时代中国特色社会主义思想的一元指导地位。习近平新时代中国特色社会主义思想以“人的自由全面发展”为价值导向。马克思指出，社会发展和人的个体发展是一致的，我们在强调社会发展的同时，包含着人们的个体发展；在强调人们的个体发展时，要以我国的社会发展为条件。我国高校大学生的个体发展与社会发展两者并行不悖，内在统一。当下我国高校大学生价值观多元化的一个重要趋势，是强调人的价值回归和价值实现。在我国当代大学生中推动习近平新时代中国特色社会主义思想的大众化，应当更多地从人文关怀的角度出发，力求更有利于我国高校大学生主动接受习近平新时代中国特色社会主义思想；引导当代大学生将个人发展和实现伟大中国梦有机地融为一体，将自己个人的价值实现与中华民族伟大复兴的目标紧密相连；将国家发展、中华民族伟大复兴作为自己的思想追求；这样就能够形成目标的共振，从而有效地在我国高校推进习近平新时代中国特色社会主义思想“进教材、进课堂、进头脑、进科研、进读本”，最终在我国高校实现习近平新时代中国特色社会主义思想的大众化。

在高校推进习近平新时代中国特色社会主义思想“进教材、进课堂、进头脑、进科研、进读本”，要坚持学生的主体性原则，要充分发掘学生群体中涌现出来的习近平新时代中国特色社会主义思想的信奉者和忠实执行者的优秀动人事迹，并将其融入推进习近平新时代中国特色社会主义思想“进教材、进课堂、进头脑、进科研、进读本”的实践过程之中。

比如我国高校的优秀毕业生黄文秀，她出生在一个农民家庭，家境贫寒，父母的身体也不好，但自立自强的黄文秀从小努力上进，品学兼优的她从石头村一路考入北京师范大学，在国家助学政策的帮助下完成了学业。她毕业后回到家乡百色工作，在广西壮族自治区百色市乐业县新化镇百坭村担任驻村第一书记期间，黄文秀带领全村通过易地扶贫等举措使这个村庄的贫困发生率从22.88%降至2.71%；村级集体经济实现翻倍增收。她坚持扶贫与扶志相结合，注重乡风文明建设，成立“乡村振兴、青年作为”志愿者服务小队，开展村规民约吟诵比赛和文明家庭评选活动。百坭村获得百色市2018年度“乡风文明”红旗村荣誉称号。2019年6月16日晚，黄文秀从百色返回乐业途中遭遇山洪，因公殉职。2019年7月1日，中宣部追授黄文秀“时代楷模”称号。7月17日，中华全国总工会授黄文秀同志全国五一劳动奖章。9月，她荣获第七届全国道德模范“全国敬业奉献模范”。9月25日，被授予“最美奋斗者”荣誉称号。10月，被追授为“全国优秀共产党员”称号。11月，入选感动中国2019候选人物。

习近平总书记号召广大党员干部和青年同志要向黄文秀同志学习，习近平总书记指出：“黄文秀同志研究生毕业后，放弃大城市的工作机会，毅然回到家乡，在脱贫攻坚第一线倾情投入、奉献自我，用美好青春诠释了共产党人的初心使命，谱写了新时代的青春之歌。广大党员干部和青年同志要以黄文秀同志为榜样，不忘初心、牢记使命，勇于担当、甘于奉献，在新时代的长征路上做出新的更大贡献。”① 黄文秀这样的案例，真实可信，可以使当代大学生学有榜样，使他们知道学习习近平新时代中国特色社会主义思想并不难。我们要在推进高校习近平新时代中国特色社会主义思想大众化时，探索创新、实用的方法，使这一思想在我国高校的传播具有针对性、目的性、适应性、灵活性。

我国高校大学生是社会主义建设的重要人力资源，习近平新时代中国特色社会主义思想“进教材、进课堂、进头脑、进科研、进读本”的目的就是要用这一思想武装我国当代大学生。我们要将习近平新时代中国特色社会主义思想“进读本”落到实处，要编写一些我国当代大学生喜欢看、喜欢读的大众化哲理性的普及读物，以增加读物的趣味性和吸引力。还要采取一些通俗化、生活化的语言和表述方式，以大学生喜闻乐见的形式进行宣传，如《习近平七年知青岁月》《习近平在正定》《习近平在厦门》《习近平在福州》等一批读物，在调动我国当代大学生阅读兴趣的同时，实现了对我国当代大学生进行习近平新时代中国特色社会主义思想传播的目的。要加大我国高校推进习近平新时代中国特色社会主义思想“进教材、进课堂、进头脑、进科研、进读本”的力度，以培育我国高校大学生对习近平新时代中国特色社会主义思想的感情，树立对习近平新时代中国特色社会主义思想的信仰，通过接受习近平新时代中国特色社会主义思想，使我国当代大学生形成科学的世界观和方法论。

高校思政课教师要认真组织大学生研读人民出版社出版的习近平同志2017年10月18日在中国共产党第十九次全国代表大会上所做的报告《决胜全面建成小康社会 夺取新时代中国特色社会主义伟大胜利》单行本、人民出版社出版国家教育部课题组著的《深入学习习近平关于教育的重要论述》、国家教育部组织编写的《习近平总书记教育重要论述讲义》、中共中央宣传部编写的《习近平新时代中国特色社会主义思想学习纲要》、中共中央文献研究室编写的《习近平总书记重要讲话文章选编》、外文出版社出版的《习

① 中共中央宣传部. 中宣部追授黄文秀“时代楷模”称号 [N]. 人民日报，2019-07-02.

近平谈治国理政》（第一卷、第二卷）、福建人民出版社出版的《摆脱贫困》、中共中央党史和文献研究院编写的《习近平关于网络强国论述摘编》，习近平同志关于中国共产党历史的重要文稿《论中国共产党历史》，习近平的重要文章《努力成为世界主要科学中心和创新高地》《学好“四史”，永葆初心、永担使命》《坚定不移走中国特色社会主义法治道路，为全面建设社会主义现代化国家提供有力法治保障》《在党史学习教育动员大会上的讲话》《习近平在庆祝中国共产党成立一百周年大会上的讲话》等一批重要著作、文章，用习近平新时代中国特色社会主义思想武装当代大学生的头脑。

在利益多元化、价值多元化的今天，我国当代大学生更需要一种核心价值成为他们思想的主导，以摆脱“信仰缺位”和“价值空场”。因此，用习近平新时代中国特色社会主义思想武装我国高校大学生具有十分重大的意义。

在推进习近平新时代中国特色社会主义思想“进教材、进课堂、进头脑、进科研、进读本”的进程中，我国高校大学生作为接受教育的对象也具有主动教育的功能，也是教育的主体。当代大学生作为习近平新时代中国特色社会主义思想“进教材、进课堂、进头脑、进科研、进读本”进程的实际参与者，作为习近平新时代中国特色社会主义思想的接受者，在接受和传播习近平新时代中国特色社会主义思想时，其主体性更强。

成长生活在新时代的大学生，学习过习近平新时代中国特色社会主义思想的理论来源，他们的成长也伴随着习近平新时代中国特色社会主义思想产生和不断创新发展的进程。他们亲身经历了习近平新时代中国特色社会主义思想指导下我党和政府的每一步重大方针政策的变化，对习近平新时代中国特色社会主义思想具有深厚的感情。他们深刻体会到了习近平新时代中国特色社会主义思想是引领中国、影响世界的当代中国马克思主义、21 世纪马克思主义，是新时代中国共产党的思想旗帜和精神旗帜。

当今，我国已经进入了一个新时代，我们已经不能再简单地用过去的教育心态对待现在的大学生了。如果从更宽广的社会进步和人自身发展的视域和要求来看，我们在进行包括教育在内的各类活动时，要充分展现当代大学生的主体价值，这样我国高校习近平新时代中国特色社会主义思想的“五进”工作才能真正实现。从推进习近平新时代中国特色社会主义思想“进教材、进课堂、进头脑、进科研、进读本”的教学过程的角度来看，受教育的对象——我国当代高校大学生具有主体地位。在社会历史已经充分赋予高校大学生主体地位之后，在教育教学中大学生的主体性就必然会逐步展现出来。我们在看到习近平新时代中国特色社会主义思想教育中的当代大学生不可忽视的主体作用的同时，一定要正确处理好实际教学中大学生主体和客体地位动态的、辩证的关系。要将主客体关系有机地统一起来进行思考，不能偏颇于其中一方面。

我们在推进习近平新时代中国特色社会主义思想“进课堂”的教学过程中，一般应注意这样几个问题：一是我们的教师在备课过程中就要开始“备学生”，了解学生的知识、思想、情感情况，在授课过程中，教师不能无视学生的感受，完全按照课前准备的内容进行，而是要随时观察学生的反应，包括外在的表情、内在的兴趣、精力集中的程度等多种情况，灵活地做出内容和方法上的调整。对于学生兴趣浓厚、思考积极的问题，可以适当深入引导，做出理论概括和思想的提升；对于学生反应平淡、本身又很有意义的问题，要变换角度或转变方式，寻找更好的切入点，不能“直道而行”，要“曲径通幽”，总之要选择最佳角度和层次反映主体愿望，实现教学目的。二是用边讲边议的方式反映学生的主体要求。教学中有时可以把一个大的问题分成几个不同层次结构的小问题，依次向学生提出，一边思考，一边议论，一边讲授，或者讲前先提供一些音像或图片资料供学生参考，然后根据学生议论的难点、热点和疑点情况，选择讲授的重点，讲完后可以再次听取学生的意见和反馈，这样就将教学内容与主体要求直接结合起来了。三是讲后答疑，解决学生的主体困惑。在习近平新时代中国特色社会主义思想大众化课堂教学中，教师讲完一个问题，最好留出来一定的时间让学生自己提出在这方面尚未解决的疑惑，然后教师再给予个别或整体解答。对于学生并不十分熟悉的一些问题，教师最好先将问题的研究情况，思想界、学术界关注的重点内容适当介绍给学生，以便学生在听讲的过程中有一定的问题意识。四是直接组织讨论，体现学生的主体参与感。在具备一定知识积累的基础上，就某个重要问题组织学生展开讨论。问题的选择，既可以由教师指定，也可以由学生自主确定，甚至可以在学生中推选出讨论的主持者，而教师作为指导者。这是最能集中反映学生主体作用的教学方式。在讨论这些具体问题的过程中，教师可以从更深入的层面去认识和调动学生的主体性。从学生的角度看，“个体本身，也只有在这种积极自觉地参与、创造和奉献中，才能显示出自己作为自觉的社会历史创造者的特殊精神气质，实现自己的独特的社会价值，履行自己作为主体的特殊社会责任和使命。”“培养青年的社会责任情感是促使青年主动自觉承担社会责任的重要环节。”① 课程教学也同样如此。我们要在课堂教学中充分发挥学生的主体性，使他们的马克思主义的理论水平得到提高。

我们在推进习近平新时代中国特色社会主义思想“进教材、进课堂、进头脑、进科研、进读本”的工作中，要充分发挥社会实践课程的作用，要在社会实践中广泛发挥教育对象的主体作用。习近平新时代中国特色社会主义思想大众化教育中的社会实践活动，是教学中的一个必要环节，我们“必须把理论教学与实践教学有机统一起来，两者同等重要，不可偏废，如果从锻炼学生的实践能力而言，后者更具本质意义”②。从这个环节设立的动机和活动本身的要求来看，都应该主要体现学生主体性的内容。社会实践的选题确定后，教师要鼓励学生自己去查阅背景资料，独立制定详细的实践计划。特别是在社会实践的过程中，更要充分发挥学生的主体作用，学生不仅要学会主动调查询问，还要学会观察发现问题，收集资料。在社会实践结束后，教师要指导学生自己总结经验，写出集体或个人的总结材料。对于表现突出的学生还可以让他们给低年级的学生做经验介绍。在实践教学中，处理好教师指导与学生自主性的关系是一个重要问题，没有教师正确及时的指导，学生的社会实践很难取得预期效果，学生的主体作用不能充分地发挥出来，社会实践的成果就会流于表面化，因为社会实践最根本的任务是培养学生自己融入社会的能力，进而深入理解理论知识的内涵和价值。如组织学生研究习近平新时代中国特色社会主义思想指导下的我国扶贫攻坚的典型案例宝贵经验等，要使学生深刻理解习近平新时代扶贫攻坚的一系列论述是对伟大的马克思主义理论的创新性贡献，在扶贫攻坚的理论方面丰富了马克思主义的理

① 郑士鹏. 青年社会责任教育的实践理路［J］. 中国特色社会主义研究，2019（06）：62-68.

② 宋海儆，张荣华. “中国特色社会主义理论与实践研究”课理论教学与实践教学初探［J］. 思想政治教育研究，2013（5）：53-55.

论宝库，是对人类扶贫攻坚社会实践的伟大贡献——开创出了一条有中国特色的社会主义扶贫攻坚的崭新道路！总之，我们在进行习近平新时代中国特色社会主义思想“进教材、进课堂、进头脑、进科研、进读本”的工作中，在用习近平新时代中国特色社会主义思想武装我国当代大学生的进程中，要力争“形成以学生为主体，以实践为中心，以社会实践为平台的开发式实践教学过程，要把学生作为社会的主体来培养，而不是把学生作为社会客体来塑造”①。

二、以史鉴今与资政育人相结合的方式

2021 年 2 月 1 日，习近平总书记同党外人士共迎新春，发表了重要讲话，习近平说：“中共中央决定，今年在全党开展中共党史学习教育，激励全党牢记初心，不忘使命，在新时代不断加强党的建设。”② 2011 年 2 月 25 日，习近平会见出席全国党史研究室主任会议和中国中共党史学会第七次会员代表大会的代表时指出：“在当前和今后一段时间，要充分发挥党史以史鉴今、资政育人的作用。”③ “以史鉴今，资政育人”是许多人文学科的重要特点，也是马克思主义大众化历史的重要传统之一，马克思主义史学家对此尤为重视，这在中国共产党历史研究中已经得到了非常充分的体现，有了长期的教学科研实践。马克思主义大众化本身就是一个过程，具有历史性，将“以史鉴今，资政育人”提升到马克思主义大众化教育基本原则的高度有其历史性依据和现实性需要。

（一）我国历史中的马克思主义大众化的资源和财富

我们要从我国悠久的中国共产党历史中挖掘和整理马克思主义大众化教育的资源和财富，要认真学习 2021 年 2 月出版的习近平同志的《论中国共产党历史》专题文集。无论是从 180 年近现代马克思主义大众化的历史，还是

① 宋海儆，张荣华．“中国特色社会主义理论与实践研究”课理论教学与实践教学初探［J］．思想政治教育研究，2013（5）：53-55.

② 习近平同党外人士共迎新春［N］．人民日报，2021-02-02.

③ 2011 年 2 月 25 日，中共中央政治局常委、中央书记处书记、国家副主席习近平在北京人民大会堂会见出席全国党史研究室主任会议和中国中共党史学会第七次会员代表大会的代表时讲话［N］．人民日报，2011-02-26.

从 100 年的中国共产党的发展历史来看，马克思主义大众化教育紧密联系“资政”的传统和经验都是丰富的，这是需要我们挖掘和整理的教育资源和财富。

首先，要联系大众化历史传统及其经验。曾经长期作为大众社会主导思想的儒家学说，其根本目的就是使人的道德修养渐趋完备，孟子认为这是做好一切事情的前提，能否落实到践履层面是衡量一个人水平的标准。“儒家的各种经典的目的在于教育、指导、说服人去这样做，从这个意义上说，经典言说是手段，修德实践是目的。”① 在儒家修德修身学说的基础上，要齐家、治国、平天下，修身中就包含为政、参政、谋政的因素，知、德、政是不可分割的。大众的历史学传统，非常注重历史意识，即通过对以往历史来认识和理解历史与今天的关系。大众的历史学高度重视社会责任，司马光认为他主编的《资治通鉴》“专取关国家盛衰，系生民休戚，善可为法，恶可为戒”。大众的历史学还肩负求真与经世的双重使命，在求真的基础上讲求致用。近代以来，中华民族危机不断加深，史学家、哲学家、教育学家等肩负育人职责的社会各界人士，都产生了日益浓厚的社会责任思考，研究出的理论成果和教育成果都和救亡图存紧密联系起来，“资政”的意识不断强化。魏源的《海国图志》等都含有明确的“资政”意图。他们的教育活动也都和“资政”有关。育人联系资政，不仅有悠久的古代历史根基，更有鲜明的近代史底蕴。

其次，要联系中共党史的传统及其经验。中国共产党作为无产阶级大众的先进组织，从成立时起，就是以谋求无产阶级和广大劳动人民的自由、解放和幸福为使命。在中国共产党成立 100 年的历史中，新民主主义革命时期是要夺取政权获得独立，政治居于中心地位；社会主义改造和社会主义建设时期，巩固政权及保卫革命成果是根本任务，政治居于特殊地位；新时期的改革开放是我国的第二次革命，政治仍然居于重要地位。对于中国共产党人来说，“讲学习”与“讲政治”几乎从来没有分开过，不仅对干部的教育如此，对大学生的教育更是如此，甚至在基础教育中也有明确的体现，尽管有程度的差别和不同时期的变化。

---

① 王颢. 论王阳明“致良知”及其价值［D］. 合肥：安徽大学，2007.

在马克思主义大众化教育走向成熟的土地革命战争后期和延安时期，中国共产党就明确地把人才培养同革命斗争和民族解放事业紧密地联系起来。1937年11月，毛泽东在陕北公学开学典礼上教育陕北公学的师生们要以“抗日救国十大纲领”为指导，掌握革命理论，富于牺牲精神，去“动员四万万五千万中国人参加抗战，组织他们，武装他们”①。刘少奇则更是进一步强调：“共产党员要在同反革命进行各方面的斗争中来改造自己，这就是说，要在这种斗争中求得自己的进步，提高自己革命的品质和能力。”② 中华人民共和国成立后的马克思主义大众化教育继续沿着这样的传统不断推进，在高校马克思主义大众化的教育中，都反映着“育人”与“资政”的密切联系。龚育之先生在建党80周年和历史决议20周年答《人民日报》记者问时总结说：“通过学习党史，可以了解马克思主义普遍真理同大众革命和建设实际相结合的深刻历史背景和艰难曲折过程，增强我们现在坚持党的基本理论、基本路线和各项方针政策的自觉性和坚持性，坚持四项基本原则的自觉性和坚定性，‘以史鉴今，资政育人’，这就是学习和研究党史的现实意义。”③

（二）“以史鉴今，资政育人”是当今我国高校推进习近平新时代中国特色社会主义思想大众化的需要

“资政”中“资”，蕴含四层意思：一是供给，资助；二是蓄积，储备；三是取资、凭借；四是资质、资格。“资政”中的“政”，是政治、政事、政令、政策。“资政”的基本含义就是这两个字的结合，并在历史的实践和语义的运用中演变。从现实的角度看，做到育人联系资政的原则，可以从多层面展开。

首先，要联系“政”的人才需求。高校习近平新时代中国特色社会主义思想大众化教育的直接目标是培养可靠接班人，作为执政党理论基础的习近平新时代中国特色社会主义思想的大众化教育，自然要考虑现实政治的潜在人才的需求。在改革开放和现代化建设的新时期，政治人才需要有世界视

---

① 毛泽东. 毛泽东文集：第2卷［M］. 北京：人民出版社，1993：191.

② 刘少奇. 刘少奇选集：上卷［M］. 北京：人民出版社，1981：99.

③ 吴珺. 党史，资政育人的生动教科书——访著名党史专家龚育之教授［N］. 人民日报，2013-07-26.

野、全球观念、大局意识，有创新思维、创造能力、创造精神，有群众观念、党性原则、发展信心。

其次，要联系“政”的客观发展规律。高校马克思主义大众化教育的根本任务之一是思考和研究我国的政治运行规律，总结我国的政治发展经验和教训，要站在学术、学理的角度和立场进行教育。马克思主义大众化教育，就是要在尊重政治发展规律的基础上，思考和研究政治现象。

（三）“以史鉴今，资政育人”是教育面向世界、面向未来的需要

教育要面向现实，但从根本上说，教育更要面向未来、面向世界。政治文明的未来，在很大程度上取决于我国的高等教育。用习近平新时代中国特色社会主义思想武装、教育高校的大学生，就是为未来我国中国梦的实现奠定人才基础。

首先，马克思主义大众化教育要联系世界民主政治的走向。政治人才的培育应该顺应这种趋势和前景。一是公平正义的教育。“社会公平正义是社会和谐的基本条件，制度是社会公平正义的根本保证。”① 二是多种文明并存的教育。虽然我们坚信，世界终会走向社会主义和共产主义，但这是一个漫长的历史过程，在这一过程中需要坚持包容精神，承认多样文明存在的价值。习近平主席在亚洲文明对话大会开幕式上的主旨演讲中指出：“文明因多样而交流，因交流而互鉴，因互鉴而发展。我们要加强世界上不同国家、不同民族、不同文化的交流互鉴，夯实共建亚洲命运共同体、人类命运共同体的人文基础。”② 三是矛盾与斗争教育。世界在不断进步，但未来的世界不会没有矛盾，国际强权政治不会自动退出历史舞台，国际关系民主化不会自然到来，世界和平与发展问题也不会自然而然的得以根本解决。我们必须承认矛盾的普遍性和现实性，在独立自主、积极发展的基础上，敢于斗争、善于斗争，斗争求和谐、求团结，盲目的、无原则的妥协、让步只会有碍团结进步。高校马克思主义大众化教育就是要联系未来世界民主政治的多种走向，保持清醒的头脑，坚持科学理性的原则，保持应有的斗争和批判精神。

---

① 中国共产党第十六届中央委员会. 中共中央关于构建社会主义和谐社会若干重大问题的决定［N］. 人民日报，2006-10-12.

② 习近平. 习近平在亚洲文明对话大会开幕式上的主旨演讲［N］. 人民日报，2019-05-16.

其次，习近平新时代中国特色社会主义思想大众化教育要联系未来社会主义民主政治的走向。“人民民主是社会主义的生命。发展社会主义民主政治是我们党始终不渝的奋斗目标。”① “人民当家作主是社会主义民主政治的本质和核心。”② 充分实现“人民民主”“人民当家作主”是未来社会主义民主政治的根本任务。要面向未来，进行多方面的思想政治理论教育。

一是强化无产阶级的政治领导地位和人民群众的主人翁地位教育。无产阶级是人类历史上最先进、最革命的阶级。无产阶级的历史作用是其他一切劳动阶级所不能比拟的，无产阶级在自己的先进政党领导下，能够使自己和广大人民群众成为新社会的主人。人民群众是社会物质财富、精神财富的创造者，是社会变革的决定力量。无产阶级及广大人民群众在新民主主义革命和社会主义革命中发挥了决定性作用，社会主义制度的建立和不断完善，为人民群众历史创造作用的充分发挥奠定了坚实的基础，开辟了广阔的道路。随着新时代的到来，无产阶级和广大人民群众政治地位日益提高，我们要通过习近平新时代中国特色社会主义思想“五进”努力改变一部分学生轻视、忽视、藐视劳动和劳动群众的错误心态，将尊敬劳动和尊重劳动人民的思想渗透到我国当代大学生的心中。

二是坚定中国特色社会主义道路自信。东欧剧变、苏联解体之后，国际共产主义运动步入低谷而且这种趋势仍在持续。但我们也要看到，挫折中的世界社会主义运动并没有停滞不前，社会主义国家仍在不懈地探索社会主义建设和发展的道路。推动高校习近平新时代中国特色社会主义思想大众化的重点是让学生坚定共产主义信念，坚定中国特色社会主义道路自信。“道路问题是关系党的事业兴衰成败第一位的问题，道路就是党的生命……中国特色社会主义，是科学社会主义理论逻辑和中国社会发展历史逻辑的辩证统一，是根植于中国大地、反映中国人民意愿、适应中国和时代发展进步要求的科学社会主义，是全面建成小康社会、加快推进社会主义现代化、实现中

① 胡锦涛. 高举中国特色社会主义伟大旗帜 为夺取全面建设小康社会新胜利而奋斗[N]. 人民日报，2007-10-26.

② 习近平. 在庆祝全国人民代表大会成立六十周年大会上的讲话（2014 年 9 月 5 日）[M] //十八大以来重要文献选编：中. 北京：中央文献出版社，2016：54-55.

华民族伟大复兴的必由之路。”①

三是突出中国政治的国情特点教育。民主政治建设有人类文明的一般要求，有社会主义的本质内涵，但更有民族特点、历史传承。未来中国民主政治发展的要求，依然沿着中国特色的社会主义方向前进，在吸收人类政治文明成果的同时，必然要反映中华文化的历史，体现近现代人民革命的胜利成果。经过几十年探索和实践的人民代表大会制度、民族区域自治制度、中国共产党领导的多党合作和政治协商制度等基本政治制度将会长期坚持。用习近平新时代中国特色社会主义思想武装当代大学生的头脑，要求育人与资政相统一是必然的。

三、多种载体综合运用的方式

在推进习近平新时代中国特色社会主义思想“进教材、进课堂、进头脑、进科研、进读本”的过程中，我们应当在对我国高校大学生进行习近平新时代中国特色社会主义思想理论灌输的同时，坚持灌输性和启发性相统一。要将习近平新时代中国特色社会主义思想的宣讲与我国高校大学生的生活实践紧密地结合起来，让习近平新时代中国特色社会主义思想入脑、入心。因此，在推进习近平新时代中国特色社会主义思想“进教材、进课堂、进头脑、进科研、进读本”的过程中，要运用心理学原理等多学科的知识，将思政课程落到实处，这就需要我们不断克服传统课堂教学的单一模式，以各种不同的、新鲜的方式推进高校习近平新时代中国特色社会主义思想大众化。

（一）多种载体综合运用的方式

首先，要通过多种讲座来营造传播习近平新时代中国特色社会主义思想的良好氛围。其次，要出版发行一系列宣传习近平新时代中国特色社会主义思想的图书和报刊，把习近平新时代中国特色社会主义思想的内容和要求通俗化、具体化，让我国高校大学生能够读得明白、理解得透彻。比如，《习近平谈治国理政》《习近平新时代中国特色社会主义思想三十讲》《习近平七年知青岁月》等读本就能很好地宣传习近平新时代中国特色社会主义思想，

---

① 习近平. 关于坚持和发展中国特色社会主义的几个问题［J］. 求是，2019（7）：1.

受到了我国高校大学生的热烈欢迎。这些读物有效地促进了习近平新时代中国特色社会主义思想的“五进”。再次，要充分利用现代信息工具，建立全方位、立体式的习近平新时代中国特色社会主义思想的理论宣传普及体系，使普及内容图文并茂、声像俱全、生动形象，及时准确地传播习近平新时代中国特色社会主义思想的理论创新，使我国高校大学生对习近平新时代中国特色社会主义思想信奉、践行，激发我国高校大学生对习近平新时代中国特色社会主义思想的学习热情，建立全方位、立体式的习近平新时代中国特色社会主义思想传播网络。比如，通过《辉煌中国》《反腐在路上》《巡视利剑》《正风反腐就在身边》等电视专题片让我国高校大学生在潜移默化中领悟习近平新时代中国特色社会主义思想的魅力。另外，中央广播电视总台推出的《电影里的故事》系列影视片，以及庆祝中国共产党成立100周年优秀电视剧展播剧目《觉醒年代》《山河水月》《中流击水》《美术经典中的党史》等，是当代大学生学习中国共产党历史、学习中国近现代史的重要资料。

（二）生动活泼与贴近现实的方式

由中共中央宣传部、中央广播电视总台联合创作的《百家讲坛》特别节目《平“语”近人——习近平总书记用典》的播出使习近平新时代中国特色社会主义思想的传播形式得以创新，更贴近我国高校大学生。节目以习近平总书记的一系列重要讲话、文章、谈话中所引用的古代典籍和经典名句为切入点，旨在对习近平新时代中国特色社会主义思想进行生动阐释与广泛传播。

我们要使习近平新时代中国特色社会主义思想的宣传以生动活泼的形式入心、入脑。而要做到这一点，就要在学生中开设“中国改革开放史”课程，就要紧密联系改革开放和社会主义建设的实际，联系我国高校大学生的思想实际，要在实践中不断创新与我国高校大学生的学习和生活实际紧密结合的、我国高校大学生喜闻乐见的宣传形式。例如，在我国高校，可组织学生观看纪念中国改革开放40周年大型政论片《必由之路》、电视剧《历史转折中的邓小平》等。通过视频滚动等内容丰富、生动活泼的形式，面对面地向我国高校大学生宣传和解读习近平新时代中国特色社会主义思想。党的十九大以来，我国各高校广泛运用大学生喜闻乐见的形式，坚持不懈地进行习近平新时代中国特色社会主义思想的宣传和普及工作。例如，被称作网上人民日报的“人民网”网站、“学习强国”网站，资源丰富，内容精彩，点击率相当高，成为我国高校大学生普遍关注的网上理论学习的重要园地。2020年春节，新冠肺炎病毒在武汉肆虐，中央广播电视总台滚动播出的全国人民驰援武汉战“疫”的专题节目给当代大学生上了一堂生动的“中国特色社会主义理论”教育课程。在今后的实践中，我们可以把习近平新时代中国特色社会主义思想的宣传和普及工作与我国当代大学生的关注点、接受方式等结合起来，把习近平新时代中国特色社会主义思想宣传融入文学、艺术、信息等各种社会生活，使当代大学生潜移默化地接受这一思想的熏陶和教化，这是让习近平新时代中国特色社会主义思想更加贴近我国高校学生，推动这一思想大众化的最佳途径。所有这些，都为我们进一步推动习近平新时代中国特色社会主义思想“进教材、进课堂、进头脑、进科研、进读本”提供了宝贵的借鉴经验。

（三）多种文化相融合的方式

文化渗透性就是要把习近平新时代中国特色社会主义思想的精髓通过春雨润物细无声的方法渗透到我国当代高校大学生的生活方式、行为方式和思维方式之中。文化渗透法是习近平新时代中国特色社会主义思想大众化的基本方法。在习近平新时代中国特色社会主义思想进入大学生头脑的过程中，还应借助我国高校大学生习惯的语言风格，要充分考虑我国高校大学生的知识水平、理解能力、文化习俗及生活方式有一定的差别，我们要通过多种形式，将习近平新时代中国特色社会主义思想通过通俗化、具体化、形象化的“大众话语”在大学生中进行传播，使这一思想的传播贴近我国高校大学生。我们要把习近平新时代中国特色社会主义思想细化、活化和实化，以深入浅出的方式把这一思想讲得明白透彻，让我国高校大学生在朴实的言语中领悟习近平新时代中国特色社会主义思想。如讲述习近平总书记在领导全党全国人民战胜新冠肺炎病毒的战役中伟大的战略部署和取得的伟大胜利，就使同学们亲身感受到了习近平新时代中国特色社会主义思想的伟大和正确，使同学们心服口服，愿意接受这一思想。同学们从内心深刻地感受到了中国特色社会主义制度的伟大，从内心感恩习近平总书记，从内心热爱我们伟大的中国共产党，从内心热爱中国特色社会主义的制度，从内心立下了誓言：要做习近平新时代中国特色社会主义思想的忠诚信奉者和坚定实践者！

我们要让习近平新时代中国特色社会主义思想进读本，要将习近平总书记清新朴实的文风展现给我国当代的大学生。我们要努力地学习和研究习近平新时代中国特色社会主义思想，将习近平总书记内容生动的话语，原汁原味地传达给高校的大学生，使同学们被习近平新时代中国特色社会主义思想体系的科学性、真理性、革命性、实践性、时代性、民族性特征所表现出的理论魅力征服。与此同时，习近平总书记极具个性风格的语言也使同学们在学习理论的同时享受到了语言的无穷魅力。

习近平总书记作为中国人民的伟大领袖，作为中国共产党伟大的领导核心，作为中国人民解放军的伟大统帅，在治国理政的过程中发表了一系列极其重要的讲话，在这些讲话中形成了独具特色的语言风格。习近平总书记15岁就到陕西延安梁家河去务农，这段经历使得他养成了务实的作风，他的讲话就是讲短话的典范，“简短精练，要言不烦”。习近平总书记的语言艺术体现在他语言的穿透性和简洁性上，如针对如何解读十八大精神，习近平总书记一语道破真谛：“党的十八大精神，说一千道一万，归结为一点，就是坚持和发展中国特色社会主义。”习近平总书记善于用高度凝练的字或关键词，把思想浓缩其中，让人能听懂、记住。比如，他用“亲诚惠容”这“四字箴言”，精辟概括多年来中国周边外交的实践；他用“真、实、亲、诚”四个字高度概括中非关系的发展。习近平总书记经常使用群众喜闻乐见的语言，“中国梦”成为凝聚14亿多人民力量的“最大公约数”，“小康不小康，关键看老乡”……这些语言，既可以拉近与老百姓之间的距离，又收到画龙点睛之效。习近平总书记在2015年元旦新年贺词中说，“我们的各级干部也是蛮拼的”“我要为我们伟大的人民点赞”。① 习近平总书记有着特别丰富的人生经历和工作经验。学习习近平总书记的语言风格与特色，学什么？一是贴近受众、贴近实际、贴近生活。二是善于讲故事。三是善于引用寓言和典故。四是以情感人。习近平总书记在农村生活工作七年，熟悉老百姓的酸甜苦辣，对人民的所思所想所盼感同身受。五是善于调查研究。只要我们以习近平总书记的语言为榜样，我们就能在习近平新时代中国特色社会主义思想“进教材、进课堂、进头脑、进科研、进读本”的工作中取得辉煌的成果！

---

① 陈荞图.“我们的各级干部也是蛮拼的”［N/OL］. 京华时报，2015-01-01.

第三节 增强高校马克思主义意识形态话语权研究

西方意识形态对我国高校的强势渗透，国内社会转型期的各种非马克思主义的意识形态对我国高等院校大学生的影响，使马克思主义的话语权在我国高校的意识形态领域中面临许多新情况、新挑战。增强马克思主义意识形态话语的权威性和主导性，是我国高校面临的主要任务。我们不仅要不断推进马克思主义意识形态话语权研究，还应当采取有效的对策来增强高校马克思主义意识形态话语权，以当代马克思主义思想塑造具有马克思主义思想的主体。此外，我们还要注意马克思主义教育手段的创新以及建立相应的保障措施等。

话语权即说话的权利，人们拥有了话语权就能有效地影响和控制公众舆论。在现实社会中，话语权往往与意识形态关系密切。在西方，葛兰西是较早将话语权概念引入意识形态领域的马克思主义者，他指出：“社会集团的领导作用表现在两种形式中——在‘统治’的形式中和‘精神和道德领导’的形式中。”① 这里他一语道破了话语权对于意识形态的重要性。

高校作为培养未来社会建设者的重要场所，也是各种意识形态争夺话语权最为激烈的战场。当今世界，经济出现了全球化的趋势，政治呈现出多极化的状态，文化则是受着多元化浪潮的影响，加之我国国内一系列复杂深刻的变化，使马克思主义的话语权在意识形态领域中特别是我国高校的意识形态领域中面临许多新情况、新挑战。如何巩固和增强马克思主义意识形态话语权、恢复其在高校意识形态建设中的主导地位成为马克思主义研究者和教育者亟须解决的重大问题。

一、高校巩固马克思主义意识形态话语权的重要意义

（一）高校巩固马克思主义意识形态话语权是抵制西方意识形态强势渗透和各种非马克思主义意识形态的重要武器

那些被称为发达国家或被称为高经济开发国家（MEDC）的国家行为主

---

① 葛兰西. 狱中札记［M］. 葆煦，译. 北京：人民出版社，1983：316.

体在物质层面、制度层面与思想文化层面具有一定的强势地位。这些国家在世界上推行霸权主义、强权政治，其表现就是全球资本扩张和文化扩张同时进行，并且文化扩张大于其资本扩张，呈现出愈演愈烈之势。这些推行强权政治、霸权主义的西方国家利用话语霸权和垄断性的科技优势，渗透西方价值观念、生活方式和欧美中心主义的各种文化和意识形态，竭力争夺社会主义思想文化阵地，影响我国高校大学生的价值导向。

与此同时，国内的各种非马克思主义意识形态也对我国高校大学生施加各种负面影响。近年来，重利轻义、重能轻德、个人主义等思想在大学生中颇为流行。不仅如此，曾经被批判的落后封建意识形态，如官僚主义和封建迷信等也开始在大学生中沉渣泛起。这就使我国的高校中出现了复杂、激烈的意识形态的话语权之争。

在这种状况下，重新确立马克思主义意识形态话语权的强势地位，对于抵制西方意识形态的渗透和国内非马意识形态的侵袭不仅具有重大的理论意义，更具有重大的现实意义。

（二）高校巩固马克思主义意识形态话语权可以增强社会主义意识形态的吸引力和凝聚力

近年来，“传统的马克思主义意识形态被重新审视，一旦大学生发现占主导地位的马克思主义意识形态教育与自己的社会经验与理性认识不符，就会或明或暗地疏远甚至于排斥这种主导意识形态”①。由此可见，增强社会主义意识形态吸引力和凝聚力是有其现实的必要性的。主要表现在：

一是增强社会主义意识形态吸引力和凝聚力是有其历史必然性的。

二是增强社会主义意识形态吸引力和凝聚力是发展中国特色社会主义的必要条件。

三是增强社会主义意识形态吸引力和凝聚力是构建社会主义和谐社会的客观要求。

四是增强社会主义意识形态吸引力和凝聚力是巩固党长期执政地位的有力支撑。

---

① 吴琦，袁三标. 从话语权视角看高校马克思主义意识形态教育［J］. 思想政治教育研究，2008（02）：31-33.

二、巩固高校马克思主义意识形态话语权要不断推进马克思主义话语权研究

巩固马克思主义意识形态话语权首先要把中国特色社会主义理论体系的研究深入到意识形态的各个层面①，把马克思主义真理同我国生动鲜活的社会主义建设实践结合起来，不断推进马克思主义话语权研究，以崭新的、生机勃勃的马克思主义理论占领高校思想文化阵地。

（一）创新马克思主义话语权研究

创新马克思主义话语权研究，这是理论的时空关系对理论创新给予的质的规定性。一是历史性与时代性相统一的要求。作为对历史性活动反映和总结的马克思主义，必然会因时代境遇的不同而与时俱进，呈现出历史性与时代性的统一。在这种统一中，只有把握住理论创新的话语权，才能占领理论制高点，确保马克思主义大众化的实效性。二是继承性与发展性相统一的要求。继承马克思主义，就是要坚持马克思主义的话语权；发展马克思主义，就是要夯实马克思主义话语权的实践基础。在继承中坚持，在坚持中发展，在发展中创新，才能强化马克思主义大众化的理论创新话语权。三是理论性与实践性相统一的要求。由于马克思主义是系统化、理论化的科学体系，而人民群众的实践活动是丰富多样的，因此，必须在理论与实践统一的基础上，推动马克思主义大众化，这就需要不断扩展理论创新活动，用通俗易懂以及切合实际的话语阐述马克思主义。这是一个根本性的问题，必须辨章学术、考镜源流，来不得半点虚假，否则理论创新的路径会深陷误区，马克思主义大众化不仅丧失话语权，甚至连精神存在的生命权都将被剥夺。

改革创新是增强社会主义意识形态吸引力和凝聚力的必然要求，而社会功能的拓展是形成社会主义意识形态吸引力和凝聚力的重要环节，契合社会成员的精神需要和心理认同是增强社会主义意识形态吸引力和凝聚力的关键，我们的马克思主义理论只有与时俱进才能实现契合社会成员的精神需要和心理认同的目标。

---

① 李丹，等. 对大学生进行中国特色社会主义理论体系大众化教育的新探索［J］. 思想政治教育研究，2014（2）：61-65.

（二）马克思主义民族形式研究

在西方社会历史条件和文化背景下产生的马克思主义，要在神州大地生根发芽、开花结果，就必须使其转化为中华民族的形式，就必须使其转变成能被中国的老百姓接受的具有“中国风格和中国气派、中国人民所喜闻乐见的理论形态”①，这样就能使得马克思主义大众化牢牢把握住其民族形式的话语权。

一是要借言赋意，即要用当代中国马克思主义——中国特色社会主义理论体系的原理为标尺，对我国几千年来所遗留下来的传统文化中的某些成语典故的本真词义加以改造，赋予其与当今时代需要相适应的全新的内涵。

二是要融合进行创新，即把当代中国马克思主义——中国特色社会主义理论体系与我国几千年来遗留下来的传统文化对接起来，从而创造出既符合当代中国马克思主义，又与当代我国的具体实际相吻合的符合我国当今国情和传统文化的崭新理论形态。

三是要寻源拓新，即把马克思主义与中国传统文化的价值理念进行深层次发掘，创造出既符合当代中国马克思主义——中国特色社会主义理论体系的原理与内在本性，又体现具有我国当今时代特色的新理念和新范式。只有这样，才能使当代中国马克思主义取得中华民族的民族形式话语权。

（三）马克思主义实践教育话语权研究

实践教育话语权，是指在马克思主义大众化实践中，教育的主体拥有一言九鼎、掷地有声的教育话语，这种话语权能够促使我国高校的大学生从实际出发，认知、理解并接受马克思主义。一是要把握好灌输教育的话语权。这就要求教育者必须把握住灌输内容的话语权，才能使教育对象树立起正确的“三观”、积极投身社会实践。二是要把握好活动教育的话语权。在活动教育中，教育者和受教育者处于一种平等的话语地位，因而教育者必须把握好积极的话语权，克服消极的话语权，以确保马克思主义大众化的实践教育话语权。三是要把握好新媒体时代的话语权。什么是新媒体的时代话语权？新媒体时代的话语权就是受新媒体影响的这些人们出于对自身或当今社会发展形势的思考，自愿将自身的一些利益由新媒体进行非直接的控制，并通过

① 毛泽东. 毛泽东选集：第2卷［M］. 北京：人民出版社，1991：534.

影像、音频、手机、网络等新媒体手段吸引人们，从而使人们的思想得到提升，这是一种富有感染力的教育形式。“以主动的、开放的、动态的姿态审视和夯实马克思主义话语权的实践基础。”①

（四）马克思主义中国化的“话语权”向大众化转化的基本经验研究

中华人民共和国成立以来，从党的指导思想的角度考察，我党推进马克思主义中国化形成的“话语权”，逻辑清晰地排列着具有历史丰碑意义的“路线图”：从毛泽东思想到中国特色社会主义理论体系，而习近平总书记系列重要讲话是中国特色社会主义理论体系的最新成果。在马克思主义“话语权”向大众化转化的过程中，中国共产党充分发挥“自为”作用，理智、主动、创造性地实施了一系列战略举措，积累了弥足珍贵的经验。使理论创新的“话语权”成为全党的共识、全党的意志；及时出版理论创新的“话语权”原著，使全党、全国各族人民能够学习到原汁原味的理论；在最短的时间内印发全党统编理论创新“话语权”的教材并大规模地开展培训教育活动，着力推进理论创新的“话语权”向实践转化的飞跃。将这些经验用于新形势下我国高校意识形态领域里的马克思主义掌握话语权的实践，将有助于加大推进我国高校的马克思主义大众化的力度。

（五）马克思主义国际话语权对我国高等学校马克思主义掌握话语权的促进作用

马克思主义国际话语权的研究对我国高校马克思主义掌握话语权有着重大的理论意义和实践意义。俄国十月社会主义革命的成功以及后来一系列社会主义制度的建立，使马克思主义大众化赢得了国际话语权。然而东欧剧变、苏联解体的发生，又使马克思主义的国际话语权遭受严峻的挑战。

巩固和增强马克思主义国际话语权，一是要加强党的执政能力建设，即提升中国共产党在经济新常态下进行供给侧改革的能力，提升中国共产党领导下的我国社会主义初级阶段发展社会主义民主政治的能力，提升中国共产党领导下的我国全面落实五位一体总布局的能力，以及应对国际局势和处理国际事务的能力。

---

① 叶红云. 夯实马克思主义话语权的实践基础［J］. 湖北大学学报（哲学社会科学版），2014（02）：61-65.

二是要重视我国文化话语权的建设。我国文化话语权是我国信息传播的基础，也是衡量一个国家软实力的重要指标。我国要维护以马克思主义为核心的社会主义文化利益，扩大在国际传播中的份额，就必须高度重视文化话语权，提升我国的文化软实力并努力扩大我国在国际上的影响力。

三是要树立我国良好的国家形象。我国作为联合国安理会常任理事国，要给世界人民留下一种我们有坚定的信念、非常值得信赖的美好印象，因为这是一个国家极为重要的“无形资产”和“软权力”。要研究如何生动、具体、多方面地展示中国人的优秀形象，不要用说教性的结论，要通过转变方式达到目的。因此，在世界人民的心目中营造和树立美好的形象，是我们国家获得国家话语权的重要保障！而这对我国高等院校大学生群体中的马克思主义掌握话语权的促进作用是不言而喻的。

三、增强我国高校马克思主义意识形态话语权的基本策略

首先，我们要在高校掌握马克思主义话语权，就必须要不断深化学习和研究习近平总书记系列重要讲话，更好地运用讲话精神武装头脑、指导实践、推动工作。

将我国高等院校大学生的头脑用习近平总书记系列重要讲话精神武装起来，对实现马克思主义在高校掌握话语权而言其意义不言而喻。党的十八大以来，新一届党中央治国理政战略布局全面展开，习近平总书记系列重要讲话深得党心民心，《习近平谈治国理政》《习近平总书记系列重要讲话读本》等一系列读本的出版发行，使学习研究讲话精神的条件更加充分有利。深入推进讲话精神学习研究，要与深化中国问题、中国实践的规律性认识结合起来，与学术话语体系创新结合起来，与学风建设结合起来。学习研究讲话精神要紧密结合重大理论和实际问题，不断深化中国特色社会主义理论体系研究，深入开展中国道路、中国梦研究，深化具有中国特色重点学科研究，深化哲学思维和思想方法的研究，深化中华优秀传统文化传承研究，为中国特色社会主义理论体系创新发展做出贡献。

习近平总书记系列重要讲话是指导我们进行具有许多新的历史特点的伟大斗争的最鲜活的马克思主义。2021 年 6 月 16 日出版的第 12 期《求是》杂志发表了习近平总书记的重要文章《以史为镜、以史明志，知史爱党、知史

爱国》，这篇文章是对马克思主义理论的创新发展，是高校师生改造主观世界和客观世界的锐利的思想武器。我们要在高校掌握马克思主义话语权，就必须不断深化学习和研究习近平总书记系列重要讲话，必须用习近平总书记的系列重要讲话指导我们巩固马克思主义在意识形态领域的指导地位。

其次，为增强我国高校当代中国最新的马克思主义——中国特色社会主义理论体系在我国高等院校的意识形态领域的话语权，我们应该“坚守马克思主义意识形态的主导性、凸显马克思主义意识形态的现代性、拓宽马克思主义意识形态的包容性、回归马克思主义意识形态的现实性”①。

当今我国的高等院校在这种情况下，要推进马克思主义的大众化，就必须占领我国高等学校意识形态领域里的制高点，使马克思主义在我国的高等院校掌握话语权，这样才能巩固马克思主义在我国高校的指导地位。为此，一要把好“方向盘”，即坚持我国高校马克思主义在意识形态领域中的指导地位，用当代中国马克思主义大众化的最新成果，引导人民群众正确认识社会主义、正确看待资本主义以及正确应对执政党建设面临的重大问题；二要找准“坐标系”，即以中国特色社会主义理论体系为根本“坐标系”来解放思想和统一思想，既要防止误入歧途，又要避免过犹不及，从根本上防止意识形态出现两个极端；三要弘扬“主流文化”，即弘扬社会主义先进文化，使我国的大学生能够坚持先进文化的前进方向，自觉地摒弃腐朽落后、低级庸俗的文化，使我国高校意识形态的话语权牢牢地掌握在真正的马克思主义者手中。

再次，高校从事思想政治教育的工作者必须具有高超的政治工作艺术，具有坚定的共产主义信念，增强马克思主义理论的吸引力和感染力，这样就能在舆论的引导中壮大主流思想舆论，使主旋律得到大力弘扬、正能量得到广泛传播，这样就能准确地找到高校大学生思想工作的切入点、着力点，增强我们与西方展开意识形态争夺的能力，就能掌握马克思主义的话语权。

再者，加强意识形态领域里的马克思主义话语权，就必须要加强社会主义意识形态吸引力和凝聚力的主体塑造。这个主体塑造包含执政骨干的率先引导和榜样示范、知识精英的社会良知和社会责任、宣传文化工作者的准确

① 张荣洁. 论增强高校马克思主义意识形态话语权 [J]. 传承，2012 (03)：14-15，91.

诠释和有效传播、普通大众的自觉认同和积极拥护等因素。

如何培养学生的马克思主义信仰、培养有共产主义信仰的大学生、实现马克思主义在高校掌握话语权是我们要努力的目标，以下问题是我们要下大力气进行研究的：

一是对中国共产党不断致力于在我国高校马克思主义大众化的进程中牢牢掌握马克思主义话语权的经验、历程的研究。

二是当前我国高校马克思主义的话语权正在面临巨大的挑战，马克思主义如何占领主阵地的问题还很令人担忧。面对当前我国高校话语权意识凸显出的新形势，我们要进行关于我国当代高校加强马克思主义意识形态话语权建设的时代价值的研究。

三是我们要通过对增强社会主义意识形态吸引力和凝聚力的历史资源的研究以及对中国传统社会思想调控和社会整合的主要路径与方法、改革开放前我国主流意识形态建设规律的探索与失误、改革开放后我国主流意识形态建设的成功经验的研究。通过对中国特色社会主义意识形态形成与发展脉络的深入研究，通过对中国特色社会主义意识形态吸引力和凝聚力的内涵解析以及对中国特色社会主义意识形态吸引力和凝聚力的内在构成、中国特色社会主义意识形态吸引力和凝聚力的主要特征、中国特色社会主义意识形态吸引力和凝聚力的本质来源的深入研究等为我国高等院校意识形态领域马克思主义掌握话语权目标的实现提供有益的经验。

四是当代我国高等院校加强马克思主义的话语权建设的原则。第一，思想政治教育途径多元化与一元化主导性相结合。第二，坚定的党性立场必须建立在科学性的基础之上。第三，外来文化和传统思想的批判性和包容性相互结合。第四，主流意识形态核心内容的稳定性与灵活性相互协调。

五是通过对增强社会主义意识形态吸引力和凝聚力的比较借鉴，通过对以苏联为首的社会主义国家意识形态建设的教训和警示的研究，对以美国为首的西方发达国家增强本国意识形态社会认同的主要做法的研究，对以新加坡为首的新兴工业化国家意识形态建设的特色举措的研究，为增强我国高校马克思主义话语权，提供一些行之有效的方法；为中国特色社会主义理论体系的普及宣传、进头脑、进教材、进课堂，培养有马克思主义基本理论功底的人才提出有效的对策。这也是当前我们面临的主要课题。

最后，要加强我国高校马克思主义意识形态话语权建设，我们还需要使社会主义意识形态传播载体与辐射范围不断拓展，推进社会主义意识形态建设方法和手段的切实改进。同时，还需要逐步完善社会主义意识形态管理体制与运行机制，以及积极探索社会主义意识形态建设成效评估体系等。

总之，马克思主义意识形态话语权是事关马克思主义思想指导和社会主义国家意识形态安全的重大课题。其本质问题就是进一步巩固马克思主义在我国意识形态领域的指导地位，进一步提高广大人民群众对马克思主义话语体系的认同感、归属感，增强社会主义的吸引力、凝聚力，从而有力地推动社会主义和谐社会的建设，推动“中国梦”早日实现。

第四节　推进习近平新时代中国特色社会主义思想“五进”

——中国特色社会主义文化“五进”

党的十九届五中全会公报中指出：“繁荣发展文化事业和文化产业，提高国家文化软实力。坚持马克思主义在意识形态领域的指导地位，坚定文化自信，坚持以社会主义核心价值观引领文化建设，加强社会主义精神文明建设，围绕举旗帜、聚民心、育新人、兴文化、展形象的使命任务，促进满足人民文化需求和增强人民精神力量相统一，推进社会主义文化强国建设。要提高社会文明程度，提升公共文化服务水平，健全现代文化产业体系。”① 在党的十九届四中全会报告中，习近平总书记指出：“发展社会主义先进文化、广泛凝聚人民精神力量，是国家治理体系和治理能力现代化的深厚支撑。必须坚定文化自信，牢牢把握社会主义先进文化前进方向，围绕举旗帜、聚民心、育新人、兴文化、展形象的使命任务，坚持为人民服务、为社会主义服务，坚持百花齐放、百家争鸣，坚持创造性转化、创新性发展，激发全民族文化创造活力，更好构筑中国精神、中国价值、中国力量。”②

① 中国共产党第十九届中央委员会第五次全体会议公报［N］. 人民日报，2020-10-29.

② 中共中央关于坚持和完善中国特色社会主义制度 推进国家治理体系和治理能力现代化若干重大问题的决定［N］. 人民日报，2019-11-06.

文化是一个国家和民族的魂，也是一个国家治理的根。中国特色社会主义进入新时代，只有坚持守正创新才能更好地实现新时代中国特色社会主义文化。唯有如此，方能使新时代中国特色社会主义文化成为实现“两个一百年”奋斗目标的强大精神动力，才能使新时代中国特色社会主义文化更好地激发中国人民的创新动力和创新活力，才能更好地弘扬中国精神和增强中国力量，才能增强中国文化软实力，实现文化强国。

一、新时代中国特色社会主义文化

（一）新时代中国特色社会主义文化

1. 什么是新时代中国特色社会主义文化

习近平总书记在十九大报告中说：“中国特色社会主义文化，源自于中华民族五千多年文明历史所孕育的中华优秀传统文化，熔铸于党领导人民在革命、建设、改革中创造的革命文化和社会主义先进文化，植根于中国特色社会主义伟大实践。”①

新时代中国特色社会主义文化是这样的文化：指导思想是马克思主义，直接目标是培养“四有”新人，同时还要坚持“三个面向”的文化。对此，习近平总书记在十九大报告中指出：“发展中国特色社会主义文化，就是以马克思主义为指导，坚守中华文化立场，立足当代中国现实，结合当今时代条件，发展面向现代化、面向世界、面向未来的，民族的科学的大众的社会主义文化，推动社会主义精神文明和物质文明协调发展。”② 中国特色社会主义已经进入新时代，文化建设也具有新的时代使命。

2. 新时代中国特色社会主义文化的“新”内含

新时代中国特色社会主义文化必须坚持以马克思主义为指导，这是新时代中国特色社会主义文化的思想灵魂和指导思想。新时代中国特色社会主义文化有其独特的性质与品质，有其特定的政治方向，有其特定的政治立场和阶级立场。只有坚持马克思主义指导的文化才是社会主义的、人民的文化，

① 习近平. 决胜全面建成小康社会 夺取新时代中国特色社会主义伟大胜利——在中国共产党第十九次全国代表大会上的报告［N］. 人民日报，2017-10-28.

② 习近平. 决胜全面建成小康社会 夺取新时代中国特色社会主义伟大胜利——在中国共产党第十九次全国代表大会上的报告［N］. 人民日报，2017-10-28.

才能保证社会主义文化的阶级性，才能保证新时代中国特色社会主义文化的先进性，同时也才能保持社会主义的性质。

新时代中国特色社会主义文化是以培养有理想、有道德、有文化、有纪律的“四有”公民为目标的文化。这是社会主义先进文化的目标。文化是塑造人、培养人、引导人的重要手段和途径。中国特色社会主义文化建设包括思想道德建设和科学文化建设两个基本方面，这是社会主义文化实现人文化人的重要内容。中国特色社会主义文化的根本目标就是要培养时代所需要的建设者和接班人，并且以塑造、引导、熏陶等方式培养具有共产主义远大理想和实现中华民族伟大复兴时代理想、有共产主义和中国特色社会主义道德、有专业知识和广泛社会知识、懂法守法的、有纪律的公民。

新时代中国特色社会主义文化是坚持面向现代化、面向世界、面向未来，即“三个面向”的文化，这是社会主义先进文化的时代要求。面向现代化，就是要实现文化以现代化为方向，实现现代化服务的目标，这是社会主义先进文化的价值方向；面向世界就是要面对开放的世界，坚持推动构建人类命运共同体，共同创造人类和平美好的世界，这是社会主义先进文化的世界视野；面向未来，就是要创新形成符合未来趋势和发展方向的文化。

在伟大的新时代，中国特色社会主义文化是民族的、科学的、大众的社会主义文化。新时代中国特色社会主义文化是民族的文化，即中华优秀传统文化。中华民族的历史源远流长，创造出了辉煌灿烂的中华优秀传统文化。这是民族历史上道德传承、各种文化思想、精神观念形态的总体，是中国在约5000年历史中形成的延绵不断的政治、经济、思想、艺术等各类物质和非物质文化的总和。中华传统文化流传年代久远，分布广阔，是中华民族思想精神、社会政治和经济的根本。新时代中国特色社会主义文化是科学的文化，是崇尚科学、追求真善美的文化。新时代中国特色社会主义文化是大众的文化，是面向人民大众、为了人民大众、为广大人民群众服务的文化，是从人民群众中来、到人民群众中去的文化。

（二）新时代中国特色社会主义文化的“新”特征

1. 新时代中国特色社会主义文化的领先性

新时代中国特色社会主义文化的领先性是引领时代的进步性，这是中国特色社会主义文化的基因和精神命脉，为“中国之治”提供了智慧启迪，是我们党治国理政的知识宝库。中华优秀传统文化蕴含着跨越时空的永恒魅力，具有积极的当代价值。新时代中国特色社会主义文化是中国共产党人的思想之源、理想之基、精神之钙，革命文化镌刻着感人肺腑的理想信念、爱国情怀、英雄气概，它为中国特色社会主义伟大实践不断提供思想保障、精神鼓舞和智力支持，社会主义先进文化渗透着集体主义的无私品格和发展完善社会主义、实现共产主义的必胜信心，蕴含着中国先进生产力的发展方向与要求。

2. 新时代中国特色社会主义文化集中体现了中国特色社会主义制度具有的优越性

唯物史观认为，人类社会的发展最终是在生产力的推动下实现的，生产力是对社会发展起决定作用的力量，是社会发展最终决定性力量。因此，文化直接受生产力决定，也直接反映着生产力的发展状况。社会主义的优越性之一就是创造更加发达先进的生产力，更加丰富的物质财富，这直接体现在文化的繁荣上。对此，伟大导师恩格斯曾指出：“不论在法国或是德国，哲学和那个时代的文学的普遍繁荣一样，都是经济高涨的结果。经济的发展对这些领域的最终支配作用，在我看来是无疑的。”①

改革开放以来，我国发展所取得的巨大成就无疑证明了这一点。这是中国特色社会主义制度的优越性，也必然是社会主义先进文化的优越性。

3. 新时代中国特色社会主义文化具有强大的凝聚力

新时代中国特色社会主义文化植根于中国特色社会主义伟大实践，汇聚成了充满生机和活力的中国特色社会主义文化，成为紧密团结全国各族人民的强大凝聚力。任何社会形态都是经济基础和上层建筑的统一，其中经济基础是起决定作用的因素，作为上层建筑的文化则是经济基础的反映，并对经济基础产生巨大的影响。建设社会主义精神文明，是社会主义制度的客观要求，它能够帮助全体人民树立共同的理想和信念，培养集体主义思想、社会主义思想、爱国主义和主人翁的劳动态度。因此，社会主义先进文化具有强大的凝聚力。

---

① 马克思，恩格斯. 马克思恩格斯选集：第4卷［M］. 北京：人民出版社，2012：485-486.

4. 新时代中国特色社会主义文化是文化自信的源泉

在中国特色社会主义的新时代，中国特色社会主义文化有利于举旗帜、聚民心、育新人、兴文化、展形象。正是在中国特色社会主义先进文化的滋养下，我们党带领全国人民坚持基本路线、基本纲领、基本方略，奋发努力，在中国特色社会主义建设中不断取得新成就、开创新局面。这些成就的取得和新局面的不断开辟，极大增强了中国人民的自信，社会主义先进文化成为中华民族自信心的力量源泉。与文化自信和中华民族伟大复兴一同成长起来的是中国自信，这是中华民族的自信，表现在文化上就是中华民族的文化自信。

5. 新时代中国特色社会主义文化是中华文化软实力的支撑

中国特色社会主义文化是社会主义制度优越性的重要体现。它以马克思主义为指导，并借鉴其他文明成果，吸收人类以往精神文明的全部优秀成果并不断进行新的创造，使文化不断发展和丰富。文化不断发展和丰富本身就是社会主义先进文化的不断发展和丰富。文化是一个国家软实力的重要组成部分，随着时代的发展，文化的作用越来越重要，在综合国力中所起的作用也越来越大。这使得中国特色社会主义文化在不断发展的同时也在不断转化为文化软实力。因此，新时代中国特色社会主义文化日益成为一种中国软实力，成为中国综合实力的有机组成部分，并且发挥着越来越重要的支撑作用。

第四章

建造有利于习近平新时代中国特色社会主义思想“五进”的网络环境

第一节　利用“互联网+”建造有利于习近平新时代中国特色社会主义思想“五进”的网络环境

当今，“互联网+”和大数据的迅速扩展应用，深刻地影响着习近平新时代中国特色社会主义思想“进教材、进头脑、进课堂、进科研、进读本”的工作环境，就贯彻落实习近平新时代中国特色社会主义思想的“五进”要求而言，“互联网+”和大数据的应用既带来重大的历史机遇，也带来严峻的挑战。这是我们传播习近平新时代中国特色社会主义思想所必须面对的一种新的环境。

一、贯彻落实习近平新时代中国特色社会主义思想“五进”要求的网络环境构建

“互联网+”和大数据的应用，不仅为人们提供了认识和改造世界的强大的现代工具，而且造就了现实与虚拟相互交融的网络环境。

（一）习近平新时代中国特色社会主义思想“五进”工作的网络环境

习近平新时代中国特色社会主义思想“五进”的教育在网络环境下呈现出一种新形态。一般是我国高等学校以现代信息网络为中介，以互动引导、建设管理、制度规范等为基本方式，应用“互联网+”，对我国当代大学生进行有目的、有计划、有组织的习近平新时代中国特色社会主义思想“五进”

的实践活动，促进我国当代大学生在习近平新时代中国特色社会主义思想“五进”教育活动中的自主性的发挥，利用“互联网+”和大数据，用习近平新时代中国特色社会主义思想武装当代我国高校的大学生，以习近平新时代中国特色社会主义思想为指导，实现我国当代高校大学生思想政治品德的自主建构，从而使我国当代高校大学生成为新时代社会主义事业的建设者和接班人。这是一个通过网络对我国高校当代大学生进行习近平新时代中国特色社会主义思想政治教育的探究。

对于什么是思想政治教育的网络环境，我国一些学者已经做了一定探讨：

李辉认为，虚拟环境对思想政治教育的主要影响在于，虚拟空间改变了思想政治教育信息的生态环境，使主导性和主旋律教育面对更加严峻的挑战。① 张再兴等认为，网络社会的思想政治教育环境不仅是一种技术和关系的存在，更是一种以人为主体的文化的存在。②

笔者认为，习近平新时代中国特色社会主义思想“五进”教育的网络环境以习近平新时代中国特色社会主义思想“五进”教育的网络实践活动为中心，是习近平新时代中国特色社会主义思想“五进”教育过程的网络环境因素的总和。

这个网络环境是以网络技术架构为基础的，所关注的仍然是在网络环境下我国当代高校大学生的思想观念、行为方式的变化，以及如何通过习近平新时代中国特色社会主义思想“五进”，使我国当代高校大学生树立正确的人生观、世界观和价值观。我们借用“场域”一词来表达习近平新时代中国特色社会主义思想“五进”教育的网络环境。一方面，网络的社会场域与现实社会是相互交融、相互作用的；另一方面，网络社会场域又是超越现实社会的一种拓展，对习近平新时代中国特色社会主义思想“五进”教育的过程产生重大的影响。

---

① 李辉. 网络虚拟环境与思想政治教育关系初探［J］. 思想理论教育，2005（05）：37-40.

② 张再兴，等. 网络思想政治教育研究［M］. 北京：经济科学出版社，2009：36.

（二）当今思想政治教育网络环境的特点

1. 虚拟实在性

网络环境是一种虚拟现实环境。在这个数字化的电子空间里，你可以实现各种活动，但这些行为只具有功能上的实在性。

2. 开放性

网络空间扩大了人们的交往领域，模糊了公共领域与私人领域的界限，改变了人们的许多传统的观念，在一定的程度上削弱了现实社会中主流文化的主导地位。

3. 多样性和复杂性

网络扩大了社会公众的话语权，这种多样性对于提升我国当代高校大学生的创新思维能力是有一定意义的，但是与此同时，其多样性和复杂性的不良作用在一定程度上干扰了当代大学生的正确价值观和道德观的形成。

4. 自由交互性和交融性

网络是自由交互空间，网络信息是可以互动的。网络环境的交融性，对我国高校当代大学生的思想观念和行为的形成产生了一定的影响。

（三）思想政治教育网络环境的类型

根据不同的划分标准，思想政治教育网络环境可以分为如下类型：

按网络规模分类：分为宏观网络环境和微观网络环境。

按我国当代大学生网络上的行为内容分类：分为信息网络环境、娱乐网络环境、人际交互网络环境、商业网络环境等。

按网络性质及信息内容分类可以分为：第一，良性网络环境。如在网络上利用各种先进的传播手段（如VR虚拟技术）对习近平新时代中国特色社会主义思想进行宣讲；各种充满正能量的论坛等。第二，恶性网络环境。

二、网络环境对习近平新时代中国特色社会主义思想“五进”工作的影响

（一）习近平新时代中国特色社会主义思想“五进”工作的网络环境是基于互联网而形成的一种网络环境

首先，有权威传播网站，如人民网、央视网、国际在线、中青网、中国新闻网、光明网等。其次，国内各大知名媒体登录网络，深受人们的喜爱。

网络信息化的快速发展使意识形态渗透加剧。

（二）习近平新时代中国特色社会主义思想“五进”工作的网络环境对我国高校当代大学生的影响

网络环境提升了我国高校当代大学生的整体素质。网络环境是一个空前开放的新环境，当代大学生可以充分地利用这个平台讨论学习习近平中国特色社会主义思想的体会和感受，交流学习心得，提供自己学习习近平新时代中国特色社会主义思想的新颖见解，也可以阅读电子报纸、期刊和书籍，使查询习近平新时代中国特色社会主义思想的学习资料变得轻而易举，甚至能与自己心目中崇拜的研究习近平新时代中国特色社会主义思想的专家进行交谈。这样不仅大大地开阔了受教育者的眼界，也活跃了受教育者的思想。一方面，使我国高校的大学生在坚持“四个自信”的同时，充分发挥自己的创造性、参与性和探索精神，培养其自信心和创造力，增强其主体性；另一方面，我国高校当代大学生在学习习近平新时代中国特色社会主义思想的过程中，既可以大量阅读丰富的资料和信息，又可以创造和传播学习习近平新时代中国特色社会主义思想的信息。

同时，网络环境增加了对我国高校当代大学生正确的价值观念、思想意识形态的影响因素。网络环境使信息传播手段呈现出了个体化和多样化的特征。

（三）思想政治教育的网络的环境对受教育者的影响

1. 相互影响的方式

网络环境开阔了受教育者的视野和思路，提高了受教育者的学习、生活质量。但网络环境的复杂多变性、信息的良莠不齐等都不同程度地影响着受教育者的思想和行为。

2. 强化影响方式

网络环境对受教育者的影响，一是信息强化影响，二是诱导性强化，三是综合性强化。对同一内容或观念反复传播，会对受教育者造成持续性影响。

3. 潜移默化的影响方式

习近平新时代中国特色社会主义思想“五进”教育的网络环境特别是其中的信息环境具有形象、生动、直观的特点，受教育者易沉浸其中，从而受到影响。通过渗透、感染、熏陶、启发受教育者的思维，激发受教育者的情感，日积月累，产生潜移默化的影响。这就是习近平新时代中国特色社会主义思想“五进”目的。

（四）习近平新时代中国特色社会主义思想“五进”的网络环境对受教育者产生的影响的特点

多重性。网络信息积极与消极共存，有着多重性的特征。

即时高效性。网络可以在瞬间将信息展现给受教育者。

渗透性。从网络环境作用于受教育者的方式来看，具有渗透性。受教育者身在其中，会不知不觉地受其影响。

（五）网络环境给高校习近平新时代中国特色社会主义思想“五进”工作带来的影响

第一，网络增强了习近平新时代中国特色社会主义思想“五进”工作的时效性。特别是我国“5G+”数据传输技术即第五代移动通信技术的使用，使受教育者可以在任何一个设有终端的地方学习习近平新时代中国特色社会主义思想，随时获取党中央的大政方针政策。

第二，在网络环境推进习近平新时代中国特色社会主义思想“五进”，可以使师生学习习近平新时代中国特色社会主义思想的互动性加强。就高校大学生学习习近平新时代中国特色社会主义思想的方式而言，习近平新时代中国特色社会主义思想“五进”的形象性加强，将促进互动式、引导式等学习方式的使用，这样可以大大地提高教育的有效性。

第三，网络环境使习近平新时代中国特色社会主义思想“五进”的实践过程的范围更为广阔。我国高校大学生可以通过网络共享习近平新时代中国特色社会主义思想，也可以在网上自由地向高校马克思主义理论课程的教师咨询学习习近平新时代中国特色社会主义思想的过程中遇到的问题，也可以与其他同学开展思想交流与讨论。同时，网络使家庭与学校连成一体。因此，网络使我国当代大学生学习习近平新时代中国特色社会主义思想的空间变得更为广阔、更为开放。

（六）网络环境给我国当代高校大学生学习习近平新时代中国特色社会主义思想带来的利弊

网络和网络信息自身的许多特性给我国高校大学生学习习近平新时代中

国特色社会主义思想带来了前所未有的新影响因素。主要表现为以下几个方面：

1. 网络时代的到来使高校马克思主义理论课程教师的主导地位和思想政治教育过程中学生的主体地位都得到了加强

高校习近平新时代中国特色社会主义思想“五进”的工作主要是在真实的课堂中进行，网络时代的到来使线上教学成为常态，同时高校马克思主义理论课程教师的主导地位和思想政治教育过程中学生的主体地位都得到了加强。

2. 网络文化在不同程度上促进了西方思想文化的渗透

习近平新时代中国特色社会主义思想“五进”的工作实质上是对当代大学生进行习近平新时代中国特色社会主义思想的灌输与教育，通过习近平新时代中国特色社会主义思想“五进”工作，达到用习近平新时代中国特色社会主义思想武装我国当代大学生头脑的目的。网络文化会在一定程度上促进西方思想文化对我国高校大学生思想的渗透，这种网络文化的负面影响将对“五进”工作的开展带来新的挑战。

3. 网络对思想政治教育工作者的综合素质提出了更高的要求

我国高校的思想政治教育工作者是推进习近平新时代中国特色社会主义思想“五进”工作的主体，他们教育教学水平的高低直接影响学生学习的实效性。网络环境这把双刃剑，给我国当代高校大学生的思想政治教育带来了一定的阻碍。因此，这就要求高校的思想政治教育工作者要勇敢地接受网络环境的挑战，迎难而上，攻坚克难，做好习近平新时代中国特色社会主义思想“五进”的工作。

4. 习近平新时代中国特色社会主义思想“五进”工作网络环境的优化要坚持教育性原则

教育性原则是指网络环境优化的各个环节、各项工作都要具有教育性。我国高校的马克思主义理论课程教师要增强受教育者对网络上不良信息的免疫力，促使受教育者的思想政治品德始终朝着积极健康向上的方向发展。教育性原则要求我国高校马克思主义理论教育的教师作为思想政治的教育者，既要重视法制建设，又要重视环境的激励和熏陶作用，要创设有利于我国高校大学生形成正确的人生观、世界观、价值观的网络氛围和网络环境。

把握网络环境对我国高校当代大学生思想政治品德的影响规律，我国高校马克思主义理论课程的教师作为教育者要有胆有识、充满活力，富有创新精神，重视网络环境对我国高校当代大学生思想政治品德产生的各种影响，营造良好的习近平新时代中国特色社会主义思想“五进”教育的网络环境。

四、习近平新时代中国特色社会主义思想“五进”工作网络环境的优化途径

利用法律规范网络行为，加快网络道德建设。政府要建立信息审查制度，实行网络分级制度，加快网络立法，打击各类网络犯罪，维护网络安全。

建设网络思想政治教育工作者队伍和“网络环保”志愿者队伍。“网络环保”要靠我国高校当代大学生共同努力，共同遵循网络规范，一致行动才能实现。

网络环境下习近平新时代中国特色社会主义思想“五进”工作的方法及途径的创新拓展。

五、习近平新时代中国特色社会主义思想“五进”工作方法的更新

网络技术的先进性给习近平新时代中国特色社会主义思想“五进”工作的方法注入了形象、生动、逼真的新活力，在客观上促进了习近平新时代中国特色社会主义思想“五进”。

第一，网络环境下习近平新时代中国特色社会主义思想“五进”工作方法更趋于交互性。

习近平新时代中国特色社会主义思想“五进”工作活动的主体和客体之间、主体与主体之间以及客体与客体之间的互动性比现实空间要大得多。而以网络为载体进行习近平新时代中国特色社会主义思想“五进”工作教育客体可以随时在网络中有针对性地向多个教育网站咨询学习习近平新时代中国特色社会主义思想过程中遇到的问题，与多个有同样问题的其他同学进行探讨和交流。这样既疏通了习近平新时代中国特色社会主义思想“五进”工作的主体与客体交流的渠道，增加了双方以及多方交流的机会，也增强了习近平新时代中国特色社会主义思想“五进”工作的客体接受教育的主动性。在

网络环境下，有利于习近平新时代中国特色社会主义思想“五进”工作进一步深入开展。

第二，网络环境下习近平新时代中国特色社会主义思想“五进”工作方法更具综合性。

借助网络平台大力推进习近平新时代中国特色社会主义思想“五进”工作可以加速用习近平新时代中国特色社会主义思想武装我国高校当代大学生的工作进程。在对我国高校的当代大学生进行习近平新时代中国特色社会主义思想“五进”的过程中，可以开设大学生喜闻乐见的教育网站，通过传播习近平新时代中国特色社会主义思想的创新教育网络平台，提升习近平新时代中国特色社会主义思想的“五进”的实效性。

网络环境下的习近平新时代中国特色社会主义思想“五进”的工作基本上改变了以往单一的教育方法，将教育、引导、熏陶、启发和交流沟通等多种方法一起应用于习近平新时代中国特色社会主义思想“五进”的教学中，从而全天候、多方位地将这一思想传播给我国高校当代大学生，实现习近平新时代中国特色社会主义思想“五进”!

第三，网络环境下习近平新时代中国特色社会主义思想“五进”工作的层次化。

传统的思想政治教育虽然把因材施教作为一个重要的指导原则，但在具体实践中由于多种因素的限制，这项原则并未得到很好的实施。思想政治教育方法表现出一定程度的公式化和平面化。网络环境下习近平新时代中国特色社会主义思想“五进”工作的主体即我国高校马克思主义理论课程的教师，要克服这种不足，如对待研究生、本科生、大专生应采用不同的方法。这样，网络环境下的思想政治教育方法就有了较强的层次性，因而就呈现出更加立体化的态势。

第四，网络环境下习近平新时代中国特色社会主义思想“五进”工作方法更显主体化。

由于网络在高校思想政治教育中的使用，使习近平新时代中国特色社会主义思想“五进”工作的客体即我国高校当代大学生的主体性增强，网络环境下的习近平新时代中国特色社会主义思想“五进”工作就要更加重视我国高校当代大学生的主体性发挥。为适应这一要求，网络环境下习近平新时代中国特色社会主义思想“五进”工作的许多方法都与现实空间有所不同，如借助网络向客体提供习近平新时代中国特色社会主义思想的信息，并引导高校将习近平新时代中国特色社会主义思想入心、入脑落到实处。在网上提出特定论题并引发讨论等，这些都是为了充分调动习近平新时代中国特色社会主义思想“五进”工作客体的主观能动性、自主性和创造性。这种主体化的教育方法有利于我国高校当代的大学生学习习近平新时代中国特色社会主义思想，有利于他们在配合思想政治教育实施的过程中，由被动性接受变为选择性内化，从而提高习近平新时代中国特色社会主义思想“五进”的实效性。

六、习近平新时代中国特色社会主义思想“五进”工作网络途径的拓展

在网络环境下进行习近平新时代中国特色社会主义思想“五进”教育，必须针对环境变化、教育内容变化和教育主、客体的新特点，创造出新的教育方法，寻找出新的教育途径。网络环境下的习近平新时代中国特色社会主义思想“五进”工作必须将传统的思想政治教育方法现代化，使其所采用的哲学、社会学、心理学的方法有机地融入现代化的网络系统。可以说，思想政治教育网络途径的拓展为习近平新时代中国特色社会主义思想“五进”工作提供了一个崭新的途径。

第一，在网络中多渠道发布习近平新时代中国特色社会主义思想“五进”的信息，争取最大化地占领我国高等学校的网络信息空间。

网络是一个开放的空间，高校的大学生可以在上面发布自己学习习近平新时代中国特色社会主义思想的心得和体会。网络又是一个非常重要的阵地，我们要用习近平新时代中国特色社会主义思想武装我国高校大学生的头脑就必须占领这个重要的阵地。因此，在网络环境下，习近平新时代中国特色社会主义思想“五进”工作应该充分利用网络进行宣传。

第二，习近平新时代中国特色社会主义思想“五进”的主体要通过网络主动对我国当代高校的大学生进行引导和启发。网络增强了习近平新时代中国特色社会主义思想“五进”的主体和客体之间的互动性。我们要充分利用微信与教育客体对习近平新时代中国特色社会主义思想进行学习。

第三，通过创新信息化手段推进习近平新时代中国特色社会主义思想

“五进”。

我们要通过创新信息化手段推进习近平新时代中国特色社会主义思想“五进”，要将发生在我们伟大祖国大地上的、在习近平新时代中国特色社会主义思想指导下的、中国特色社会主义前进过程中动人的、生动的案例，习近平总书记治国理政过程中的讲话，以及带领伟大的中国共产党、伟大的中国人民进行中国特色社会主义建设过程中的理论创新和道路探索的辉煌历程，制作成习近平新时代中国特色社会主义思想的传播课件和资料，这样就能更有效地提升习近平新时代中国特色社会主义思想进教材、进课堂、进头脑、进科研、进读本的效果。

第四，创建习近平新时代中国特色社会主义思想“五进”网站，建立习近平新时代中国特色社会主义思想“五进”网络体系。

创建习近平新时代中国特色社会主义思想“五进”网站并以之为阵地开展思想政治教育，将会大大增强习近平新时代中国特色社会主义思想进头脑、进教材的影响力、渗透力和感召力。目前，国家的很多重要网站如党政机关和各大媒体的网站、各高校的网站等，都成了传播和研究“习近平新时代中国特色社会主义思想”的网站。这些网站已逐渐形成了强大的网上的习近平新时代中国特色社会主义思想“五进”阵地。

第五，传播、研究“习近平新时代中国特色社会主义思想”网站的建设者应着力研究网络传播和教育两方面的规律，从形式到内容对网站的建设进行全面的改善和创新，力争建设好一大批有吸引力的引导我国高校当代大学生传播和研究习近平新时代中国特色社会主义思想的教育网站。

首先，应当增强网站中传播习近平新时代中国特色社会主义思想的内容的理论性。在我国的高校，这些网站应当是为我国高校当代大学生提供思想源泉的阵地，因此，在高校的这些宣传习近平新时代中国特色社会主义思想的网站上要推动习近平新时代中国特色社会主义思想入脑入心，坚持往实里做、往深里做、往心里做，不断增强理论的彻底性和说服力。

其次，应当增强传播研究习近平新时代中国特色社会主义思想的网站内容的丰富性和时效性。应当增强我国高校思想政治教育网站中与国家发展紧密相关联的、能够充分体现习近平新时代中国特色社会主义思想指导我国社会主义革命和建设出现的日新月异的发展变化的内容。我国高校当代大学生关注政治理论、研究政治理论，并应用政治理论来解决现实中遇到的各种各样的困扰着他们的问题。传播和研究习近平新时代中国特色社会主义思想的网站不能变成单纯的理论园地，应当既有原汁原味的原著，也有新鲜的、有温度的、令人感动的、将习近平新时代中国特色社会主义思想指导内化于心、外化于行的案例。习近平新时代中国特色社会主义思想的宣传网站还应当敏锐地关注现实，准确地抓住现实中的焦点问题，真正为我国高校当代大学生答疑解惑。只有这样，我国高校建立的传播习近平新时代中国特色社会主义思想的网站才能更好地深入我国大学生的心中。

最后，习近平总书记在十九大报告中强调：“中华民族伟大复兴的中国梦终将在一代代青年的接力奋斗中变为现实。”① 时代赋予当代青年光荣的使命与担当。习近平新时代中国特色社会主义思想丰富而生动的内涵，习近平总书记对青年大学生的关心，以及对当代青年大学生实现中国梦要做出自己的贡献的殷切希望，时时刻刻温暖着大学生的心，这些特定信息传递的归属感最终将转化为我国高校大学生对传播和研究习近平新时代中国特色社会主义思想的网站的忠诚度。

就我国的高校而言，我们不仅要建立传播和研究习近平新时代中国特色社会主义思想的网站，更要建立一个研究和传播习近平新时代中国特色社会主义思想的网络体系；要培养和造就一支既具扎实的网络技术，又有良好素质的专业人才队伍，帮助建立研究和传播习近平新时代中国特色社会主义思想的网络体系。

七、大数据时代习近平新时代中国特色社会主义思想“五进”的特点

在大数据时代，习近平新时代中国特色社会主义思想“五进”的特点主要如下：

（一）大数据时代习近平新时代中国特色社会主义思想“五进”的主体、客体数据更全面

这里主要指的是两个层面的数据，一个层面是习近平新时代中国特色社

① 习近平．决胜全面建成小康社会 夺取新时代中国特色社会主义伟大胜利——在中国共产党第十九次全国代表大会上的报告［N］．人民日报，2017-10-28.

会主义思想“五进”的主体的大数据信息，另一个层面是习近平新时代中国特色社会主义思想“五进”的客体的大数据的信息，即是全体学生的全部数据信息。

（二）要充分发挥大数据的功能为习近平新时代中国特色社会主义思想“五进”服务

大数据时代习近平新时代中国特色社会主义思想“五进”，要通过“大数据”的应用，促进习近平新时代中国特色社会主义思想进教材、进课堂、进头脑、进科研，进读本。

（三）在我国的高等院校，数据和数据分析的价值将得到充分体现

学生交流使用的校园网络平台每天都会产生由照片、视频、对话留言、电子邮件等构成的动态的海量数据，我们要在我国当代大学生学习习近平新时代中国特色社会主义思想的过程中去收集集中反映习近平中国特色社会主义思想进入学生头脑的情况、反映我国当代大学生对习近平新时代中国特色社会主义思想的深厚情感和内化于心、外化于行的行为动态的大数据。我们将从这些大数据包含的丰富信息和规律性内容中找到习近平新时代中国特色社会主义思想进入我国大学生头脑的各种新鲜案例和经验，这些对习近平新时代中国特色社会主义思想“五进”而言具有非常重要的意义。

（四）我们高校的马克思主义理论课程的教师不仅需要经验指导，更需要科学引领

就这个角度而言，高校的马克思主义理论课教师在“五进”中如果能更有效地运用大数据来科学地分析遇到的问题，为我们做出正确的决策提供数据支撑，那么，习近平新时代中国特色社会主义思想进入大学生头脑的实效性必将得到进一步加强。

（五）大数据时代背景下习近平新时代中国特色社会主义思想“五进”的创新

在大数据的时代背景下，某种意义上，科学利用大数据技术，可以在信息的收集和分析方面获得明显的竞争优势，从而使习近平新时代中国特色社会主义思想的传播获得更广泛的影响力。对于研究和传播习近平新时代中国特色社会主义思想的网站来说，运用科学的信息化手段收集、存储、分析大量数据，进而利用分析结果指导科学决策，对强化习近平新时代中国特色社

会主义思想“五进”的意义是不言而喻的。

1. 强化大数据意识，提高习近平新时代中国特色社会主义思想“五进”的针对性

我们要充分发挥大数据的价值，进一步强化大数据意识，不断提高习近平新时代中国特色社会主义思想“五进”工作的实效性。

首先，需要我国高校的马克思主义理论教育者在教育实践中提高对数据信息的敏感性，主动收集、整理信息数据并认真分析。例如，通过对学校图书馆图书目录检索信息的汇总分析，可以清楚地了解学生在学习习近平新时代中国特色社会主义思想“五进”过程中的学习和发展需求，进而为不同的学生群体有针对性地推荐宣讲习近平新时代中国特色社会主义思想的书籍，提高学生学习习近平新时代中国特色社会主义思想的针对性和实效性。

其次，思想政治教育的教育者要不断创新工作的方式方法，要更加重视学生的不同信息数据之间的关系。

2. 加强大数据技术运用能力，挖掘习近平新时代中国特色社会主义思想“五进”的深层规律

首先，大数据时代的来临需要更多具备数据技术能力的复合型人才。就我国目前习近平新时代中国特色社会主义思想“五进”教育者的队伍结构来看，我们需要一支既具有大数据技术知识背景，又熟悉习近平新时代中国特色社会主义思想“五进”规律的队伍。因此，要充分发挥大数据技术在习近平新时代中国特色社会主义思想“五进”中的作用，就需要大力培养原有人员掌握运用大数据技术的能力。

其次，要充分利用网络平台的力量，充分利用习近平新时代中国特色社会主义思想“五进”的深层规律。例如，通过不断建设和完善我国当代高校大学生传播习近平新时代中国特色社会主义思想的主题网站，逐步实现习近平新时代中国特色社会主义思想和当代大学生互动渠道的立体化，帮助学生树立正确的世界观、人生观、价值观。

最后，大数据和互联网在当前习近平新时代中国特色社会主义思想“五进”的教育中发挥着重要的纽带作用。以科学开放的工作理念、与时俱进的教育模式、人文个性的传播方式应用大数据和“互联网+”，对我国当代大学生进行习近平新时代中国特色社会主义思想的灌输和教育，凸显了务实的作

风，走在了贯彻落实党的十九大精神的前列。“互联网+”习近平新时代中国特色社会主义思想“进教材、进课堂、进头脑、进科研、进读本”，对我国高校人才培养目标的实现具有极其重要的意义。充分利用QQ、微博、微信、博客、抖音等网络个人空间，将会加大推进用习近平新时代中国特色社会主义思想武装当代大学生的力度。

（六）我们要理性把握大数据时代的思想政治教育环境

我们必须要高度重视大数据的发展，应用大数据技术推进习近平新时代中国特色社会主义思想“五进”的工作，要高度重视意识形态安全带来的挑战，要积极防范网络和大数据的种种风险。

总之，要将“互联网+”与思想政治教育结合，使之成为无缝对接的“合力型”教育，提升思想政治教育的实效性。最终使我国高校当代大学生将习近平新时代中国特色社会主义思想“内化于心、外化于行”。

第二节 新媒体背景下共青团组织在高校大学生中传播习近平新时代中国特色社会主义思想研究

伴随着互联网技术的发展，具有强大传播功能的新媒体一经出现，就超乎寻常地受到我国高校大学生的青睐和追捧。在传统媒体中长期“被替代发声”的我国高校大学生迅速成为新媒体的主力军，其话语传播方式也表现出了异于其他群体的鲜明特征：多样性和开放性的话语传播载体，个性化和碎片化的话语传播内容，交互性和隐匿性的话语传播形式，这些都给共青团组织在我国高校大学生中传播习近平新时代中国特色社会主义思想工作带来了挑战。深入研究、准确把握、科学运用新媒体背景下的话语传播规律，对于更好地开展习近平新时代中国特色社会主义思想的传播工作，实现习近平总书记提出的“要运用新媒体新技术使工作活起来，推动思想政治工作传统优势同信息技术高度融合，增强时代感和吸引力”① 具有十分重要的理论意义

① 习近平. 习近平在全国高校思想政治工作会议上强调：把思想政治工作贯穿教育教学全过程 开创我国高等教育事业发展新局面［N］. 人民日报，2016-12-09.

和实践价值。

一、研究背景及现状

习近平总书记指出：“要在广大青年中加强和改进理论武装工作，引导广大青年运用马克思主义立场、观点、方法观察分析问题，从而坚定正确政治方向，增强道路自信、理论自信、制度自信、文化自信，坚定听党话、跟党走的人生追求。”① 当前，共青团组织的工作因新媒体技术的迅猛发展而面临新的挑战和问题，如何适应这一变化，更好地了解和把握青年，发挥在组织青年、引导青年、服务青年、维护青少年合法权益方面的作用，推动共青团工作实现新的发展，促进习近平新时代中国特色社会主义思想进教材、进课堂、进头脑是一个亟待研究和解决的新课题。

（一）概念界定

目前，对新媒体尚无权威的统一定义。学界认可度比较高的是：新媒体是新技术支撑体系下出现的媒体形态，依托网络技术、数字技术、移动通信技术等新技术，以博客、3G 手机网络、即时通信软件等为代表，向接收者提供信息服务的技术。例如，数字杂志、数字报纸、数字广播、手机短信、移动电视、网络、桌面视窗、数字电视、数字电影、触摸媒体等。联合国教科文组织曾经为新媒体下过定义，即新媒体就是网络媒体。我们这里所涉及的新媒体背景重点是指在网络媒体背景下我国高校大学生话语传播方式的研究。

（二）研究背景

1. 新媒体技术重构的公共空间赋予了我国高校大学生更大的话语权利

美国著名心理学家埃里克森曾指出：“在任何时期，青少年首先意味着各民族喧嚣的和更为引人瞩目的部分。”② 随着新媒体技术的发展，公共空间被重构，并向所有社会群体开放，数字化、融合化、网络化、智能化的传

① 习近平. 习近平在同团中央新一届领导班子成员集体谈话［N］. 人民日报，2018-07-02.

② 埃里克·H. 埃里克森. 同一性：青少年与危机［M］. 孙名之，译. 杭州：浙江教育出版社，1998：12.

播形态不断产生，深刻改变了社会交往的方式和途径，影响了人们的社会关系和社会结构。我国高校大学生作为新的公共空间最活跃的参与者，通过运用新媒体技术，在这一空间拥有了更多个人主体的话语权利。同时，信息沟通的即时、直观、快捷的特点，使我国高校大学生主体意识不断增强，从文化价值观到思维方式、从审美情趣到生活方式等都日趋多元、个性，这也为做好新媒体背景下我国高校大学生的引导、教育工作提出了新的挑战。

2. 我国高校大学生话语传播中的匿名狂欢特点影响共青团工作的开展

高校大学生是新媒体使用最活跃的群体之一，也是大部分新媒体应用的使用者。这一群体在一些学者眼中可以被称为“互联网原住民”，他们更加享受虚拟生存状态，有着强烈的自我表达欲望，但相对封闭，经常游离在主流文化之外，对主流文化态度淡漠，强化去主流意识，善于在小事件上发声。这一群体更享受草根群体狂欢带来的喜悦，乐于对主流文化价值观进行解构和调侃。从某种程度上看，这是在新媒体构建的公共空间中对舆论主导权进行挑战。这种挑战往往体现为个人化的话语权博弈借助新媒体技术汇合成为庞大的舆论力量，干扰、抗衡着主流舆论导向，那些喜欢新鲜、刺激而认知辨别能力尚未健全的青年极易因盲目追随而导致其价值偏离和行为失范。共青团组织需要深入了解我国高校大学生的状况，在实践工作中，针对我国高校大学生中存在的匿名虚拟的松散状态，要有的放矢地进行正确引导。

3. 对基于新媒体产生的文化认识不足导致新媒体背景下共青团的工作呈现弱化倾向

基于新媒体技术而产生的网络文化是一种具有巨大包容力的多元文化，对权威和秩序的冲击相当大，在现实和虚拟空间的渗透力都很强。虽然目前学校和共青团组织都在积极应对新媒体带来的冲击，但大多数都是用建立网站、开通微信公众号等“硬件”方式应对，而对于新媒体背景下产生的各种与我国高校大学生思想、生活有关的亚文化的重视和研究还远远不够，从“软件”上“升级换代”不到位，导致传播方式相对单一，内容单薄，对社会问题敏感度低，这势必影响工作的效果。

（三）研究现状

从国内学术研究看，目前，有关“新媒体”和“我国高校大学生”的学术研究多集中在新媒体对我国高校大学生的行为、价值观、思想、信仰、心理等带来的影响、变化以及相关的团建工作等方面。主要研究领域集中在以下几个方面：

一是关于青少年运用新媒体的情况研究。如中国互联网络信息中心自1999年至今，连续发布中国青少年上网行为调查报告，对青少年上网行为进行研究。由中国社会科学院主办，中国社会科学院科研局、中国社会科学院社会学研究所、社会科学文献出版社承办的2019年《社会蓝皮书》发布暨中国社会形势报告会2018年12月25日在京举行。蓝皮书指出，调查显示，一线和准一线城市青少年普遍更早接触网络，平均触网年龄分别在8.3岁和8.6岁，而二线、四线城市青少年的平均触网年龄为9.1岁，三线城市的平均触网年龄则为10岁。青少年使用的上网设备主要是手机，占样本的87.33%，远高于其他各类上网设备。青少年最主要的活动场所是家庭和学校，其中家庭占95.07%，学校占18.44%，公共场所占14.65%，随时随地占13.20%，其他场所占5.46%。

二是关于新媒体对我国高校大学生成长影响的研究。如吕陈博和李春梅的《新媒体对我国高校大学生价值观的影响》、曲哲的《新媒体时代我国高校大学生心理特点与引导》、严亚的《新媒体时代大学生媒介形象自我建构研究》、王洲的《手机网络对青少年生活方式的影响研究》等。

三是关于做好新媒体背景下我国高校大学生工作研究。如陈志勇的《新媒体时代的大学生思想政治教育》、王传伟的《新媒体背景下高校团建工作的创新路径研究》、崔丽华的《新媒体时代学校德育话语权面临的挑战与应对策略》、黎适的《新媒体环境下大学生爱国主义教育研究》、季海菊的《新媒体时代高校思想政治教育研究》等。可以看出，随着新媒体的发展，学术界关注到新媒体对我国高校大学生及团建工作的影响，并进行了相关研究，提出了一些改进工作的对策建议，但将新媒体背景下我国高校大学生的话语传播方式单独抽列出来进行理论性全景性的研究，尚未引起学术界的重视，高水平学术成果更是凤毛麟角，这样的研究现状与习近平总书记在短短65天内六次亲密接触新媒体时提出的“尽快掌握舆论战场上的主动权，不能被边缘化”① 的时代要求还有较大差距。而在具体实践中，与最为活跃的我国

① 习近平. 在全国宣传思想工作会议上的讲话（2013年8月19日）［G］//中共中央文献研究室. 习近平关于全面深化改革论述摘编. 北京：中央文献出版社，2014：83.

高校大学生接触最直接、反应最敏感的高校和共青团群体，则在“新媒体时代应让我国高校大学生发声”工作方面做出了积极探索。如在中国人民大学召开的“新青年、新思维、新载体”论坛，将新媒体平台创新融入我国高校大学生的工作；一些高校积极利用新媒体有效引导我国高校大学生理性思维、健康成长等。但这些有限的实践探索离新媒体对我国高校大学生工作的时代需求，尤其是“主动借助新媒体传播优势”进行正确有效的话语传播引导还有一定的差距。

（四）研究对象和方法

为了确保研究结果更具有普遍性，我们选择河南高校的一些学生作为问卷调查的调查对象，调查对象涵盖高一学生至博士研究生。

新媒体背景下我国高校大学生话语传播方式透视出了传播是为了建立不同主体之间的关系，常常需要一定的技术形式和表现手段，并受制于决定传播价值导向的传播制度的本质。而传播方式则是传播手段（媒介）和传播关系的结合。正如历史唯物主义通过对一个社会生产方式的解析能够得到对相应社会的理解那样，对话语传播方式的研究也可以成为认识某一社会群体的重要标准。这就决定了我们可以通过对社会传播新形式中的话语层面进行解码认识传播主体的总体状况。

1. 我国高校大学生话语传播对新媒体技术手段的依赖程度呈逐步加深态势

2021年2月3日，中国互联网络信息中心（CNNIC）在京发布第47次《中国互联网络发展状况统计报告》。整体青少年网络应用情况可以概括为以下特点：

《报告》显示，截至2020年12月，我国网民规模达9.89亿，已占全球网民的五分之一；互联网普及率达70.4%，高于全球平均水平。青少年是网民的主力军。

2020年，互联网有力支撑新冠肺炎疫情防控，为我国构建以国内大循环为主体、国内国际双循环相互促进的新发展格局提供了强大支撑。

各类互联网模式创新有效推动复工复产。其中，各大在线教育平台面向学生群体推出各类免费直播课程，方便学生居家学习，用户规模迅速增长；受疫情影响，网民对在线医疗的需求量也不断增长。

网民人口红利呈现“城到乡”“东到西”迁移特征。网络扶贫行动向纵深发展取得实质性进展。

交流沟通类应用在青少年网民群体中的使用情况良好。使用率均高于网民总体水平。青少年网民商务交易类应用的使用率略高于网民总体水平，超过半数的大学生存在明显的媒介依赖。

2. 话语的传播方式呈现个性化、碎片化倾向

新媒体背景下，较之于以前被动地表达，我国高校大学生在话语表达上更加主动、活跃，在一定程度上掌握了传播的话语权。但在新媒体背景下，我国高校大学生更多的是对自我和周围事物的关注，话语传播呈现出更加个性化的倾向，在传播形式上呈现出无特定主题的倾向，更多表现为个人碎片化的表达。从研究情况看，我国高校大部分大学生通过新媒体传播的是抒发个人情感、个人围观以及娱乐八卦内容，同时也关注一些公共事件、社会议题和学校教学、管理方面的内容。这些都带有青年亚文化特有的个性化、碎片化特征。如，在关注议题上，个人情感、娱乐八卦的占比最高，分别为15%和14%，其次才是公共事件以及与教学、后勤等相关的议题。

3. 话语传播方式呈现视觉化、图像化倾向

新媒体背景下，我国高校大学生话语表达方式从语言文字构建为主导转向语言和视觉构建相融合，并越来越呈现出视觉化、图像化倾向。当前，信息数字化、可视化已经成为新媒体的典型表征，我国高校大学生的社会生活也呈现普遍的视觉性。在话语传播上，从抽象情感的符号化表达（如QQ表情、微信表情等），到书面语言的图像化表现（如多媒体呈现、文字艺术加工等），都反映出新媒体条件下我国高校大学生话语表达中的抽象概念具体化、语言图像化、过程即时化的语言构建特征。从研究情况看，我国高校大学生话语传播更加注重直观、故事化的表达，这也成为新媒体背景下话语传播的主流方式，图片、视频起到“有图有真相”的强化效果，故事化、联想、比喻、夸张又使话语传播更具诱惑力和吸引力。

4. 话语传播方式呈现议题化、领袖化倾向

从研究情况看，我国高校大学生在话语传播上容易出现由离散化向议题化方向发展的趋势，根据不同群体兴趣设置议题，并在同一议题下各抒己见，形成一个衍生的语义场。而在一定的条件下，特别是在社会热点、公众事件等的讨论中，一些人会逐步成为意见领袖，对整个事件的讨论产生重大

影响。而我国高校大学生也体现出乐于接受意见领袖观点的倾向。针对我国高校大学生的调研显示，我国高校大学生关注度最高的领域是“娱乐明星”，占比为61.4%。

5. 话语传播方式呈现即时化、互动化倾向

相较于传统媒体迟滞性传播、一对多的线性、单向度传播的模式而言，新媒体背景下，我国高校大学生话语传播方式呈现出了即时性、互动性的变化，通过即时通信工具（如微信、QQ等），可以随时、随地发表个人对事物、事件的观点和看法，同时，也可以实现一对一、一对多、多对一、多对多的网状传播，主体与主体之间可以实现零距离传播，任何个体都可以通过新媒体手段实现现场直播、接收、反馈，使得话语传播更加具有黏性和影响力。在被问及“当您看完一则有趣的新闻或事件后，最经常做的是什么”时，45.2%的人选择“发表情”或“发表评论”参与互动。

透过对在新媒体背景下我国高校大学生话语传播方式的探究，可以发现，我国高校大学生在自我认知、自主意识等方面均得到较大提高，展现出理性从容、自觉自信的精神状态。他们更倾向于接受易得、易懂、给人愉悦感的视觉内容，他们的形象思维更强，逻辑思维和思想的深刻性、辨别力和追问本质的能力的发展都受到影响。同时在开放的新媒体空间里，由于缺少自律意识和有效的制度制约，我国高校大学生容易受到负面信息的干扰，新媒体中的拜物主义、享乐主义、利己主义等不良思想容易让我国高校大学生困惑迷茫、误入歧途。同时，新媒体背景下，我国高校大学生的价值观念也呈现出多元化倾向。受现实生活和新媒体环境中各种思潮和价值观念的影响，特别是西方鼓吹的“民主化”“自由化”等思想的影响，我国高校大学生在价值多元、观念纷杂的复杂环境中受到的干扰和诱惑也更多，这给做好我国高校大学生工作提出了新的挑战。

二、话语传播方式变化给共青团工作带来的挑战

新媒体背景下，我国高校大学生话语传播方式的变化，也为在我国高校大学生中做好共青团的工作带来了新的挑战。

（一）新媒体背景下话语权给共青团的工作带来的挑战

不同于传统媒体由点到面的单中心、单向度的传播，新媒体是多中心、

离散式的传播，每个人都可以成为舆论的主体，既可以是信息的接受者和评论者，也可以是信息的制造者和传播者。传统媒体时代，话语权相对较为集中，共青团具有相对良好的掌控能力和统合能力。而新媒体背景下，话语传播的自主性、交互性、个体化的特点，取代了集约式的话语权，话语权分散至各个阶层，甚至分散到每个运用新媒体的个体。多中心、多源头的话语表达和传播，对共青团工作的话语权带来了前所未有的冲击。在人人都是发声者的背景下，如何适应这种话语权的分散，在有我国高校大学生的地方让共青团的声音成为引导学生成长的主流声音，成为摆在我们面前的一个重大课题。

（二）新媒体背景下公共空间的开放性给共青团的工作带来挑战

新媒体的开放型与互动性，让我国高校大学生有了一个超越时空的公共平台，并使个性的展示成为可能。同时，新媒体背景下，公共空间所具有的信息制造和传播的广泛性也向我国高校大学生传递着庞杂的信息，使得青少年面临各种不同的选择。而我国高校大学生也已经从传统媒体时代共青团工作的被动接受者，转变为具有强烈个体意识的主动表达者，这使传统的共青团的工作方式被打破，全过程组织学生、全过程引导学生、全方位服务学生在新媒体背景下成为可能，也成为挑战。

（三）新媒体背景下话语传播的即时性给共青团的工作带来挑战

新媒体背景下，话语传播呈现出速度快、范围广的特点，同时由于话语传播的过程是互动式的，我国高校大学生既是信息发送者也是接收者，同时在虚拟空间里每个主体都是平等的，双方都拥有平等的话语权，因而控制式或劝导式的话语传播方式已经滞后，传统的共青团的工作内容和方式往往难以与社会发展同步。我国高校大学生与共青团工作者在相同时间获得信息，有时比共青团工作者更先获取信息，因而产生了话语传播的不对称，造成共青团的工作语言滞后于新媒体发展，容易产生沟通不畅、效果不彰的结果。在新媒体时代，共青团工作的话语传播变革将成为一种必然。

（四）新媒体背景下话语内容的复杂性给共青团的工作带来挑战

新媒体背景下，话语传播更加多元化，信息的复杂性、共享性与开放性相互交织，对共青团的工作优化提出了新的要求。在注意引导我国高校大学生政治认同的同时，应注意避免与现实生活相脱节、与我国高校大学生生活实际相背离；在强调引导学生以知识为本的同时，不能背离对人的全面发展的终极关怀；在强调行为规范性的同时，不能忽视我国高校大学生的差异性和层次性，更不能忽视共青团丰富多彩和生动形象的工作方式。

（五）新媒体背景下技术的跃进给共青团的工作带来挑战

随着新媒体的发展和运用，传统的共青团的工作载体形式日显滞后和低效。由于新媒体所显示的信息渠道多、覆盖面广，使我国高校大学生和共青团的工作者在很大程度上处于同一个“信息平台”，大大降低了共青团工作的权威性和影响力。同时，由于新媒体所带来的载体样式的多样化，对载体选择的空间大大增加，单一的载体形式已显落伍，这就要求共青团的工作者共同形成全方位的工作合力。

三、对策建议

青年时期是学生世界观、人生观、价值观形成的重要时期，这一时期的话语传播影响着我国高校大学生的全面发展，具有意识形态的性质。受新媒体冲击，我国高校大学生的话语传播方式极具个体性、创造性、多变性和生活化，这就与以往共青团工作语言严肃、规范的特点鲜明对立，使共青团的工作语言与新媒体背景下的语言体系产生一定的差异。同时，原来共青团的工作作风和方法等主要依靠单向度、硬性灌输的传播方式，缺乏平等的对话与交流、互动与沟通，严重影响了共青团的工作成效。这就要求共青团的工作必须适应新媒体背景下我国高校大学生话语传播方式的改变，要改革创新、主动作为，牢牢掌握引领我国高校大学生的话语主动权。

构建新媒体背景下我国高校大学生共青团工作的话语权，在总体思路上，要坚持以党的十八大和十八届三中、四中、五中、六中全会精神，坚持以党的十九大和十九届一中、二中、三中、四中、五中全会精神为指导，围绕“一个中心”，即以服务引导我国高校大学生；突出“三个导向”，即问题导向、实践导向、实效导向；注重“两个支撑”，即组织支撑和新媒体技术支撑；推进“四大创新”，即内容创新、载体创新、语言创新、模式创新；实现共青团的工作语言体系与我国高校大学生话语体系无缝对接，把握话语传播主动权，真正发挥共青团组织青年的作用，推动实现共青团工作与新媒体的融合发展。在实现路径上，要以重点突破带动全面提升，以思维转变为前提，以内容生产为抓手，以载体应用为平台，以队伍建设为保障，提高在我国高校大学生开展共青团工作的实效性。要注重从以下几个方面下功夫。

（一）要在研究和运用新媒体背景下我国高校大学生话语传播规律上下功夫

共青团的工作具有政治性、客观性、层次性和综合性的属性，共青团的话语也包括话语主体、话语客体、话语目的、话语内容、话语环境等要素，是在社会主导意识形态的支配下，遵循一定的语言规范、规则和规律，并在特定的语境当中，与共青团的工作对象之间形成交往、宣传、灌输、学习的关系，是影响团的工作对象的思想观念、价值取向和行为表征的语言系统。

面对新媒体背景下我国高校大学生话语传播方式的特点，我们应该以开放包容的思维方式，接纳、研究新媒体给我国高校大学生话语传播方式带来的变化，深入研究新媒体为做好我国高校大学生共青团工作带来的新挑战、新问题；注重把握新媒体的发展现状和趋势，深入了解我国高校大学生对新媒体的认知和行为习惯，强化对新媒体特别是“互联网+”背景下共青团工作面临的挑战和机遇的研究，加快构建适应新媒体时代、符合我国高校大学生特点的话语体系，提高共青团的工作在我国高校大学生中的信任度和影响力。

（二）要探索我国高校“00后”大学生网络话语特点

要根据我国高校大学生身心成长规律和特点，精心采编、推送，用比较权威、精准、鲜活的内容，赢得我国高校大学生的信赖。同时，要善于运用新媒体的表达方式传播正能量，抢占新媒体背景下话语传播的主导权、话语权，避免共青团的声音被淹没；要推进与我国高校大学生沟通的新媒体平台建设，紧跟新媒体发展趋势，适应我国高校大学生阅读载体、阅读习惯的变化，通过创新栏目设置、内容采编、语言艺术、投放形式等方式，在高校传播新时代中国特色社会主义思想；要广泛吸引我国高校大学生，就要突出共青团的工作特色，开发不同的客户端，大力实施“网上共青团”工程，实现广大大学生与共青团网深度融合、与广大团员青年充分互动；要做到线上线下一体运行，打造垂直细分的微信公众号等，打造各具优势的媒体产品，在细分市场中形成错位开发的格局；要注重差异化、分众化，新媒体时代的受众往往更在意能否同传播者进行互动和双向传播。因此，应注意在不同媒介上进行差异化传播，特别是要注重增加互动内容，充分发挥新媒体的作用，推动媒介融合、优化战略布局，着力打造具有较强影响力的我国高校大学生共青团工作平台，塑造具有影响力的新媒体平台。

（三）在推动形成符合我国高校大学生特点的共青团工作的话语体系上下功夫

准确把握新媒体技术，形成内容的海量性、传递的快捷性、形式的多样性等特点，利用新媒体技术的优势对共青团宣传工作的话语优势进行延伸和拓展，弥补传统话语的局限和劣势；要了解、关注新媒体的发展变化，关注和研究新媒体发展动态，通过新媒体探寻社会发展潮流和前沿信息，更好地把握我国高校大学生的兴趣爱好和审美标准，并有针对性地提高共青团组织宣传的语言水平和话语运用能力，提高共青团组织的话语创新能力，创造出具有时代性、说服力的共青团话语体系；要自觉利用新媒体所带来的环境和传播优势，充分利用大学生喜爱的QQ、微博、微信等工具，实现与我国高校大学生多方位、多角度的探讨和交流，深入挖掘学生的真实思想动态和心理状况，增强话语的影响力；要注重营造平等、自由的对话环境，突出我国高校大学生的主体地位；要以学生为本，一切从学生的利益出发，激发学生的主体意识，坚持将正能量注入团的工作话语中，使话语真正贴近学生生活，符合学生实际，让学生听得懂、能接受。所谓“亲其师，信其道”，要增强话语的吸引力和感召力，以达到用习近平新时代中国特色社会主义思想武装当代大学生的目的。

（四）在打造适应新媒体发展需要的共青团工作队伍上下功夫

加强适应新媒体时代发展需要的共青团的队伍建设，着力造就一支既具有马克思主义理论水平和丰富实践经验，又具有全面的网络技术水平；既具有较高理论水平，又熟悉共青团工作规律的专业队伍。同时，要注重培养新媒体网络意见领袖，组织按照共青团工作建设的要求，通过议题设置、引导等形式，主动占领阵地，真正掌握新媒体背景下的话语主动权，用习近平新时代中国特色社会主义思想武装我国高校当代大学生！积极传播先进思想文化和精神文明理念，以正确的舆论引导人，更好地引导我国高校大学生成长，实现习近平新时代中国特色社会主义思想进教材、进课堂、进头脑、进科研、进读本。

第五章

习近平新时代中国特色社会主义思想“进科研”

习近平新时代中国特色社会主义思想“进科研”，围绕以习近平同志为核心的党中央治国理政的新理念、新思想、新战略等一系列重大理论和实践问题开展教学和科研，努力做到论证充分、以理服人，进一步坚定广大师生对中国特色社会主义的道路自信、理论自信、制度自信、文化自信。

第一节 “互联网+”条件下当代青年的马克思主义理论教育研究

一、选题依据

随着以互联网为代表的新兴媒体的广泛应用，当代青年的网络化生存已经成为新常态。李克强在十二届人大政府工作报告中首次提出“互联网+”行动计划，要求实施网络强国和国家大数据战略。在传统媒体与新兴媒体融合发展的历史境遇下，强化互联网思维，实施网络强国和国家大数据战略，贯彻落实“互联网+”行动计划，已经成为当前网络时代的必然选择。这一时代境遇使我国的马克思主义理论教育逐渐形成了网络空间与现实生活的两大场域，而且也为其传播模式和教育理念带来了良好的机遇和严峻的挑战。加强“互联网+”条件下当代青年的马克思主义理论教育，更好地发挥主流理论的主导作用，是当前思想政治工作的重大课题，有其现实的必要性和可能性。近年来，国内外学者们也对此进行了一定的探索研究，积累了一定的成果，其已有成果主要表现在以下几点：

一是对“互联网+”的相关论述。马化腾等业界专家认为，“互联网+”战略就是利用互联网的平台，利用信息通信技术，把互联网和包括传统行业在内的各行各业结合起来，在新的领域创造一种新的生态。

二是对“互联网+”条件下当代青年的马克思主义理论教育的机遇与挑战的相关论述。郭建宁、王永贵等学者在《发展21世纪中国的马克思主义》等专著中提出，面对着经济全球化、数字化、信息化、网络化，面对着多样化的社会思潮、多样化的价值判断、多样化的利益诉求，应当着力加强网络背景下的马克思主义理论教育研究。骆郁廷等学者在《关于马克思主义中国化、时代化、大众化的实现路径》等专著中提出，要高度重视和充分利用现代网络技术，推进理论教育载体创新，更好地实现马克思主义大众化。冯培、张晓丽等学者也提出，信息社会使受众注意力向世俗化生活层面耗散，电子媒介削弱了思想意识形态的权威地位，“网络型”接受模式改变了传播主体议程设置的单向性，因而必须善于利用电子、网络媒介等新的信息传播方式推进马克思主义的理论教育和马克思主义的大众化。艾四林、纪亚光、朱健、王军等学者也先后提出，互联网传播具有速度快、内容广、效果直观的特点，对马克思主义的传承非常有利，但同时网络也为马克思主义理论教育带来严峻挑战，要着力关注受众群体在接受心理、行为、习惯等方面的变化。

三是互联网时代促进马克思主义理论教育的相关对策论述。李慎明、陈锡喜、王永和、杨红星、赵瑞华等学者提出，要通过互联网这一先进的电子信息互换系统，扩大马克思主义传播范围和受众主体，增强其理论教育的即时性、有效性，在互联网时代打造具有鲜明中国风格的马克思主义话语体系。曾令辉、杨立英、韦吉锋、夏晓虹等学者在相关专著中先后就网络环境下如何创新网络思想政治教育的内容、手段、机制与组织方法等进行了深入研究。

四是国外的相关研究相对较少，尤其是直接相关的研究成果几乎很少见到。虽然一些国外学者如野村浩一、施拉姆等对毛泽东、邓小平、江泽民等中共领导人的研究相对较多，其中也曾涉及我国马克思主义理论教育，但总体上没有对“互联网+”条件下当代青年的马克思主义理论教育进行深入论述。不过，国外互联网技术相对发达，业界有关利用互联网技术和信息资源的专业性研究较多，这就为我们深入研究本课题提供了重要的理论参考。第一，世界主要国家普遍将全民意识形态教育作为国家网络战略的重要内容之一，美国国家标准与技术研究院、欧盟等相关机构都先后提出了国家网络安全教育计划，加强“互联网+”条件下当代青年的公民安全意识教育；第二，Dukel H. B 等学者认为，由于网络自身的特质，很大程度上使得受众在接受教育时会出现网络学习焦虑的症状，造成浅学习、获得知识碎片化等结果；第三，美国罗伯特·N. 巴格等学者提出，应当更加注重网络礼仪和规范教育研究，网络行为必须遵循诚实可靠、尊重知识产权、尊重他人隐私等一般伦理道德和职业行为规范，英国安德鲁·醒德威克等学者还就互联网和政治学的内在逻辑进行了一定的研究；第四，在利用互联网资源为政治发展服务方面，世界各国政党争相运用现代化信息技术加强和改进对外传播手段。政党顺应知识化、信息化、网络化的时代潮流，充分运用高科技手段及现代信息技术，利用先进信息平台和信息网络等手段，有效整合党的建设信息资源，从而增强党的建设效率性、参与性、民主性的必然趋势。

总体来看，上述成果为本课题研究搭建了一定的理论前提，但对“互联网+”条件下当代青年的马克思主义理论教育创新研究而言，特别是对从互联网多元文化冲突所形成的张力中如何创新马克思主义理论教育，构建我国有针对性、可操作性的马克思主义理论教育的创新路径而言，仍然存在着一定的学术拓展空间。

二、本课题的研究对象

本课题的研究对象为“互联网+”条件下当代青年的马克思主义理论教育。“互联网+”条件下当代青年的马克思主义理论教育面临着良好机遇与严峻挑战。E 时代信息传播速度快、容量大、方式多样，使思想政治教育内容体系受西方意识形态冲击进一步加深，思想政治教育者权威地位被逐渐削弱，思想政治教育环境越来越复杂。思想政治教育方法滞后于“E 化”潮流，使得受众的注意力向世俗化生活层面耗散，受众群体在接受心理、行为、习惯等方面发生了深刻的变化。如何顺应互联网发展大势，充分利用其特点和优势，推进马克思主义理论的教育理念、内容、手段、体制机制等全方位的创新，探索出"互联网+"条件下推动当代青年的马克思主义理论教育的一系列可行性的对策，走出一条教育的创新之路是该研究的目的，其理论和实际的应用价值也在于此。

三、本课题研究的相关概念相关概念与论域的界定

第一，"互联网+"的概念及内涵与外延。

第二，"互联网+"条件下当代青年的马克思主义理论教育的概念及内涵。

四、本课题研究的基本思路及创新之处

首先，通过分析相关文献，界定本课题研究的"互联网+"、马克思主义理论教育的基本概念及内涵层次，以及互联网信息传播的方式与特点。

其次，通过深入分析"互联网+"条件下当代青年的马克思主义理论教育面临的良好机遇和严峻挑战，为进一步探讨"互联网+"条件下当代青年马克思主义理论教育的基本原则和宏观策略奠定理论基础。

最后，结合现实情况和实践需求，从落脚于人的全面发展、提升人民大众的综合素质出发提出一些具有可行性、可操作性的"互联网+"条件下当代青年马克思主义理论教育的基本原则和宏观策略。

本研究的创新之处，第一，研究视角新。本研究是从"互联网+"条件下当代青年马克思主义理论教育的新平台上来进行马克思主义理论教育研究的，提出了互联网本质是内容而不是技术，媒介是信息的新思维的观点。第二，体系新。本研究首次从多个层面提出"互联网+"条件下当代青年马克思主义理论教育的理论框架，为进一步强化马克思主义理论教育提供了理论参考。第三，观点新。本研究提出打造"互联网+"条件下当代青年马克思主义理论教育的"全媒体"，进行"互联网+"条件下当代青年的马克思主义理论教育。顺应互联网发展大势，勇于创新、勇于变革，推进理念、内容、手段、体制机制等全方位创新，汲取传统马克思主义理论教育的经验融入"互联网+"条件下当代青年马克思主义理论教育的新体系，传播有温度的马克思主义，借助新型的网络媒介与工具，提高马克思主义信仰的引导力，使受教育者坚定"五个自信"，走出一条马克思主义理论教育的创新之

路。第四，方法新。在研究方法上，本课题的研究将对网络大面积的量化数据进行分析，所用的调查方法所使用的数据分析都是全新的。研究中运用学科交叉方法，并运用马克思主义接受论、马克思主义的精神交往论、E. 卡茨（Elihu Katz）提出的“使用与满足”理论等理论和社会心理学、文化学、语义学等学科知识，进行跨学科交叉融合研究，充分研究探索“互联网+”条件下当代青年马克思主义理论教育的新情况和新特点，寻找新路径。

五、“互联网+”条件下当代青年的信息传播方式与特点

（一）“互联网+”条件下当代青年的信息传播方式

（1）交互式传播；（2）跨时空传播；（3）多媒体传播；（4）虚拟性传播；（5）传播人员的广泛性。

（二）“互联网+”条件下当代青年的信息传播特点

（1）去中心化，“个人”成为信息传播系统的基本单位；（2）个人信息传播的全球化、分散化；（3）互联化与社交化；（4）瞬时化、失控化与模糊化。

六、“互联网+”条件下当代青年的马克思主义理论教育面临的挑战与机遇

（一）“互联网+”条件下当代青年的马克思主义理论教育面临的挑战

（1）网络文化渗透的挑战加大了马克思主义理论主旋律教育的接受难度。

（2）网络信息多元化和虚拟化的挑战增加了马克思主义理论教育的认同难度。

（3）网络媒介议程设置权利弱化的挑战增加了马克思主义理论教育的践行难度。

（4）西方文化霸权侵蚀和舆情的混乱化带来的马克思主义指导地位动摇的挑战，增加了引领当代青年人生价值导向的难度。

（5）网络环境下利益诉求表达的随机化挑战增加了马克思主义理论教育的实效性难度。

（6）高度重视互联网对当代青年马克思主义理论教育环境的影响。

（二）“互联网+”条件下当代青年的马克思主义理论教育面临的机遇

（1）开辟了马克思主义理论教育新空间、扩展了新平台，增强了马克思主义理论教育的广泛性。

（2）为及时了解当代青年的思想动态和心理状态提供了平台，增强了马克思主义理论教育的互动性、针对性。

（3）创新了马克思主义理论教育的方式方法，增强了马克思主义理论教育的实效性。

（4）为当代青年的马克思主义理论教育提供了更加丰富的教育手段和素材，增强了马克思主义理论教育的生动性。

七、“互联网+”条件下当代青年的马克思主义理论教育的基本原则

（一）“互联网+”条件下当代青年马克思主义理论教育创新原则

（1）坚持马克思主义在意识形态领域内的指导地位。

（2）坚持以马克思主义教育为体、互联网为用。

（3）坚持马克思主义理论教育的科学性与人文性相统一、真理性与价值性相统一、民族性和创新性相统一。

（4）坚持理论话题设置的超前性和话语体系的科学性。

（5）坚持马克思主义理论传播的大众化、通俗化，实现当代青年马克思主义理论教育的环境建设与网络信息技术手段运用的有机结合。

（二）充分利用“互联网+”传播“有温度”的马克思主义，在当代青年中实施马克思主义理论教育，增强当代青年的“四个自信”

（1）明确实现“中国梦”的正确征程，增强道路自信。

（2）指引实现“中国梦”的前进方向，增强理论自信。

（3）推动实现“中国梦”的根本保障，增强制度自信。

（4）确保实现“中国梦”的根基所在，增强文化自信。

用他们能够接受的方式宣传马克思主义意识形态，要从青年成长的角度研究马克思主义理论教育。一是要纠正“社会价值与当代青年个人价值对立起来，片面强调社会价值，忽视甚至否定个人价值的思想政治教育价值观”

的弊端。二是思想政治工作理念上要重视当代青年个人的内在需要，通过启发和调动人内在的积极性、主动性，将提高人的单一素质升格为提高人的全面素质，最终造就一大批独立自主的、富有创造性且生气勃勃的现代社会的优秀人才。三是思想政治工作应从纯粹促进社会发展的社会性功能，向着在满足社会发展要求前提下，促进个人全面健康发展的个体功能方面转化。

（三）充分吸收和借鉴中外马克思主义理论教育的历史经验

（1）“互联网+”条件下当代青年的马克思主义理论教育要有一以贯之的主线。

（2）“互联网+”条件下当代青年的马克思主义理论教育要形成完善的逻辑体系。

（3）“互联网+”条件下当代青年的马克思主义理论教育体系要与时俱进，注重理念创新。

（4）“互联网+”条件下当代青年的马克思主义理论教育要与文化生产消费相融合。

（5）“互联网+”条件下当代青年的马克思主义理论教育必须由单纯灌输向多方面渗透发展。

（6）“互联网+”条件下当代青年的马克思主义理论教育要回归马克思主义的基本立场。当代青年马克思主义教育要返璞归真，要回归马克思主义的人文关怀、马克思主义的批判精神和马克思主义的实践原则。而坚持马克思主义的实践原则，是增强马克思主义理论的教育力、生命力的关键。

八、“互联网+”条件下当代青年的马克思主义理论教育的基本策略

（一）构建“互联网+”条件下当代青年马克思主义理论教育的话语体系

（1）重塑“互联网+”条件下当代青年马克思主义理论教育的官方话语。

（2）规范“互联网+”条件下当代青年马克思主义理论教育的大众话语。

（3）应用“互联网+”优势建构面向“中国问题”的当代中国马克思主义。

（二）“互联网+”视域下马克思主义教育生活化

（1）马克思主义教育生活化话语体系的网络化构建。

（2）马克思主义教育生活化传播媒体的网络化构建。

（3）马克思主义教育生活化环境氛围的网络化构建。

（三）“互联网+”条件下打造当代青年马克思主义理论教育的“全媒体”

（1）利用专业网站、自媒体、慕课、微课、翻转课堂等资源平台传播马克思主义理论，打造“互联网+”条件下当代青年马克思主义理论教育的“全媒体”。

（2）坚持线上与线下相结合，运用网络聚合全面、即时实证、自主交互等全方位优势为马克思主义理论教育“全媒体”拓展更大空间。

（3）加强正确网络舆论引导，强化网络人才队伍建设，为马克思主义理论教育“全媒体”提供人才支撑。

（4）完善互联网相关立法，提升自主研发和科技创新能力，为马克思主义理论教育“全媒体”提供法律和安全保障。

（四）借鉴接受理论，开展“互联网+”条件下当代青年的马克思主义理论教育

（1）正确引导当代青年反映与择取马克思主义理论教育内容。

（2）利用马克思主义意识形态接受的因应性机理、马克思主义意识形态接受的感应性机理指导当代青年的马克思主义理论教育。

（3）运用当代青年的中心地位原理展示马克思主义理论教育的人本性。

（4）遵从当代青年的“自我需要”和加强马克思主义的“共享思想”的实践去引导当代青年接受马克思主义理论教育。

（5）遵循接受过程各环节依次递进原理，引导当代青年接受马克思主义理论教育。

（6）遵照当代青年的“期待视野”原理展示马克思主义理论教育魅力。

（7）遵循当代青年的“能动作用”“主体自为”的原理强化对当代青年的马克思主义理论教育的互动性。

（五）“互联网+”条件下当代青年的马克思主义理论教育的内在机制

（1）“互联网+”条件下当代青年马克思主义理论教育的内在生成机制。

（2）“互联网+”条件下当代青年马克思主义理论的传播机制。

（3）“互联网+”条件下当代青年马克思主义理论教育的认同践行机制。

（4）“互联网+”条件下当代青年马克思主义理论教育的制度保障机制。

九、“互联网+”条件下当代青年马克思主义理论教育重点难点

在受众注意力向世俗化生活层面耗散、我国网民的主体（当代青年）在接受心理、行为、习惯等方面发生变化，马克思主义意识形态的理论权威地位被削弱等现实境遇下，如何充分利用“互联网+”的特点和优势，在“互联网+”条件下将当代青年创新马克思主义理论教育的内容与方式，当代青年马克思主义理论教育的理念、内容、手段、体制机制等进行全方位创新，从而探索出一条“互联网+”条件下当代青年马克思主义理论教育的创新之路是当代青年马克思主义理论教育的重点和难点。

第二节　智慧旅游推动国家红色旅游创新发展促进红色基因传承研究

一、选题依据

习近平总书记在河南视察时强调：“我每次到革命老区考察调研，都去瞻仰革命历史纪念场所，就是要宣示中国共产党将始终高举红色的旗帜，坚定走中国特色社会主义道路，把先辈们开创的事业不断推向前进。”① “革命博物馆、纪念馆、党史馆、烈士陵园等是党和国家的红色基因库。要讲好党的故事、革命的故事、根据地的故事、英雄和烈士的故事，加强革命传统教育、爱国主义教育、青少年思想道德教育，把红色基因传承好，确保红色江

① 张晓松，朱基钗. 习近平在河南视察时强调　坚定信心　埋头苦干奋勇争先 谱写新时代中原更加出彩的绚丽篇章［EB/OL］. 新华网，2019-09-18.

山永不变色。”① “革命胜利从来不是天上掉下来的，不是别人拱手相让的，而是用流血牺牲换来的。鄂豫皖苏区28年浴血奋战，20万大别山儿女献出了宝贵生命，在册的烈士就达13万多，当时人口不足10万的新县就有5.5万人为革命而牺牲。河南也是英雄辈出的地方，杨靖宇、彭雪枫、吉鸿昌等都是出自河南的英雄烈士。要抓好党史、中华人民共和国史的学习，用好红色资源，增强党性教育实效，让广大党员、干部在接受红色教育中守初心、担使命，把革命先烈为之奋斗、为之牺牲的伟大事业奋力推向前进。”② 本课题的研究对学习中共党史将起到一定的作用。

将“智慧旅游推动河南省红色旅游创新”“‘5G+红色智慧旅游’的应用与发展”“红色景区的‘5G+智慧旅游’”“智慧旅游推动河南省红色旅游”作为搜索关键词，在中国知网上搜索不到任何相关文章，将“河南红色旅游”作为搜索关键词，在中国知网上搜索到50篇相关文章。国外没有见到与此有关的研究。现有研究观点主要如下：

第一，河南红色旅游资源丰富，但是开发保护方面存在着不足，应合理利用河南红色旅游资源，必须对河南红色旅游资源进行有效整合；突出特色，打造红色旅游品牌。（牛君仪，2014）河南新县是全国著名革命老区和将军县，红色旅游资源非常丰富。新县红色旅游资源开发存在设施建设不完善，旅游产品开发不到位，缺乏宣传营销等问题。（杨麒，2016；郭晓斌，2011）

第二，红色旅游不仅是促进旅游业发展和拓展社会经济发展空间的新的增长点，更是爱国主义思想教育和精神文明建设的重要组成部分。（吴翔，付邦道，2006）应以红色旅游带动乡村旅游发展。（杜涛，田建民，2016）

第三，河南红色旅游资源多样丰富。制定了河南红色旅游资源评价体系，并综合评价了河南红色旅游资源的吸引力。（魏艳，高雪梅，李保国，2015）

第四，河南日报等新闻媒体报道了河南省红旗渠利用“5G+”推动了红

---

① 张晓松，朱基钗. 习近平在河南视察时强调 坚定信心 埋头苦干奋勇争先 谱写新时代中原更加出彩的绚丽篇章［EB/OL］. 新华网，2019-09-18.

② 习近平. 用好红色资源，传承好红色基因 把红色江山世世代代传下去［J］. 求是，2021（10）：1-2.

旗渠红色旅游发展的案例。

第五，梁留科专家的智慧旅游研究团队的研究成果对于本研究具有非常重要的借鉴价值。

从当前河南红色智慧旅游的研究角度来看，在“5G+红色智慧旅游”推动河南红色旅游创新发展、促进红色基因传承方面的理论和实践方面的研究方面尚有较大的不足之处。

与已有的研究相比，本项目独到的学术价值和应用价值在于要在已有的研究成果的基础上，弥补在“5G+红色智慧旅游”推动河南省红色旅游创新发展促进红色基因传承方面的理论和实践方面的研究方面的不足之处，通过研究提出具有前瞻性、可行性的理论和实践的举措。

二、研究意义

第一，构建基于智慧旅游的、以红色旅游为主的全域旅游中红色基因传承的新模式，创新出一种基于智慧旅游的以河南红色旅游为主的全域旅游中传承红色基因的新模式，使当今以河南新县为代表的、以红色旅游为主的全域旅游中的红色基因传承历久弥新，同时科学评价其在传承方面的实际效果。

第二，有效识别以红色旅游为主的全域旅游中的红色基因传承中的难点及关键点，为河南以红色旅游为主的全域旅游中的红色基因传承发展问诊把脉。

第三，构建河南以红色旅游为主的全域旅游中红色基因传承的驱动机制，探索河南以红色旅游为主的全域旅游中红色基因传承的创新性发展的对策。

三、研究对象

本项目的研究对象就是智慧旅游推动河南省红色旅游创新发展促进红色基因传承。习近平总书记在谈到红色旅游时说：“发展红色旅游要把准方向，核心是进行红色教育、传承红色基因，让干部群众来到这里能接受红色精神洗礼。”① 底色是红色，核心是精神，具有特定的政治意义和文化蕴意。红色

① 红色旅游不可走偏［N］. 人民日报海外版，2018-03-19.

基因不会自动融入思想血脉，红色精神也不会自然化为崇高信念，需要“红色”与“旅游”有机融合，创新形式，创造亮点，既要有意义还要有意思，既要有内涵还要有“颜值”，真正让人们在红色景致中感受革命战争年代的意志品格，在沐浴红色文化中感悟新时代的奋斗精神。红色景区是中国人民的精神高地，红色旅游是重要的教育课堂，承载着赓续革命传统、激扬时代精神、增强文化自信、塑造社会主义核心价值观的使命，影响着一代又一代人。河南新县等一些地方就是我们接受红色精神洗礼进行红色基金传承的革命圣地！

2001 年，在河南诸多红色景区中，新县境内珍贵的红色景区被中宣部命名为“全国爱国主义教育示范基地”。2019 年 9 月 16 日，中共中央总书记、国家主席、中央军委主席习近平来到位于河南新县的鄂豫皖苏区首府烈士陵园和革命博物馆，缅怀革命先烈，告慰革命英灵。习近平在中华人民共和国成立 70 周年的特殊时间点，来到中共革命中有特殊含义的地点新县，是对“不忘初心、牢记使命”的诠释，是在向外界展现中国共产党人的“红色基因”、“正统”和“不忘本”。红色基因昭示着中华民族的文脉传承。红色基因具有鲜明的中国特色、中国风格和中国气派。深根固柢，“基础不牢，地动山摇”。红色基因代代传工程必须切实做好基础工作，只有如此才能把红色基因一代代地传承下去。对红色基因要深度挖掘保护，真正做好革命文物和革命文献档案史料、口述资料的调查征集和保护工作，加强对党史、军史、国史的研究，特别是要立足新时代，对红色基因进行更加系统、全面和深入的研究，切实把握红色基因的历史演进、内在逻辑、价值功能、发展规律等；要强化教育引导，构建科学体系。通过着力丰富完善传承红色基因的思想教育体系探索构建传承红色基因的实践养成体系，建立健全传承红色基因的制度保障体系。

四、总体框架

智慧旅游推动国家红色旅游创新发展促进红色基因传承框架图。

第三节　基于虚拟技术应用的红色基因融入我国高校思想政治理论课的路径研究

一、选题依据

在2016年G20杭州峰会开幕式上，习近平指出，以互联网为核心的新一轮科技和产业革命蓄势待发，人工智能、虚拟现实等新技术日新月异，虚拟经济与实体经济的结合，将给人们的生产方式和生活方式带来革命性变化。在2017年中国共产党与世界政党高层对话会上，习近平进一步强调人工智能的重要性。“今天互联网、大数据、云计算、量子卫星、人工智能迅猛发展，人类生活的关联前所未有。”① 习近平总书记亦非常重视红色基因的传承，提出传承红色基因不要忘了革命先烈，不要忘了党的初心和使命，不要忘了我们的革命理性、革命宗旨，不要忘了我们中央苏区、革命老区的父老乡亲们。贯彻落实习近平总书记的思想需要全社会行动起来，大学生是全媒体时代的受益者，是红色基因的传承者，高校有必要通过思想政治理论课对大学生进行引导。

二、本课题研究现状

（一）国外研究现状

从目前来看，国外对于传承红色基因的应用研究较少，类似的教学实际应用主要是基于学校、社会与家庭社区等多方的德育教育的研究。国外没有应用虚拟技术传承红色基因的相关研究。

（二）国内研究现状

国内基于应用虚拟技术的红色基因在高校思想政治理论课中的应用研究较少，主要是集中在传承红色基因的意义、现状、路径等方面。

从红色基因的理论研究和意义价值来讲，罗丽琳、蒲清平的《红色基因

① 易珏. 习近平眼中的人工智能［EB/OL］. 央广网，2018-05-17.

的思想政治理论课基因及其时代价值》把红色基因与中国梦想结合，认为中国梦的实现，必须要立足于传承红色基因。对于大学生来说，大学生是民族未来的希望，任何人都不能缺少的就是革命时期所留下来的红色基因。红色基因不仅是革命年代共产党人的理想信念，更是广大人民群众不懈奋斗的强大精神动力。因此，有必要将红色基因融入高校思想政治理论课，并不断探索融合方式，让大学生真正爱上红色基因、自觉学习红色基因，并用红色基因的精神内核指引自身行动。徐永健、李盼在《试论红色基因与大学生思想政治理论课的内在关联》一文中，挖掘了红色基因的爱国主义内核，他们认为传播红色基因能够最大限度地培养大学生的民族精神。红色基因促进了中华民族精神的形成，对当代大学生仍然有精神激励的作用，它能够不断增强民族凝聚力和民族自信心，增强大学生的“四个意识”“四个自信”，不断激发学生的学习潜力、奋斗精神。

从传承红色基因的现状来讲，王芬的《红色基因在高校思想政治理论课路径探析》一文中提到，一方面，在新媒体时代，高校的信息融合更为复杂，给红色基因的传播带来了非常大的挑战。另一方面，红色文化传播途径单一，受到了网络传播多样性的冲击。此外，一部分人把红色文化做得较为枯燥乏味，难以吸引学生的注意力。面对传播方式单一的现状，高校应该着手建立更加科学合理的红色基因相关评价反馈机制，只有将全媒体真正发挥到实处，才能真正发挥出掌握学生政治思想的效用。

在传承红色基因的路径研究方面，国内学者主要是从横向的教学方法进行思政教学方面的研究。范方红在《红色文化融入高校思想政治理论课的价值与路径》一文中认为，红色文化是社会主义文化传播中非常重要的一环。在新媒体时代下也必须采取新的路径并对其进行传承和创新。在学习生活中潜移默化地通过全媒体方式对学生教育升华，这也是高校思想政治理论课必须探索的实践路径。通过将红色基因融入政治理论课的实践环节，让大学生真正认识到传承红色基因的重要意义，提高文化自信心。王春霞在《论红色文化在大学生思想政治理论课中的功能定位及实现路径》一文中认为，在红色文化的研究中学生不应局限于大学课堂，还应该积极组织与红色文化相关的校园活动，主动成为红色基因传播的生力军，将对红色基因的学习和传播融入校园生活的各个方面，把红色基因的深层内核以舞台剧、歌曲、小品等形式表现出来，营造出全体学习红色基因的良好氛围。陈俊在《新媒体时代红色文化融入大学生思想政治理论课的途径探析》一文中认为，新媒体应充分利用自身优势，以网络平台为载体进行传播。当今，网络已经成为大学生学习的重要途径之一，红色基因的传播亦必须结合大学生喜欢的方式，唯有如此，才能使红色基因与思想政治理论课更大程度地融合。

从国内研究可以看出，学者们大多数对基于红色文化在高校思想政治理论课中的实践路径提出了很多方式方法，这对于我们今后的研究有很好的借鉴作用，但是基于虚拟技术和传承红色基因的研究相对较少，因此，我们需要从虚拟技术的特点以及虚拟技术对文化传播和应用的实际效果入手，对红色基因融入思想政治理论课的应用进行深入研究，进一步完善高校思想政治理论课教学工作。

（三）理论价值

有利于丰富思想政治理论课教学方法的理论研究。新时代，国家大力倡导文化建设，因为“红色基因”是中华民族精神的代表之一，所以发展“红色基因”是符合文化研究课题的。“红色基因”能够走进校园，特别是相关的研究理论逐渐丰富，这是一种极具挑战又兼备理论和现实意义的课题。

有利于大学生思想政治理论课素材的创新。在理论研究方面，“红色基因”融入校园文化建设，不仅进一步丰富了红色基因的理论和意义研究，也使红色基因蕴含的现实路径和社会价值得到进一步探讨，具体表现在对“红色基因”的形成原因、发展现实和路径提炼的研究。

（四）实践价值

传承红色基因促进用习近平新时代中国特色社会主义思想武装我国当代大学生的头脑，有利于高校学生树立正确的人生观、世界观、价值观，养成良好的思想道德素质。随着全媒体时代的到来和社会环境的日益开放，文化交流日益密切且更加频繁。大学生作为年青一代，是实现中华民族伟大复兴的中坚力量，个别学生受到不良文化和多种社会思潮的影响，否定社会、否定国家，严重阻碍了正确价值观念的养成。因此，将传承红色基因融入高校大学生思想政治理论课十分紧迫，这将坚定大学生的信念，培养大学生的爱国主义情操，有利于他们形成正确的思维模式和思维方法，为实现自身的全面发展提供正确的思维支撑。

应用虚拟技术传承红色基因与思想政治理论课的融合，能够有效推进马克思主义中国化的进程，促进我国当代大学生的精神文明建设，不断丰富我国当代大学生的精神文化生活，不断彰显出红色基因在教学中的实际价值。红色基因不仅代表着中国文化，也深深植根于高校广大大学生的心中，具有强大的生命力。因此，将虚拟技术用于高校思想政治理论课中红色基因的传承尤为必要。

三、本课题的研究对象、总体框架、重点难点、主要目标

（一）研究对象

本课题的研究对象是我国高校大学生的红色基因传承。

（二）总体框架

基于虚拟技术的红色基因融入高校思想政治理论课体系的总体框架。

（三）重点难点

关于虚拟技术应用于传播红色基因和高校思想政治理论课的内核关联的研究是本研究的重点也是难点。文化资源是固定的，但思想政治理论课的实践是随着时代的发展逐渐变化的。因此，在探究红色基因和高校思想理论课的融合方面，至今我国还没有基于虚拟技术的红色基因和大学生思想政治理论课融合的专著出版。这就需要从高校的实际传播途径和运用效果方面入手，进而探究基于虚拟技术的红色基因与思想政治理论课之间的内核关联，找到相关联的契合点。传承红色基因应与大学生关注的应用程序结合，如微信小程序、短视频平台、微博等，努力创新红色基因教育的内容。

（四）主要目标

本课题研究的主要目标是基于虚拟技术的红色基因融入高校思想政治理论课有效性的路径研究。

四、本课题研究的基本思路

本课题基于虚拟技术的我国思想政治理论课发展的现实背景，以红色基因的传承为载体，通过实地调研，分析虚拟技术应用于红色基因融入高校思想政治理论课的重要意义，明确其发展现状，深入剖析当前红色基因与高校

思想政治理论课融合过程中的优势和不足，最后结合调研结果探索基于虚拟技术的红色基因融入高校思想政治理论课的路径。

五、主要内容

本课题从基于虚拟技术的红色基因融入高校思想政治理论课的内涵及重要意义、存在的问题和路径探索方面进行研究。

（一）基于虚拟技术的红色基因融入高校思想政治理论课的内涵及重要意义

这一部分需要将虚拟技术及红色基因这两个新名词的内涵进行剖析，并阐明本课题的研究意义。研究意义拟从三个方面展开：有利于不断推进马克思主义中国化的历史进程；有利于让大学生明确中国革命、建设和改革的全过程；有利于帮助大学生树立正确的思想观念。

（二）基于虚拟技术的红色基因融入高校思想政治理论课存在的问题

这一部分需要通过收集资料和展开实地调研。目前，在此领域存在相关精品学术研究较少、虚拟技术的应用以及红色网站的建设、相关师资队伍缺乏对虚拟技术和红色基因的认识、高校缺乏应用虚拟技术用于传承红色基因行之有效的路径等问题，必须针对这些问题进行深入研究。

在针对高校教师应用虚拟技术的问题研究中，拟研究高校如何建立应用虚拟技术传承红色基因的红色资源库的问题。

在针对忽视红色网站建设的问题研究中，拟研究三个问题：高校红色网站建设流于形式，红色资源发布缺乏连续性和代表性，红色网站内容缺乏趣味性。

在针对相关师资队伍缺乏对红色基因认识的问题研究中，拟研究三个问题：部分教师缺乏对红色资源进行整体把握的技能，不能把红色资源与教学内容结合，不能将网络平台与传承红色基因结合。

在针对高校缺乏传承红色基因行之有效的路径的问题研究中，拟研究三个问题，即红色基因传承途径单一、未与红色基地联合、缺乏传承红色基因的平台。

（三）基于虚拟技术的红色基因融入高校思想政治理论课的路径探索

这一部分要针对当前存在的问题进行对策探究，拟研究四个方面的问题：政府应推动和鼓励高校将虚拟技术应用于高校的红色基因研究，加强高校红色网站建设；提高思想政治理论课教师队伍整体素质；各高校应结合本校实际，探索应用虚拟技术传承红色基因的有效路径，实现红色基因传承活动的多样化；加强与红色教育基地的结合。

在加强高校红色网站建设中，拟研究三个方面的问题：打造本校红色网站品牌，借助新媒体形式连载红色故事，建立健全红色网站反馈机制。

在提高思想政治理论课教师队伍整体素质中，拟研究三个方面的问题：加大对思想政治理论课教师红色文化的培训力度，有计划地安排思想政治理论课教师前往红色教育基地考察学习，鼓励思想政治理论课教师创新红色基因传承方式。

六、创新之处

习近平总书记在视察我国的革命老区时强调：“革命博物馆、纪念馆、党史馆、烈士陵园等是党和国家的红色基因库。要讲好党的故事、革命的故事、根据地的故事、英雄和烈士的故事，加强革命传统教育、爱国主义教育、青少年思想道德教育，把红色基因传承好，确保红色江山永不变色。”①

本研究的学术思想创新在于提出了应用虚拟技术将红色基因融入高校思想政治理论课程教育。基于虚拟技术的红色基因融入高校思想政治理论课的重要路径之一是红色旅游资源的充分应用，基于虚拟技术的红色基因融入高校思想政治理论课的路径研究的对策中，提出了利用5G智慧旅游推动当代我国高校大学生的红色旅游创新发展、促进红色基因传承的新思路。本研究利用虚拟技术创新红色基因融入高校思想政治理论课的路径，把5G应用于当代大学生的思想政治理论教育并创新我国高校的思想政治理论教育，利用5G创新思想政治理论教育课程的实践课程，通过虚拟技术应用于红色旅游促进我国当代青年大学生的红色基因传承。

---

① 习近平. 用好红色资源，传承好红色基因，把红色江山世世代代传下去［J］. 求是，2021（10）：4.

第四节 职业教育改革背景下办好高职高专思政课研究

一、选题依据

（一）国内相关研究动态

习近平总书记在全国教育工作大会上指出：“思想政治理论课是落实立德树人根本任务的关键课程。我们办中国特色社会主义教育，要开好思政课，用新时代中国特色社会主义思想铸魂育人，引导学生增强中国特色社会主义道路自信、理论自信、制度自信、文化自信。”① 总书记的系列重要论述，不仅明确了国家职业教育改革背景下高职院校思想政治理论课的历史地位，也指出了其肩负的历史使命。因此，办好新时代高职院校的思政课需要不忘初心、牢记使命，在立德树人的道路上继续前行，以理想信念教育为核心，推动高职院校的思政课改革创新，不断提升思政课对高职院校大学生的引领力。

当前学术界对高职院校的思政课建设的研究成果已有不少，通过对中国知网检索结果的统计，以“高职思政课”为主题的学术论文截至 2010 年 4 月共有 2708 篇，目前还没有找到以“职业教育改革背景下+思想政治教育”研究为题的相关学术论文、硕博论文和学术专著。由此可见，该领域的研究尚处于起步阶段。对目前学术界“高职思政课”的研究成果进行梳理，不难发现这些研究主要是从以下维度展开的：

1. 办好思政课的相关研究

第一，办好高职高专思政课的研究论文数量快速增长。第二，研究内容丰富全面。研究囊括了高职高专思政课所有的相关问题，既有关于教学政策、教学环境、教学现状的研究，也有关于教学理念、教学内容、教学方法、教学主客体、教学热点难点等问题的研究。主要可分为以下几类：一是关于教学背景的研究。主要是研究高职高专在怎样一种教学环境和教学条件

① 习近平. 思政课是落实立德树人根本任务的关键课程［J］. 求是，2020（17）：4.

下进行思政课教学。其中包括两部分：一部分是“大环境”，包括国家的教育政策和学校的人才培养方针；另一部分是“小环境”，包括不同行业、不同地域、不同类型高职高专思政课的教情和学情。二是关于教学内容的研究。主要是研究高职高专思政课的教学设计，教学模块设置，教材内容理解，教材体系向教学体系转化的策略，课堂教学的重点、难点、疑点，以及实践教学的内容设置等。三是关于教学模式的研究。主要是研究在一定的教学思想或教学理论的指导下建立起来的较为稳定的思政课教学活动的结构框架和教学规程，包括教学理念、教学原则、教学手段以及教学方法等多方面内容。四是关于教学评价的研究。主要是研究如何根据一定的评判标准对高职高专思政课的整个教学活动进行评估，它既包括针对教师教学效果的评价，又包括针对学生学习成绩的评价。从现有的研究成果来看，更多集中在针对学生学习状况和效果进行的评价。五是关于教学现状和提高教学实效性的研究。这类研究主要是从当下高职高专思政课教学的实际情况出发，找出影响教学实效性的原因，并提出提高教学实效性的方案和对策。六是关于教学改革与创新的研究。这两类研究属于综合性研究，一般情况下关于教学改革与创新的研究内容比较复杂，通常涉及以上五种类型的多个方面，故而把它另归为一类。第三，研究方法力求多样。学者研究高职高专思政课教学所使用的研究方法丰富多样，包括文献研究法、调查研究法、个案法、多学科交叉研究法、比较研究法等。实证性的研究方法也越来越多了。

2. 高职高专思政课研究的热点

第一，实践教学。相较于本科院校而言，高职高专学生的知识基础、思维习惯、兴趣爱好、学习模式等有明显不同的特点，这使得高职高专思政课的实践教学尤为重要。学者们积极研究如何将理论知识融入高职高专的各种实践活动中，让学生通过实践加深对知识的认识、理解、巩固和掌握，并使其内化为行动准则。

第二，教学实效性。在关于高职高专思政课实效性的研究中，不仅有对单纯的教学模式、教学方法的研究，还有关于高职教育政策、人才培养模式、教学背景等的研究，这说明对于高职高专思政课的实效性研究已经更注重与高职高专的办学特点相结合，更加具有针对性和适用性。一是侧重环境和政策影响教学实效性的研究；二是侧重教学实效性的整体性、策略性研究；三是侧重教学模式实效性的研究；四是教学实效性评价体系研究等。

第三，创新性。可以将对高职高专思政课创新性研究的内容分为以下几类：一是对高职高专思政课面临的新环境的研究。通过对各种新的教学环境及其特点进行描述，分析高职高专思政课教学在新环境下面临的新要求和新问题，进而提出相对应的解决措施。二是对高职高专思政课教学过程各环节的创新性研究。包括教学模式、教学方法、教学手段、教学评价。这类论文提出更加符合现代教学理念和当下教学环境的教学模式，通过运用现代化的教学手段以及符合高职高专学生性格特点和知识储备的教学方法来进行教学，此外，再加上新的教学评价体系，形成一个完整的与传统教学不同的教学过程。三是关于高职高专思想政治教育系统化的研究。高职高专的思想政治工作需要各方面的管理与支持，不仅是学校还有政府。各高职高专院校要给予本校思想政治理论教育工作必要的制度保障和经费支持，要建立完善合理的思想政治理论工作机制，不仅要将思想政治教育贯穿到课堂教学和社会实践中，而且要贯穿到校园文化中。与此同时，政府也要给予各高职高专院校大力支持。

已有研究的不足之处：第一，国家职业教育改革背景下有效运用新媒体教学平台与高职院校的思想政治教育的研究较少。尽管有一些文章涉及网络平台的运用，但往往只是作为一条对策稍加描述，并未系统研究如何运用网络平台进行教学。如何及时关注、追踪和研究这些生动丰富的新媒体教学实践？如何把实践中的经验进行提炼和宣传推广以使其实效性得到最大限度的发挥？如何总结实践中的不足和教训以避免它的负面影响？这些应该成为当前高职高专思政课研究中需要重视的问题，而且需要进行深入研究。第二，高职高专思政课创新性研究的新意不多。对思政课创新的环境、条件及有效途径的深度挖掘，对创新思政课的建设性、可操作性、个性化的方案的研究还非常不足。第三，比较性研究不足。一是关于本专科之间的思政课教学的比较研究不足。二是关于不同区域高职高专院校思政课教学的比较研究不足。三是关于不同行业高职高专院校思政课教学的比较研究不足。

（二）本课题相对于已有研究的独到学术价值和应用价值

高职院校思政课肩负着人才培养、科学研究、社会服务、文化传承创新等重大使命，是巩固马克思主义指导地位，发展社会主义意识形态的重要阵地。坚持正确的政治方向，是高职高专思政课的重大政治任务和战略工程。国家职业教育改革背景下要办好思政课，让中国特色社会主义理论进教材、进课堂、进头脑。

国家职业教育改革背景下高职院校思政课是落实立德树人根本任务的主渠道，在高职高专学校高素质技术技能型人才的培养中，通过办好高职高专的思想政治教育课程，彻底改变一些高职高专学生学习思想政治教育课程没有动力、没有兴趣，在思想政治教育的课堂上大面积玩手机、睡觉的现状，要用习近平新时代中国特色社会主义思想武装高职高专的每一位大学生，要坚持把立德树人作为根本任务，体现在思政课教育教学的方方面面。广大高职高专的教师要以德立身、以德立学、以德施教，把高职高专的学生培养成有责任意识的人，培养成勇担时代责任和历史使命的人，培养成兼具远大抱负和踏实作风的人，最终培养成德才兼备的大国工匠、全面发展的中国特色社会主义建设者和接班人。

国家职业教育改革背景下高职思政课是培养高素质技术技能型人才的主课程，教育的功能就是“育时代英才，促社会进步”。重视德育教育是高职教育的必然选择。思政课是高职院校人才培养的骨干课程、核心课程，对于促进学生发展具有不可替代的功能。

（三）本课题研究的独到价值和意义

本课题研究在国家职业教育改革背景下梳理我国高职思政课建设的历史沿革、时代背景、思想内涵、精神实质、理论逻辑，落脚于职业教育改革背景下办好高职高专思政课的实践路径。

二、研究内容

（一）本课题的研究对象

职业教育改革背景下办好高职高专思政课。

（二）本课题的总体框架

在国家职业教育改革背景下，坚持以习近平新时代中国特色社会主义思想为指导，把创新职业教育摆在教育改革创新和经济社会发展的更加突出的位置。牢固树立新发展理念，服务建设现代化经济体系和实现更高质量更充分的就业需要，对接科技发展趋势和市场需求，完善职业教育和培训体系，优化学校、专业布局，深化办学体制改革和育人机制改革，以促进就业和适应产业发展需求为导向，鼓励和支持社会各界特别是积极支持职业教育企业，着力培养高素质劳动者和技术技能人才。在这样的职业教育改革背景下，本课题研究的总体框架拟围绕习近平总书记关于思政课建设相关重要论述展开，深入探究职业教育改革背景下办好高职高专思政课的实践路径。

第一部分：国家职业教育改革背景下办好高职思政课的根本任务和价值意蕴。

习近平总书记强调：“办好思想政治理论课，最根本的是要全面贯彻党的教育方针，解决好培养什么人、怎样培养人、为谁培养人这个根本问题。”① 国家职业教育改革背景下，只有适应时代和社会发展新变化，不断推进思政课改革创新，推进理念思路、内容形式、方法手段创新，增强思想政治教育的时代感和实效性，凸显新时代办好思政课的极端重要性。本部分从理论层面、历史维度和现实向度三个方面全方位分析国家职业教育改革背景下办好高职高专思政课的本质功能，旨在揭示新时代办好高职高专思政课的价值意蕴。第一，理论之维：在国家职业教育改革背景下，办好高职高专思政课就是要加强马克思主义理论尤其是中国特色社会主义理论体系对课程的指导。第二，历史之维：在国家职业教育改革背景下，办好高职高专思政课是中国共产党的优良传统和经验总结。从中国共产党100年的实践探索和创新发展的历史看，重视思想政治教育是一贯要求。第三，现实之维：在国家职业教育改革背景下，办好高职高专思想政治理论课，就是要直面高职高专学生提出的各种现实问题，用马克思主义理论解疑释惑，用新时代中国特色社会主义思想铸魂育人。

第二部分：国家职业教育改革背景下在高职类型教育的框架内进行思想政治教育课程的建设。

“职教20条”提出“类型教育”这一概念，指出职业教育与普通教育是不同的教育类型，强调高等教育要进行分类发展，明确指出了高职教育的转型方向：“由参照普通教育办学模式向企业社会参与、专业特色鲜明的类型

① 习近平. 用新时代中国特色社会主义思想铸魂育人 贯彻党的教育方针落实立德树人根本任务［N］. 人民日报，2019-03-19.

教育转变”。这是在国家层面上对政策的一大认识创新，对我国高职教育中的思想政治教育有着重大的指导作用。职业教育是类型教育，要探索出符合这种教育模式的思想政治理论道路。

第一，在国家职业教育改革背景下，创造符合“产、教、创一体化”的思想政治教育的新模式。“职教 20 条”鼓励支持行业企业深度参与技术技能人才培养培训，进一步强调，要促进产教融合、校企“双元”的育人模式，推进知行合一、工学结合的做法。思政课是落实立德树人根本任务的关键课程，我们要探索出与生产经营、教育教学、创新创业三者高度融合的“产、教、创一体化”育人模式相适应的高职院校思想政治教育的新途径。

第二，高职院校的思想政治理论课程的教学体系和课程结构也要根据国家职业教育改革背景下“工学结合”后的教育培养模式的改变而调整，在内容上要贴近社会、贴近企业、贴近学生。思想政治理论课的教学内容必须与企业的管理要求相适应，使学生按照社会和企业的要求进行自我调整、自我教育、自我完善，做到知行统一，以此来培育新时代的大国工匠。国家职业教育改革背景下、“工学结合”人才培养模式下的高校思想政治教育的改善措施：一是根据学生的实践活动合理设计课程大纲。帮助学生建立正确的人生观、价值观、就业观，使学生具有执行党的基本路线及基本纲领、为社会主义现代化建设贡献自己一份力量的觉悟。二是改进思想政治课程的评价模式。三是建设双师型教师队伍，选拔学生党员发展梯队。四是创新思想政治教育载体。不断探索和创新思政教育教学新模式，以崭新的形式激发学生的学习兴趣。以“互联网+”为改革契机，利用互联网技术和理念构建新型的学生思政教育团体，重新整合学生团体，搭建师生交流平台。编写的辅导读本要避免思想政治理论教学的枯燥乏味，要融入教学的趣味性元素，既保证理论知识的准确到位，又增加教学实践的活泼灵动，使高职的思想政治教育具有较强的针对性、可读性、可操作性，做好校园和企业思想政治教育的衔接工作，让高职学生更好地实现自身价值，为企业服务，为社会贡献力量。

第三部分：国家职业教育改革背景下充分发挥高职院校思想政治教育引领力的实践路径。

第一，在国家职业教育改革背景下，开好高职院校的思政课，牢牢把握高职院校的意识形态领域领导权；第二，以中国特色社会主义教育为核心内容，始终掌控高职院校的思政课教学主阵地；第三，以“六个要”为参照标准，提高高职院校思政课教师的综合素质；第四，以“八个统一”为科学原则，在守正创新中讲好高职院校的思政课；第五，协同创新高职院校的课程和教材建设体系，打造高“抬头率”的高职院校思政“金课”；第六，探索高职院校的思政课实践教学新载体，增强教学的亲和力和感染力；第七，强化党对高职院校思政课的领导，构建高职院校党政齐抓共管的工作格局；第八，凝聚高职院校课程思政的育人合力，推进“思政课程”与“课程思政”同向同行，让高职院校的所有课程与思政课同向同行。

（三）本课题研究的重点和难点

1. 研究重点

（1）国家职业教育改革背景下如何办好高职思政课。

（2）结合高职院校的实际，探究在国家职业教育改革背景下高职院校增强高校思政课引领力的实践路径。

2. 研究难点

（1）研究目标的复杂性。既要保证理论深度和学术影响力，又要力图构建具有可操作性的高职院校思想政治教育的体制机制和现实路径，突出课题研究的实效性。

（2）研究对象的复杂性。高职教育是我国高等教育的重要组成部分，高职学生对中国特色社会主义理论接受的复杂性为研究工作的针对性、精准性带来挑战。

（四）本课题研究的主要目标

系统梳理在国家职业教育改革背景下办好思政课的问题和对策；探究在国家职业教育改革的背景下用习近平中国特色社会主义思想武装我国高职大学生的过程的理论逻辑、现实逻辑和实践路径，为新时代办好高职思政课提供参考。

三、思路方法

（一）研究思路

本课题立足《国家职业教育改革实施方案》及新时代中国特色社会主义

的历史背景和伟大实践，遵循“立足高职思想政治教育的实践——在高职教育的理论上进行升华——以高职思想政治教育的问题作为导向——进行高职院校思想政治教育机制的构建——联系高职院校思想政治教育的实际”的研究路径，坚持“理论和实践”相结合、“历史考察和逻辑分析”相统一的基本原则。在查阅有关文献的基础上，明晰在国家职业教育改革背景下办好高职院校思政课的历史经验、基本内涵和时代价值，梳理“高职高专思想政治教育”的历史和生成逻辑；以深入考察和分析目前高职高专思政课建设存在的突出问题为前提，提出新时代高职高专思政课建设面临的机遇与挑战；在高职高专院校思想政治教育的理论与实际的结合点上构建系统、开放、动态的思政课。

职业教育改革背景下高职院校开设思想政治理论课的研究路线如图 5-1 所示。

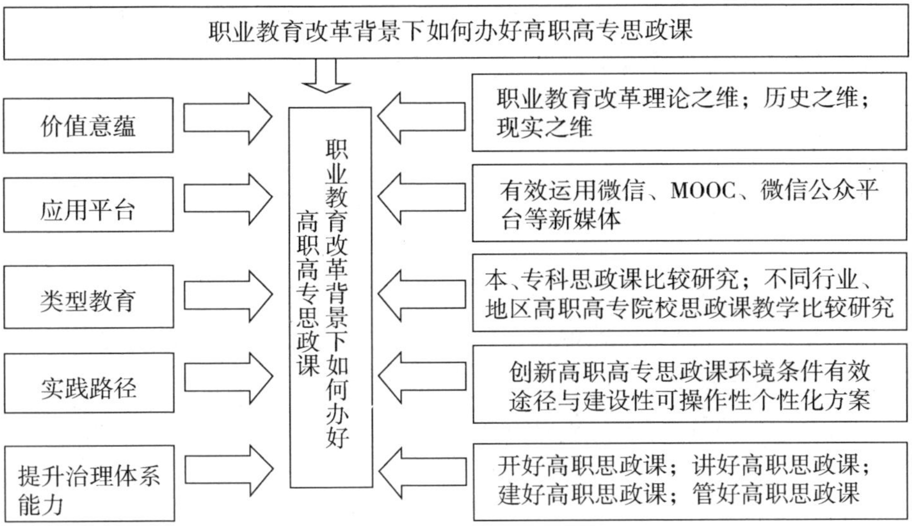

图 5-1 职业教育改革背景下高职院校开设思想政治理论课的研究路线

(二) 研究意义

1. 职业教育改革背景下高职院校开设思想政治理论课的重要意义研究

(1) 为中国特色社会主义建设提供理论支持和人才储备。

（2）促进大学生思想政治教育的科学性和有效性。

（3）使中国特色社会主义高等教育学科体系更加科学。

2. 职业教育改革背景下高职院校思政课的其他研究

职业教育改革背景下高职院校思政课课程体系演化的现实意义、课程体系的内涵、思政课发展趋势及课程体系的特点、课程教学的特点等问题的研究。

3. 高职院校提高思政课实效性的重要意义

（1）促进先进教学方法的探讨；（2）有利于形成优秀的教学团队；（3）丰富了教学资源和教学内容。

（三）职业教育改革背景下当前高职院校思政课实效性现状及其影响因素的分析

（1）课堂教学、实践教学、考核体系的现状研究。

（2）职业教育改革背景下当前影响高职院校思想政治理论课实效性的主要因素分析：教育观念相对落后、方法比较僵化、师资力量相对薄弱、学习氛围比较平淡、一些学生的学风不好、高职院校的社会环境比较复杂、思政科研经费相对不足。

（四）职业教育改革背景下增强高职院校思想政治理论课实效性的途径探索

教学过程中做到：理论知识体系与当下热点问题相结合；社会价值构建与个人现实诉求相结合；思想政治实践与专业技术实训相结合；社会集体活动与个人全面发展相结合；改革思政课考核体系。

保障条件途径的探索：拓展师资队伍建设途径；加快思政理论课实践教学基地开发；增加专项经费投入力度。

四、创新之处

（一）学术思想新

突出系统性、整体性思维，深入研究中国共产党思政课建设的重要论述，总结提炼其中蕴含的思想内容、现实逻辑、理论逻辑、核心要义，揭示其重大理论价值、重要地位和原创性贡献；坚持问题导向、目标导向，从职业教育改革背景下如何办好高职高专思政课的现实视角，深入研究办好高职高专思政课面临的现实问题，探索办好高职高专思政课的落实机制。

（二）学术观点新

坚持理论创新，拟在梳理职业教育改革背景下办好高职高专思政课价值意蕴的基础上，紧紧结合新时代办好高职高专思政课面临的重大问题，在理论和实践、继承与创新的结合点上，就办好高职高专思政课必须坚持的主要任务、基本原则、重点难点、驱动机制、协同机制、方法载体、实践路径等提出一系列新的重要观点。

（三）研究视角新

在职业教育改革背景下，聚焦办好高职高专思政课的理论来源、现实基础、思想价值、实践要求等问题。这些问题都是学术界和高职高专院校研究较为薄弱但又非常重要的领域，体现了研究视角的创新。

第五节　新发展理念中“绿色发展”与“共享发展”研究

党的十九届五中全会向全党和全国人民提出了我们要使我国的“社会文明程度得到新提高、生态文明建设实现新进步”① 的新要求。党的十九大报告强调，“坚持人与自然和谐共生”“形成绿色发展方式和生活方式”②。深刻理解新时代绿色发展的科学内涵、价值意蕴和实现路径，对于贯彻落实绿色发展理念，实现人民共享改革开放的发展成果而言具有重要的理论和实践意义。

中共中央“十三五规划”建议指出：“共享是中国特色社会主义的本质要求。必须坚持发展为了人民、发展依靠人民、发展成果由人民共享。”③

---

① 中国共产党第十九届中央委员会. 中国共产党第十九届中央委员会第五次全体会议公报［N］. 人民日报，2020-10-30.

② 习近平. 决胜全面建成小康社会 夺取新时代中国特色社会主义伟大胜利——在中国共产党第十九次全国代表大会上的报告［N］. 人民日报，2017-10-28.

③ 中国共产党第十九届中央委员会. 中共中央关于制定国民经济和社会发展第十三个五年规划的建议［N］. 光明日报，2015-11-04.

这一概述集中体现了共享发展理念的价值取向，契合了马克思主义理论的价值追求。从伦理学视角来看，共享发展具有丰富的伦理意蕴。而随着共享实践方式的多样化和深化，共享发展所蕴含的内在生态性正在释放，成为工业文明向生态文明迈进的重要实践方式，遵循了新时代中国特色社会主义生态文明建设的要旨，展现出典型的生态特征。因而从生态伦理视角对共享发展进行解读，不仅能够丰富其伦理意涵，凸显其出场的生态必然性，而且能为其践行提供有力的生态伦理支持。

第一，共享发展彰显了新时代“以人为本”的生态人文关怀。

共享发展从本质上看，是人类社会向生态文明迈进过程中的一种发展模式选择。在共享发展成为普遍共识以前，人类社会所遵循的是一种建立在传统工业文明基础上的发展模式，这种发展模式遵循的价值取向是“人类中心主义”。“人类中心主义”作为一种发展价值尺度，它的核心主张有三个层面：一是在人与自然的存在关系层面，主张拥有能动意识的人类占绝对主体地位，而自然只能处于客体地位，从而忽视了人与自然的对象性统一，也就忽视了自然的反作用；二是在人与自然的发展关系层面，主张人类发展利益至上，将人类的利益需要作为发展原点和评价的唯一依据，从而忽视了人与自然的整体性；三是在人与自然的价值关系层面，其主张人具有绝对的价值，而其他存在物只是手段。因而任何时候说到价值都是以人的尺度为评价标准，导致人的欲望失去了自然的限制，从而一味向自然索取，破坏了自然生态的内部平衡，出现人与自然冲突的生态伦理危机。并且由于以单一的人的绝对利益为价值尺度向自然进行无节制索取，必然会激发人的物质欲望肆意膨胀，沉浸在对物的追求中，对物产生依赖性，最终只能沦为理性的工具，造成人与自然、人与社会的关系发生异化。

这种缺失人性关怀的发展模式使人们开始反思发展的合理性问题。习近平在中国特色社会主义新时代倡导共享发展理念，科学回答“为谁发展？如何发展？”的世纪之问，即“发展为了人民、发展了依靠人民、发展成果由人民共享”，体现了“人民立场”基础上的“以人为本”的最高价值取向。这在本质上追求的是人、社会、自然之间关系的整体和谐发展。这种发展有效地化解了现代性的生态危机，将人从对自然物质的欲望中解脱出来，凸显出了自己发展的合理价值，彰显了“以人为本”的生态人文关怀，具体表现在以下层面：

首先，对人与自然异化关系的关怀。马克思主义认为人首先是自然存在物，而“随着人类劳动和分工的产生，人逐渐从自身出发认识外界事物”①。也就是说，劳动和分工的出现使人类开始能动地认识和改造自然，目的是为自身创造更好的生存和发展条件。但是，在传统“人类中心主义”发展理念的驱使下，人类将自然置于绝对客体的地位，忽视了自然的内在力量。于是在过去相当长的时期内，以物质财富的绝对增长为动力，以科学的暴力手段征服自然的传统发展模式，严重破坏了人类赖以生存的自然基础，使人类改造自然以获取更好的生存的力量转化为毁害人类自身的破坏力量。由此产生一种异化关系，即人们在尝试绝对征服自然的同时，往往不知不觉地变成了被自然征服的对象，人与自然的关系出现异化。新时代共享发展理念的出场，使人类发展的目的回归到促进人类更好的生存和发展的本原上，使人类对自然的改造活动成为促进人和自然共同发展的活动。一是共享发展倡导资源共享，把从大自然获取的物质资料循环利用，提高了资源的利用效率，减少了资源获取的频率，延长了自然内部休养生息的周期，使人们一方面获得了生活所需的物质资料，另一方面保护了自然生态。二是共享发展倡导生态共享，不仅是代内的共享，还是代际共享，兼顾了人的发展和自然资源利用的关系，是一种永续发展的方式。因而，从伦理视角来看，共享发展既尊重了人的发展权利，又兼顾了自然生态的平衡，化解了人与自然的异化关系，体现了浓厚的生态人文关怀。

其次，对人与人的社会关系异化的关怀。生态伦理崇高的人文价值追求不仅重视人与自然的和谐关系，而且还强调解放人与人的社会关系。人是自然存在物和社会存在物的辩证统一，因而具有自然属性和社会属性。其中自然属性是人存在的前提，社会属性则体现着人的本质，正如马克思在《关于费尔巴哈的提纲》中所言：“人的本质不是单个人所固有的抽象物，在其现实性上，它是一切社会关系的总和。”② 既然人的本质是社会关系的总和，要实现人、社会、自然关系的和谐统一，最根本的就是要处理好人与人的社

① 项文雨. 思想政治教育主客体关系的马克思主义连辑［J］. 教学与研究，2017（07）：60-68.

② 马克思，恩格斯. 马克思恩格斯文集第1卷［M］. 北京：人民出版社，2009：501.

会关系。在一个人与人利益严重对立和冲突的社会中，无法设想人与自然的关系会处于“田园牧歌”式的和谐状态，因为在既有的历史条件和关系范围之内“各个人的出发点总是他们自己”①。故只有实现人与人的社会关系和谐发展，才能使人从理性工具中解放，回归人的本性，从而在改造自然的活动中实现自己，促进人与自然的和谐相处。要实现这个价值目标，就需要变革传统生产方式下异化的社会关系，使人与人的关系从异化状态过渡到人自由而全面发展的共同体状态中去。共享发展理念的出场，正好承担了这样一种角色，它旨在构建一种新的社会关系，为传统模式仍未退场而共产主义尚未到来的中国特色社会主义新时代阶段提供一种过渡性的发展方案。从新时代人与人之间的关系出发，共享发展带来了以下变化：使市场经济条件下人与人之间的收入差距趋于平衡；网络共享使人的生活更加自由、平等；供需共享满足不同消费者的多样化需求；人人尽力、人人共享使人与人构建一种协同奋进的关系。这些变化使传统发展模式下人与人异化的社会关系开始回归正途，从而使人从对物的依赖中解放出来，开始正视自身存在的价值，推动人与社会、自然的统一，体现了一种生态人文意味。

第二，共享发展契合了新时代“人与自然和谐共生”的美丽中国建设。

共享发展作为新时代的主流发展理念，契合了新时代“人与自然和谐共生”的美丽中国建设，具有浓厚的生态伦理意蕴。“美丽中国”凸显了当代中国生态文明建设的实质和本质特征，科学回答了“建设什么样的生态中国，怎么样建设生态中国”② 这一生态价值性问题。共享发展从本质上来看，是与“美丽中国”具有内在生态一致性的新时代中国生态文明建设的具体践行理念，其所倡导的发展方向契合了“既要金山银山，又要绿水青山”的美丽中国建设发展方向，促进了人与自然和谐发展，具有典型的生态伦理特征。

首先，契合了“既要金山银山，又要绿水青山”的生态发展方向。“绿水青山就是金山银山”是习近平生态辩证法的集中论述，是美丽中国建设必须要遵循的生态方法论。其将传统工业文明时期不可调和的“绿水青山”和“金山银山”辩证统一起来，让两者在同一个矛盾系统的内部运动中共促发

---

① 马克思，恩格斯．马克思恩格斯文集：第1卷［M］．北京：人民出版社，2009：571.
② 孙欢，廖小平．国家治理的生态伦理意蕴［J］．伦理学研究，2017（05）：88-94.

展，解决了新时代中国现代化建设进程中经济发展与生态保护的矛盾问题。在以往的发展模式中，几乎所有国家遵循的都是“先经济，后环境”，“先污染，后治理”的不可持续之路，造成了全球范围内普遍性的生态危机。自党的十八大以来，习近平倡导“绿色、共享”的新发展理念，契合了“既要金山银山，又要绿水青山”的生态发展之路。绿色发展很明显就是一条生态发展途径，那么“共享发展”如何体现自己的生态发展价值呢？一是共享发展所倡导的共享生活理念符合生态经济发展的价值定位。共享生活其中一个层面的意思就是共同利用手中的生活资源以享受更美好的生活。如共享出行、共享空间等提高了生活资源的循环利用，减少了不必要的资源浪费，从而也就减少了向大自然的物质索取，是一种生态的经济生活发展方式。二是共享发展所倡导的共享经济实质上是“占有权”和“使用权”分离。“租用而无权占有”促使了资源的高效利用，符合生态经济发展思想。三是共享发展倡导共建共享就要先集中资源将事情办好再共同分享，集中资源促进事情的快速达成，减少了资源分散的不必要浪费，也就体现了共享发展的生态一面。

其次，促进了人与自然的和谐共生。人与自然和谐共生是新时代美丽中国建设的价值取向，符合生态伦理的价值追求。马克思主义认为：“人与自然界的关系在本质上是对象性关系，人对于自然界是能动性与受动性的统一。人类能够认识和改造自然……自然界也可反作用于人。”① 这表明人与自然具有内在统一性，人和自然是相互促进、相互制约的关系。人通过能动的实践可以认识和改造自然，自然也通过自身的力量制约或促进人的发展，任何一方都不要妄想也不可能完全占有另一方，因此，两者只有和谐相处才能共同进步。于是习近平倡导共享发展，为新时代美丽中国建设指明了一条新道路。一是共享发展借助互联网平台对社会闲置资源进行配置，大大激活了社会闲散资源的活力，使自然资源能够得到充分利用。二是共享发展倡导的生活理念促使人们向着低碳、循环和共享方向发展，是一种生态发展方式。三是共享发展倡导生态共享，而生态共享本身就蕴含着人与自然和谐共生的意味。

最后，共享发展调节了人类社会物质需求与自然供给之间的供需平衡，

---

① 杨光华，张志永．自然辩证法导论［M］．南昌：江西人民出版社，2002：80.

延长了人类向自然获取新的生产资料的周期，使人类社会发展需求与自然的供给处于一个可控的平衡状态，使人与自然形成一种和谐共生的态势。

第三，共享发展遵循了新时代可持续发展的生态伦理要旨。

共享发展实践方式的多样化和不断深化，使其所蕴含的内在生态性不断释放，成为工业文明向生态文明迈进的重要实践途径，遵循了新时代可持续发展的生态伦理要旨。从实践内涵上来看，共享发展包含“全民共享、全面共享、共建共享、渐进共享”① 四个方面。其中“全民共享”是价值目标，“全面共享”是共享内容，“共建共享”是实现途径，“渐进共享”是基本遵循。从新时代可持续发展的原则来看，共享发展的实践内涵集中体现了可持续发展的生态伦理要旨，释放出浓厚的生态意味。

首先，全民共享遵循了可持续发展的公平伦理原则。在中国特色社会主义语境下，全民共享就是全体人民都能从发展中普遍受益。当前我国经济社会发展水平呈现出东部—中部—西部依次降低的局面，对应的生态领域也呈现出这样的分布。共享发展就是要改变这种局面，由东部带动西部，发达地区帮助欠发达地区，让广大中西部地区人民也能享受到绿水、青山、蓝天、白云与人的活动相得益彰的生态人居环境。而代际共享要解决的是自然资源尤其是不可再生资源的共享问题。这就要求我们要在资源节约、资源利用效率和可再生新能源开发方面下功夫，不仅为当代人创造一个“既有金山银山，又有绿水青山”的生态社会，还要为后代的发展创造一个有着良好生态基础的社会。因而，共享发展兼顾了代际和地区之间的发展平衡，给予了欠发达地区和子孙后代平等的生态发展权，遵循了可持续发展的公正伦理原则。

其次，全面共享遵循了可持续发展的协调伦理原则。从社会主义发展和人的需求维度来看，共享是全面的共享，涉及中国现代化建设的方方面面，也就是经济、政治、文化、社会、生态“五位一体”的共享。因而全面共享的协调性表现在两个层面，即发展层面和共享层面。在发展层面，要求我们统筹推进经济、政治、文化、社会和生态建设，使各个领域实现全面共进的协调发展。在这个过程中，“要把生态文明建设放在突出地位，融入经济建

① 马占魁，孙存良. 准确理解和把握共享发展理念的深刻内涵［N］. 光明日报，2016-06-19.

设、政治建设、文化建设、社会建设各方面和全过程”①，形成“生产发展生态良好”的可持续发展局面，实现中华民族永续发展。在共享层面，要使人民共享全面发展带来的成果，要将人民的全面发展诉求作为工作的着力点，积极解决涉及广大人民群众切身利益的问题，如教育、住房、就业、养老、医疗居住环境等问题。这就需要政府发挥宏观调控的职能，统筹协调各个地区的发展状况，使每个地区的人民都可全面地享受到中国特色社会主义发展的成果。因此，从全面发展和全面共享两个层面来看，共享发展协调了发展领域、地区及不同阶层之间的利益，使各方的利益在共享发展中趋于公平，遵循了可持续发展的协调伦理原则。

再次，共建共享遵循了可持续发展的共同伦理原则。历史唯物主义认为，人民群众是历史的创造者，是社会变革的决定力量，唯有全国各族人民齐心协力共同奋斗才能实现人人共享的目标。中国是一个多民族的人口大国，虽然各个民族的文化有所差异，不同个体的利益诉求有所区别，但都具有同一个梦想，即实现中华民族伟大复兴的中国梦。从共建维度来看，共享发展超越了各民族文化与历史的障碍来看待现代社会的发展问题，从全体人民共同生存的利益出发，来认识我们所处的自然与社会、人的整体性和相互依存性。它所解决的问题是关系到全国人民的共同利益的问题，所要达到的目标是全国人民的共同目标，用的方法就是全民共同建设。从共享维度来看，虽然各个地区发展情况不同，实现共享发展的具体模式也不可能是唯一的，但是无论东部、中部还是西部，不管发达地区还是欠发达地区，实现的目标、努力的方向是共同的，即通过共享逐步实现共同富裕，不仅经济富裕，而且政治、文化、社会、生态共同富裕。因而，共享发展体现了可持续发展的共同伦理原则，只有全国各族人民共同努力，才能实现可持续发展的生态文明建设目标，从而将人类发展的局部利益与自然的整体利益有机结合起来。

最后，渐进共享遵循了可持续发展的持续伦理原则。工业文明进程中产生的生态危机告诉我们，“党的十八大以来，以习近平同志为核心的党中央

① 胡锦涛. 坚定不移沿着中国特色社会主义道路前进 为全面建成小康社会而奋斗——在中国共产党第十八次全国代表大会上的报告［N］. 人民日报，2012-11-18.

高度重视生态文明建设，提出了一系列新理念新思想新战略，深刻回答了什么是生态文明、为什么建设生态文明、怎样建设生态文明的重大理论和实践问题，形成了习近平生态文明思想，推动我国生态环境保护发生了历史性、转折性、全局性变化”①。可持续发展倡导的价值理念包含“需要”和“制约”两重因素，即发展中蕴含着制约因素，在满足发展需要的同时必须有制约因素来控制无序发展，而主要的制约因素为人类赖以生存的最基本的物质基础和载体——自然资源与环境。这就要求我们必须要处理好人类及其社会的发展与自然资源、眼前环境和未来人类发展需要之间的关系。共享发展采取渐进发展的基本发展模式，即从低级到高级、从不均衡到均衡的渐进发展，遵循了可持续发展的持续伦理原则。一是渐进共享是一种循序渐进的方式，这本来就符合大自然由低级到高级的发展规律，是一种合规律的生态发展进程。二是渐进共享是一个不断解决我国发展不平衡、不协调、不可持续等问题的过程，在这个发展过程中逐步过渡到可持续发展的生态发展方式，因而也就具有了生态持续性。三是渐进共享可以及时调整人类社会发展与资源环境的承载能力之间的关系，从而真正使人类发展过程中的当前利益与长远利益达到有机结合，实现可持续发展。

共享发展作为一种体现新时代中国特色社会主义本质要求的发展理念，蕴含着深刻的生态伦理意蕴。它彰显了新时代“以人为本”的生态人文关怀，契合了新时代“人与自然和谐共生”的美丽中国建设，遵循了新时代可持续发展的生态伦理要旨。解读共享发展理念中折射出的生态伦理精神对新时代中国生态文明建设有着重要的理论和现实指导意义。

---

① 潘家华，庄贵阳，黄承梁. 开辟生态文明建设新境界（深入学习贯彻习近平新时代中国特色社会主义思想）[N]. 人民日报，2018-08-22.

第六章

推进习近平新时代中国特色社会主义思想融入思想政治教育课程

思政课程是落实习近平新时代中国特色社会主义思想进课程、进教材的主渠道，是落实立德树人根本任务的关键课程，要集中讲述习近平新时代中国特色社会主义思想，循序渐进。

大学阶段，“思想道德与法治”课程基于习近平总书记关于培育和践行社会主义核心价值观、道德建设、法制建设的重要论述，进行思想道德修养和法治素养教育。“马克思主义基本原理概论”课程突出习近平新时代中国特色社会主义思想对马克思主义哲学、政治经济学、科学社会主义的原创性贡献，阐明习近平新时代中国特色社会主义思想是当代中国马克思主义、21世纪马克思主义。“中国近现代史纲要”课程从历史发展的角度讲述习近平新时代中国特色社会主义思想的时代意义和创新价值，讲清楚中国共产党为什么能、马克思主义为什么行、中国特色社会主义为什么好。“毛泽东思想和中国特色社会主义理论体系概论”课程系统全面讲授习近平新时代中国特色社会主义思想，其既与毛泽东思想、邓小平理论、“三个代表”重要思想、科学发展观一脉相承，又形成了独立相对的体系，引导学生学习领会这一思想的时代背景、理论渊源、实践意义，深刻理解核心要义、精神实质、丰富内涵、基本观点、实践要求。全国重点马克思主义学院率先开设“习近平新时代中国特色社会主义思想概论”课程。“形势与政策”课程基于习近平总书记最新讲话精神，结合当前重大现实问题和热点问题，重点讲授新时代坚持和发展中国特色社会主义的生动实践和理论探索，引导学生正确认识世界和中国发展大势，坚定“四个自信”。大学阶段重在形成理论思维，实现从学理认知到信念生成的转化，增强使命担当，主要以系统学习和理论阐释的方式，运用理论与实践、历史与现实相结合的方法，引导学生全面深入地理解习近平新时代中国特色社会主义思想的理论体系、内在逻辑、精神实质和重大意义，理解其蕴含和体现的马克思主义基本立场、观点和方法，增进对其科学性、系统性的把握，提高学习和运用的自觉性，增强建设社会主义现代化强国和实现中华民族伟大复兴中国梦的使命感。

第一节 推进习近平新时代中国特色社会主义思想“五进”的路径探索

——以“概论”课为例

党的十九大把习近平新时代中国特色社会主义思想确立为中国共产党必须长期坚持的指导思想并写入党章，十三届全国人大一次会议把这一思想载入宪法，实现了党和国家指导思想的与时俱进。习近平新时代中国特色社会主义思想，是新时代中国共产党的思想旗帜，是国家政治生活和社会生活的根本指针，是当代中国马克思主义、21世纪马克思主义，为实现中华民族伟大复兴提供了行动指南，为推动构建人类命运共同体贡献了智慧方案。教育是国之大计、党之大计。“培养什么人、怎样培养人、为谁培养人”是教育的根本问题，事关中国特色社会主义事业兴旺发达、后继有人，事关党和国家长治久安。“习近平新时代中国特色社会主义思想学生读本”课程体现党和国家意志，思政课课堂是育人的载体，思政课的效果直接关系人才培养方向和质量。推动我国习近平新时代中国特色社会主义思想进课堂，参与教育改革创新发展和培养担当民族复兴大任时代新人，必须牢牢坚持以习近平新时代中国特色社会主义思想为指导，将其贯穿于教育教学全过程的各环节。全面落实习近平新时代中国特色社会主义思想进教材，对引导广大青少年树立马克思主义信仰，坚定中国特色社会主义道路自信、理论自信、制度自信、文化自信，立志听党话、跟党走，树立正确的世界观、人生观、价值观，具有重大意义。习近平新时代中国特色社会主义思想是全党全国全军的最新指导思想，青年学生是国家未来发展中最具有创新性的优势资源，用习近平新时代中国特色社会主义思想武装青年学生的头脑是保持青年学生“资源”不变质、不褪色的重要举措。推进习近平新时代中国特色社会主义思想“进教材、进课堂、进头脑、进科研、进读本”是我国高校思政育人、立德树人的重要手段，对于当代青年学生学习新理论，认识国情、世情具有重要意义。高校“习近平新时代中国特色社会主义思想学生读本”（以下简称“读本”）课是一门集中反映习近平新时代中国特色社会主义思想本质内涵和精神实质的课程，要凸显“读本”课推动“五进”工作的首要作用。

一、推进习近平新时代中国特色社会主义思想“五进”工作的重要意义

推进习近平新时代中国特色社会主义思想“五进”工作是用马克思主义中国化最新理论成果武装高校大学生头脑，增进高校学生思政理论素养的重要举措。习近平新时代中国特色社会主义思想是马克思主义基本原理与新时代中国的具体发展实际和中华五千年灿烂文明相结合而形成的，是中国共产党人新时代理论创新的灿烂成果。它是由一系列的理论创新、实践创新和战略创新构成的。伟大的时代需要伟大的理论做指导，不同时代的人民需要不同的理论武装头脑。20 世纪六七十年代，指导当时青年学生思想行动的是毛泽东思想，用毛泽东思想武装头脑的那一批青年学生现如今已经成为我国科学界的学者大师。而当代青年学生都是“90 后”“00 后”，他们的成长环境以及现时中国的发展实际与以往有很大的不同，他们在接受毛泽东思想和中国特色社会主义理论体系的同时，必须要用马克思主义中国化的最新成果武装头脑。与时俱进始终是理论创新的最先考量点，也是马克思主义的优秀品质，因此，大学生思政教育的内容也要根据国情、世情的变化进行改进，不断结合国情、世情，不断融入新的历史特色。“要结合党的十八大以来党和国家事业取得的历史性成就，发生历史性变革的进程，深刻学习领会新时代党的创新理论、坚持不懈用党的创新理论最新成果武装头脑指导实践，推动工作。”① 青年学生代表着祖国的未来，自身的成长必须要与国家的命运结合起来，要把个人理想与“中国梦”联系起来，要以习近平新时代中国特色

① 习近平. 在党史学习教育动员大会上的讲话［N］. 人民日报，2021-02-21.

社会主义思想为指导，在为人民服务中不断努力奋斗。虽然高校学生主修的是直接为国家经济建设服务的专业知识，但加强用马克思主义基本原理、马克思主义中国化理论成果武装高校学生头脑，有利于高校学生增强对科学社会主义真谛的理解，掌握其科学内涵和精神实质，有利于增进高校学生主修专业知识的为民指向。

推进习近平新时代中国特色社会主义思想“五进”工作是我国高校坚持社会主义办学方向，提高思政课教育教学水平的重要保障。各个时代、各个国家的高校都有其各自的办学指导方针。中国的高校是党领导中国人民经过几十年的不断探索、改革、发展而逐步建立起来的，体现了中国共产党的与时俱进和求真务实。中华人民共和国成立以来，我国高等学校数量不断增加，办学质量大大提高，截至2019年6月，教育部公布的全国高等学校共计2956所。这些高等学校都是中国共产党领导下的大学，是社会主义制度下的大学，因此，必须要坚持中国化的马克思主义理论。我国的高等院校始终坚持党委领导下的校长负责制，党委紧抓学校党建工作的同时统揽学校的各项建设。党委理论组是学习新理论的核心，以此为核，向外扩展，就能够形成坚持高校社会主义办学的同心圆。高校学生是高校的主力人群，是教育教学活动的主体。新时代高校思政课能不能讲好，如何讲好，决定着高校学生是否能用最新的马克思主义理论成果指导学习生活实践。“读本”课是宣扬习近平新时代中国特色社会主义思想的主渠道，“读本”教材是传播习近平新时代中国特色社会主义思想的主阵地，“五进”工作首先要先进“读本”课堂、“读本”教材，以此为突破，再灌输给学生。“读本”课作为我国高校本专科学生的一门必修课程，必须要针对不同学生群体的特性充分体现出中国特色社会主义理论与实践最新研究成果的不同侧重点，既有特色性又有针对性。高校思政课教师和研究人员要对习近平新时代中国特色社会主义思想融会贯通，推进“五进”工作离不开思政课教师和研究人员，“打铁还需自身硬”，只有自身素质不断提高，整个思政课的教育教学水平才会不断提升。

推进习近平新时代中国特色社会主义思想“五进”工作是增进高校学生“四个自信”，实现我国伟大复兴、民族崛起奋斗目标的客观需要。高校是培养学生专业素质、增进学生专业技能、提高专业素养的地方。高校毕业生是把自己的专业知识直接转化为促进社会经济发展的人才资源，是能够直接为国家进步、经济发展做贡献的有生力量。我国几十年来取得的伟大成就，是中国特色社会主义理论、道路、制度、文化共同发力的结果。坚持中国特色社会主义，必须要把四者完全地、持续地统一于社会主义建设的伟大实践中。思政课是增进高校学生对“四个自信”认同的主要途径，推动“五进”工作对高校大学生真正理解“四个自信”深刻内涵具有举足轻重的作用。青年学生具有厚积薄发的特点，是未来建设国家、实现民族伟大复兴的中流砥柱。“中国梦”的实现，青年学生要全程参与、全程见证，因此，对青年学生的理想信念教育是至关重要的。我们伟大的国家、民族上下一心、同心同德，我们有共同建设中国特色社会主义的伟大理想信念做支撑，我们中华民族伟大的中国梦是一定要实现的。伟大中国梦的目标不是轻轻松松就能成功实现的，而是需要脚踏实地，一步一个脚印干出来的。在新时代，我们需要什么样的信念去践行伟大的思想，实现伟大的梦想，这是一个时代课题。习近平新时代中国特色社会主义思想就是针对我国当前面临的理论和现实问题而产生的，这一重大思想为我们开启新的航程起到引航助力的作用。推进习近平新时代中国特色社会主义思想“五进”工作，是建成社会主义现代化强国的需要，是培养合格的中国特色社会主义建设者和接班人的必然要求。

二、用好读本，发挥“习近平新时代中国特色社会主义思想读本”的铸魂育人功能

（一）新时代下大学生的特点

新时代下的大学生，他们所处的国际国内环境已经发生了巨大变化。当今的中国正处于百年未有之大变局中，国际环境风云变幻。当今世界，互联网技术不断发展，万物互联，人们的思想世界呈现出多样化的特征。西方先进的自然科学知识和人文社科知识随着网络进入青年学生的头脑，但这些先进的知识在一定程度上也把西方的资本主义价值观念输送给了青年学生。所以我们要看到，互联网的不断发展虽然开阔了青年学生的知识视野，提高了青年学生的专业水平，拓宽了青年学生获取信息的途径，但网络信息资讯是庞大而繁杂的，难辨真伪的信息比比皆是。在这样的时代环境下，青年学生自身正确的价值体系难免会受到挑战，很容易受到不良信息、不正确的价值观的误导，形成一种消极的社会认知。此外，目前高校学生中“00后”已经

占据了多数，他们自我意识突出，发展水平参差不齐；情感激烈复杂，爱国感和集体感向着更深度发展；意志力增强，能够对自己的社会意义有清晰的认识。他们在生活中追求独立，崇尚个性，向往自由；在学习上喜欢创新，主张知识学习的实用性。这些已经成为当代青年学生最明显的特点。针对青年学生的思政课教育不能仅仅拘泥于课本知识，必须牢牢把握时代脉搏，与时政热点结合，与社会发展实际结合，与党的最新方针政策结合，增强思政课的影响力度，提高思政育人的实施效果。

（二）“读本”课的主要内容

“习近平新时代中国特色社会主义思想读本”是习近平新时代中国特色社会主义思想进课程教材的具体体现，我们要以生动教学体现“读本”的铸魂育人功能，要通过“读本”的教学教育引导学生树立共产主义远大理想和中国特色社会主义共同理想，坚定“四个自信”，厚植爱国主义情怀，把爱国情、强国志、报国行自觉融入建设社会主义现代化强园、实现中华民族伟大复兴的奋斗之中。

1. 习近平新时代中国特色社会主义思想的核心要义

“读本”充分体现了“八个明确”“十四个坚持”的核心内容，系统阐述关于新时代坚持和发展中国特色社会主义的总目标、总任务、总体布局、战略布局和发展方向、发展方式、发展动力、战略步骤、外部条件、政治保证等基本观点，全面介绍习近平总书记对经济、政治、法治、科技、文化、教育、民生、民族、宗教、社会、生态文明、国家安全、国防和军队、“一国两制”和祖国统一、统一战线、外交、党的建设等方面做出的理论概括和战略指引。引导学生树立中国特色社会主义共同理想，深刻认识习近平新时代中国特色社会主义思想是实现中华民族伟大复兴的行动指南。

2. 习近平新时代中国特色社会主义思想的理论与实践贡献

“读本”深入阐释习近平总书记关于新时代坚持和发展什么样的中国特色社会主义、怎样坚持和发展中国特色社会主义论述的重大理论创新和现实意义，讲述这一理论的原创性贡献涵盖马克思主义哲学、政治经济学、科学社会主义三大组成部分，涵盖党和国家事业的方方面面。引导学生充分认识习近平新时代中国特色社会主义思想是当代中国马克思主义、21 世纪马克思主义，增进政治认同、思想认同、理论认同和情感认同。

3. 习近平新时代中国特色社会主义思想的方法论

“读本”体现了习近平新时代中国特色社会主义思想所蕴含的马克思主义思想方法，阐释其辩证唯物主义和历史唯物主义哲学基础，介绍战略思维、辩证思维、历史思维、法治思维、创新思维、底线思维和系统观念的基本内涵。引导学生形成实事求是的科学态度，不断提高科学思维能力，增强分析问题、解决问题的实践本领，依靠学习走向未来。

4. 习近平新时代中国特色社会主义思想的理论品格

“读本”阐释习近平新时代中国特色社会主义思想所彰显的坚定理想信念、展现的真挚人民情怀、贯穿的高度历史自觉、体现的鲜明问题导向、充满的无畏斗争精神、饱含的深厚天下情怀，阐明习近平新时代中国特色社会主义思想是闪耀着理性光辉和人格魅力的科学理论，集中反映着当代中国共产党人的政治品格、价值追求、精神风范。引导学生树立对马克思主义的信仰、对中国特色社会主义的信念、对中华民族伟大复兴中国梦的信心，在知行合一、学以致用上下功夫，增长知识、锤炼品格。

5. 习近平新时代中国特色社会主义思想的历史地位

“读本”要充分阐明这一思想是从新时代中国特色社会主义实践中产生的理论结晶，是推动新时代党和国家事业不断向前发展的科学指南，是经过实践检验、富有实践伟力的强大思想武器；讲清楚中国发展方位发生的历史性变化需要新时代理论引领，讲清楚我们党执政的社会环境和现实条件发生了深刻变化，迫切需要党的创新理论指导，讲清楚世界正经历百年未有之大变局，全球治理需要中国智慧与中国方案。引导学生理解习近平新时代中国特色社会主义思想与马克思列宁主义、毛泽东思想、邓小平理论、“三个代表”重要思想、科学发展观既一脉相承又与时俱进的关系，以及在马克思主义发展史、中华民族复兴史、人类文明进步史上具有的特殊重要地位。

2021 年秋季，我国高校的“习近平新时代中国特色社会主义思想读本”课使用的教材全面介绍和阐释了习近平新时代中国特色社会主义思想的时代背景、核心要义、精神实质、科学内涵、历史地位和实践要求，牢牢把握习近平新时代中国特色社会主义思想的基本立场。思政课教师要创新授课方式，增强“读本”课的趣味性。“读本”课教学中要将教育部对思政课的最新要求落到实处，要着眼于社会形势发展对青年学生思想政治的培养要求，提高“读本”课的授课质量，提高课程教学的针对性，用“读本”课的实践教学增强科学理论的吸引力、说服力和实效性。

三、“读本”课教学中推进习近平新时代中国特色社会主义思想“五进”的基本要求

（一）凸显政治性，统一实践性，注重情感性

思政课最大的特点是其鲜明的政治性。思政课最大的忌讳是泛娱乐化，思政课堂可以是欢声笑语的，思政课堂上学生的笑声是可以建立在对知识的认知和对理论的启迪的获得感上的，但绝不是泛娱乐化的、缺乏政治性的。思政课就是要用马克思主义基本原理和中国化的马克思主义武装当代青年学生的头脑。中华人民共和国成立前是中国共产党的革命实践史，中华人民共和国成立后是中国共产党的建设改革史，处处有实践，时时有实践。习近平新时代中国特色社会主义思想离不开社会实践的支撑，离不开社会实践的检验和证明。在教学过程中，思政课教师必须要把在习近平新时代中国特色社会主义思想的指导下我党在我国的革命和建设中办成的大事、难事讲解清楚，要对十八大以来我党领导全国人民在我国经济社会发展中取得的全方位、开创性的历史成就，发生的深层次、根本性的历史变革有正确的认识，使学生认识到中国特色社会主义进入新时代的伟大意义。思想政治理论课程是一门育人的课程，是做人的工作，是知情意行相统一并逐步上升、逐步整合的过程。习近平新时代中国特色社会主义思想要“入脑”，更要“入心”，思想政治理论课程的教师在进行“读本”知识的讲授时，要注重与学生的情感信息的交流，燃烧青年学生信仰火焰的前提是要燃烧自己信仰的火焰，迸发信仰的力量。教师在教学中要富有激情，扣人心弦，这样才能引起青年学生的情感共鸣，才能达到让我国当代大学生全面把握习近平新时代中国特色社会主义思想的丰富内涵、学深悟透习近平新时代中国特色社会主义思想的目的。

（二）创新教学方法，完善教学设计，注重科学理论的逻辑性，及时推动习近平新时代中国特色社会主义思想“进课堂”

在课堂教学中，教师要创新教学方法，突出问题意识，注重发挥学生的主体意识，要甘愿充当当代大学生学习习近平新时代中国特色社会主义思想道路上的辅助者、主导者，加强与学生的交流互动。在知识理论体系的构建上，教师要充分发挥学生的主观能动性，激发学生探索知识的兴趣。教师要聚焦教学目标，根据教学目标真正发挥“读本”课堂的自主活跃性，让学生自己充分展示对科学理论的认识和理解。教师可以把习近平总书记的系列讲话有机融入“读本”课程的讲授中，宣讲习近平总书记的重要讲话，引导学生深刻领会习近平新时代中国特色社会主义思想。习近平新时代中国特色社会主义思想“进课堂”是“五进”工作的中间环节，是沟通“进教材”和“进头脑”的中间桥梁，“进科研”“进读本”则是对“进头脑”效果的深化。“读本”课教师要完善教学各个环节，从备课到期末考核，以科学化和规范化为目标追求，在教学设计的这个坐标轴上找准原点、最高点、落脚点。用青年学生喜闻乐见的话语讲解习近平新时代中国特色社会主义思想，要积极为习近平新时代中国特色社会主义思想进入学生头脑创造有利条件。“读本”课是具有一定历史逻辑的，我们要讲出理论逻辑，还要讲出历史逻辑。“读本”课教师不仅要精心研读教材，还要具有一定历史维度，从历史发展的进程来讲清每一章的理论逻辑关系，在讲解理论同时要注重章节的逻辑结构，让学生充分认识到“读本”课的多重价值。教师要充分运用多媒体互联网资源，及时在“读本”课堂中融入习近平新时代中国特色社会主义思想的最新理论成果，真正实现党的理论创新与“读本”课堂的有机融合。

（三）与时俱进，在最新版教材的基础上及时完善、补充教材内容，准确迅速地反映党的最新理论创新成果

教师可以在PPT中向学生展示与教材相关但教材中没有的最新理论创新成果。“进教材”就是要把习近平新时代中国特色社会主义思想编入“读本”课的教材和课件中去，原汁原味地宣讲中国共产党第十九次代表大会的一中、二中、三中、四中、五中全会精神，宣讲好2021年2月20日习近平总书记在党史学习教育动员大会上的讲话，以及2021年7月1日习近平总书记在庆祝中国共产党成立100周年大会上的讲话，要随时将习近平新时代中国

特色社会主义思想的最新的理论成果灌输给当代大学生。习近平新时代中国特色社会主义思想内容丰富，包括内政外交国防、治党治国治军以及经济、文化、社会、生态方方面面，因此，“进教材”必须要重点突出习近平新时代中国特色社会主义思想对当前中国发展的历史意义和指导地位，突出其与马克思主义基本原理的理论结合，突出其与毛泽东思想、邓小平理论、“三个代表”重要思想、科学发展观的一脉相承和历史衔接。只有这样，“读本”课的主题才能在“读本”的教学的课堂中得到真正体现，关于对教材知识内容的论述才能更加全面和丰满，马克思主义中国化的整个理论成果才能更加规范。

四、推进习近平新时代中国特色社会主义思想“五进”的具体措施

第一，推进习近平新时代中国特色社会主义思想“五进”工作的首要前提和基础环节，是用心学习和深刻领会习近平新时代中国特色社会主义思想的价值立场和本质内涵。要深刻领会习近平新时代中国特色社会主义思想中的唯物史观，坚持人民立场，始终以人民为中心，把为人民服务作为理论创新的着眼点。改革开放40多年来，我们本着先富帮后富，逐步实现共同富裕的发展立场，经济建设取得了巨大的成就。党的十八大以来，精准脱贫，全面建成小康社会，是扩大改革开放成果享受人群范围的重要举措。中国共产党是马克思主义政党，是为最广大的人民群众谋利益的政党，中国共产党几十年的风雨，唯不忘的是其初心。对于习近平新时代中国特色社会主义思想的主要内容，党的十九大报告用“八个明确”进行了集中概括，展示了这一重大思想博大精深的思想逻辑和理论体系，为我们把握这一重大思想的精神实质提供了基本遵循。同阐明习近平新时代中国特色社会主义思想内涵相联系，党的十九大报告用“十四个坚持”系统阐述了新时代坚持和发展中国特色社会主义的基本方略。这“十四个坚持”，既体现了党的理论和路线方针政策的一般要求，也是十八大以来我们党治国理政新理念新思想新战略的重要体现，是落实好习近平新时代中国特色社会主义思想的实践要求。中共中央宣传部亲自编写了《习近平新时代中国特色社会主义思想三十讲》和《习近平新时代中国特色社会主义思想学习纲要》两本读物，这些提纲式的总结是学习和领会习近平新时代中国特色社会主义思想本质内涵的关键。我们要

根据习近平新时代中国特色社会主义思想，充分认识到我国新时代基本国情的最大的变化是社会主要矛盾发生了变化，最大的不变是我国所处的社会主义初级阶段没有改变，我国的国际地位没有变。综合变与不变两者来看，我国当前的首要任务仍然是发展，这也是习近平新时代中国特色社会主义思想的主要关键点，发展是解决变与不变的唯一途径。习近平新时代中国特色社会主义思想是全党、全国人民和全军的指导思想，“读本”课教师和研究人员只有在学习和领会习近平新时代中国特色社会主义思想的基础上，才能推动习近平新时代中国特色社会主义思想“五进”工作的纵深发展。①

第二，推进“五进”工作的中坚力量和要领是加强思政课教师队伍建设，打造一支“四有好老师”的思政课教师队伍。2014 年教师节前夕，习近平总书记考察北京师范大学时，勉励广大师生要做有理想信念、有道德情操、有扎实学识、有仁爱之心的“四有”好老师。作为新思想“五进”工作的传播者，高校思政课教师担负着无可比拟的重任。理想信念是前提，高校思政课教师要“在马言马”，必须要有崇高的马克思主义信仰，坚定的马克思主义理想信念，对青年学生灌输马克思主义理论时，自身要有坚定的理想信念。“身不正，不足以服；言不诚，不足以动。”（徐祯稷《耻言》）高尚的道德情操是一名思想政治教育教师的基本教学底线，高校思政课教师作为党的理论政策的讲授者，应当正确继承和大力弘扬中国革命道德传统，追求高尚情操，践行崇高师德。高校思政课教师“言马”的前提是要“懂马”，扎实的学识是一名思想政治理论课程教师传道的基本要求，高校思政课教师对马克思主义经典原著要常读常新，要认真学习党的十八大以来我党的各项重要会议精神，研究如何向高校大学生宣讲习近平新时代中国特色社会主义思想，深入学习，用心研读。② “亲其师，信其道”，“亲其师”的前提是“爱其生”。③ 思政课既然是育人的工作，就要让思政教育的对象真正爱上这门课，爱上这门课的关键在于爱上这门课的老师，教师也要发自内心的宽

---

① 吴爱萍. 推进习近平新时代中国特色社会主义思想“三进”的思考——以“概论”课为例 [J]. 学校党建与思想教育，2018 (03)：62-64.

② 李陈. 习近平新时代中国特色社会主义思想“三进”工作提升路径研究 [J]. 新余学院学报，2019，24 (03)：6-10.

③ 刘荣材. 推动习近平新时代中国特色社会主义思想“三进”的路径探讨——以“概论”课为例 [J]. 高教论坛，2019 (01)：8-12.

容、接纳、喜爱学生，这样才能让思政教育更有说服力。

2020年第17期《求是》杂志发表习近平总书记重要文章《思政课是落实立德树人根本任务的关键课程》，明确指出办好思想政治理论课关键在教师，关键在发挥教师的积极性、主动性、创造性。思政课教师，要给学生的心灵埋下真善美的种子，引导学生“扣好人生第一粒扣子”。该文章还对思政课教师提出了“六点要求”，为思政课教师队伍建设指明了发展方向。这六点要求即政治要强、情怀要深、思维要新、视野要广、自律要严、人格要正，比总书记之前提出的“四有”好老师（有理想信念、有道德情操、有扎实知识、有仁爱之心）站位更高，标准更高，要求更严，更具针对性。我们如果将习近平总书记对思政课老师的“六点要求”落到实处，就将更加有力地推动习近平新时代中国特色社会主义思想的“五进”工作。

第三，推进“五进”工作的重要原则和必要条件是推动课程思政建设，“构建‘大思政’教育体系，坚持其他学科和思政学科相结合育人的原则”①。

习近平新时代中国特色社会主义思想“五进”工作需要多方位推进，青年大学生学习的是专业知识，大多应用性较强，而思政课理论性较强。以思政课推进“五进”工作不是唯一途径，也不能是唯一途径。“五进”工作是一个系统的工程，在青年大学生的各门课程中，应该体现出每一门课程的思政小系统，综合各个学科的力量、各个学科教师的思政素养，全面可协调地推进“五进”工作。要结合学科特点推进“五进”工作。习近平新时代中国特色社会主义思想进课堂，要依据不同学科特点，结合各学科独特优势和资源，实现有机融入。如哲学社会科学课程教材要突出原文原著进入教材，注重介绍和阐释与学科专业知识有关的习近平总书记重要讲话、文章内容与思想，引导学生在学习学科专业知识过程中加深对习近平新时代中国特色社会主义思想的理解与认同。自然科学课程教材要把习近平新时代中国特色社会主义思想的基本立场观点方法转化为育人立意和价值导向，引导学生在学习科学知识、培育科学精神、掌握思维方法过程中体悟习近平新时代中国特色社会主义思想的真理力量。在高校中，学校党政领导部门要深入贯彻高校思

---

① 吴雪丰. 习近平新时代中国特色社会主义思想“三进”的思考——以“概论”课为例［J］. 学理论，2018（09）：219-220.

想政治工作会议精神和习近平在思政课教师座谈会上的讲话精神，从战略高度重视高校思政工作，充分认识到“五进”工作是培养社会主义合格建设者和接班人的前提工作，应对“五进”工作做出全面的部署和安排。教育的根本任务是立德树人，“五进”工作是贯彻立德树人教育根本任务的重要举措，高校的非思政课教师在“传道”的过程中，应重视课程思政的作用，协调专业知识和思政理论之间的关系，统筹教育规律、思政育人规律、学生成长发展规律，主动融入推进习近平新时代中国特色社会主义思想进课堂、进头脑的工作中。高校可以构建多方共同配合开展思想政治教育工作的机制，以党政干部为领导，以共青团干部为中间配合，以思政课教师和哲学社会科学教师为主要力量，以非思政课教师为补充力量，以辅导员为兜底保障，着力推进教学和课程改革，创新校园文化实践活动，孕育具有思政教育功能的校园文化环境，逐步形成思政育人、文化育人、专业育人、实践育人四位一体的“大思政”教育体系。

第二节　习近平对科学社会主义理论的新发展融入“马克思主义基本原理读本”课程研究

科学社会主义具有发展性的优良品质，自科学社会主义诞生以来，无产阶级革命家就根据不同时代条件的变化对其内容进行了进一步的丰富和发展，进入新时代，习近平总书记始终坚持科学社会主义的基本原则，根据时代定位，对科学社会主义进行了创新性的发展，形成了科学社会主义的最新成果——习近平新时代中国特色社会主义思想。

“马克思主义基本原理读本”课（以下简称“原理”课）是马克思主义科学理论精华的浓缩，从内容上看包含马克思主义哲学、马克思主义政治经济学和科学社会主义三个部分，关于科学社会主义的部分主要集中于第六章和第七章。① 习近平新时代中国特色社会主义思想是最新的科学社会主义理论，是对马克思主义科学社会主义理论的新时代回答，将习近平总书记关于

① 本书编写组. 马克思主义基本原理读本［M］. 北京：高等教育出版社，2018.

科学社会主义理论的新时代发展融入“原理”课中，是推动习近平新时代中国特色社会主义思想进课堂、进教材、进头脑的现实途径，有益于青年学生充分了解社会主义的发展历程，深化认识和理解科学社会主义理论的基本内容，正确把握科学社会主义的一般原则，辩证看待共产主义理想和中国特色社会主义共同理想之间的内在关联，把个人理想深度融入祖国命运当中，为最终实现中华民族的伟大复兴而奋斗。

一、无产阶级革命家对科学社会主义理论内容的进一步丰富和发展

1883 年，马克思逝世后，科学社会主义理论并没有停止继续前进发展的脚步，恩格斯在 19 世纪 90 年代，根据当时世界上出现的新的社会主义革命运动的现象，继续丰富和发展了科学社会主义理论。① 世界革命的进程并不仅仅包括西方已经建立资本主义制度的国家爆发的一系列无产阶级工人运动，世界革命的进程是全世界范围内的，从无产阶级革命的爆发、发展到阶段性的胜利，最后到完全的胜利。恩格斯在马克思逝世后对科学社会主义理论的贡献主要表现在三个方面：首先，恩格斯提出了世界革命进程的“四步骤”理论。俄国在 19 世纪 70 年代以后，人民大众与沙皇之间的矛盾日益尖锐，俄国民粹主义者的一系列刺杀、爆炸运动使俄国反对专制制度的形势日益火爆。第一步，恩格斯根据当时俄国社会存在的革命因素，以及联想到欧洲国家爆发的工人运动，预见到俄国爆发的革命必将是世界社会主义革命爆发的第一个信号，必然能够促进西方各国社会主义革命的爆发。第二步，由于西方资本主义生产水平的发展程度已较为完善，因此，西方社会主义革命胜利后建成的社会主义社会，能够为俄国社会主义的建设提供学习的模范。第三步，恩格斯考虑到，由于当时俄国仍然处于沙皇专制统治下，必然会进行推翻沙皇的资产阶级民主革命，但俄国人民必会将这个革命转变为社会主义革命，探索社会主义道路，进行社会主义的建设。第四步，随着俄国和西方发达资本主义国家社会主义社会的建成，社会主义革命的运动潮流一定会传播到世界各地，世界上各个国家和地区也将会实现社会主义的胜利。其次，恩格斯根据当时意大利、德国、法国等国家出现的阶级关系的新变化

① 俞良早. 恩格斯晚年对科学社会主义理论的重要贡献［J］. 理论与改革，2020（03）：13-24.

（无产阶级革命政党纷纷成立，革命形势向好发展），以及当前的革命斗争中出现的新现象，提出要把当前斗争和远大目标统一起来，我们不断进行“当前斗争”是为了实现建立社会主义社会和共产主义的远大理想。恩格斯对科学社会主义理论的这一贡献不仅是科学社会主义的基本内容，更是与我国当前坚定中国特色社会主义共同理想和实现共产主义远大理想不约而同地重合了。最后，他通过不断研究无产阶级作为独立的政治力量登上历史舞台后进行的一系列的斗争，对无产阶级的斗争方式进行总结，通过无产阶级争取选举权，得出我们要通过合法的斗争积蓄无产阶级的力量，而等待革命“决战”的到来，实现革命的胜利。

列宁是继马克思、恩格斯后对科学社会主义理论的丰富和发展做出巨大贡献的无产阶级革命家。首先，他结合当时新的时代条件和俄国实际，创立了“一国胜利论”的学说，他分别于 1915 年和 1916 年在《论欧洲联邦口号》和《无产阶级革命的军事纲领》中阐述了社会主义将在一个国家或者几个国家内获得胜利的观点，列宁领导的十月革命的胜利也有力地论证了这个观点的科学性和正确性。其次，列宁科学地判断了资本主义发展的阶段问题，提出了“帝国主义论”的观点。他根据 20 世纪初西方资本主义发展的新情况：第二次工业革命中垄断资本主义的出现；无产阶级和资产阶级的矛盾更加尖锐；第一次世界大战的爆发；西方国家不断向外扩张，瓜分世界，争夺殖民地，在 1916 年创作的《帝国主义是资本主义的最高阶段》一书中详细论述了当前资本主义已经进入帝国主义的发展阶段，这也是资本主义发展的最高阶段，帝国主义是过渡的资本主义，是垂死的资本主义，它只会加速资本主义发展的不平衡，因此，更是无产阶级社会革命的前夜。列宁的“帝国主义论”完善了资本主义发展的历史阶段问题，是科学社会主义理论发展到列宁主义阶段的一个重要标志，给无产阶级革命的继续前进增强了信心，奠定了方向。最后，列宁在十月革命胜利后苏联向社会主义过渡的时期提出的社会主义建设理论具有一定的科学指导意义。列宁对苏维埃俄国如何建设社会主义进行了深刻的理论思考，认识到了社会主义建设是一个长期的并且不断实践的过程，要把大力发展生产力放在首要地位，利用好商品、货币和市场之间的关系，要借鉴学习资本主义的生产方式以促进社会主义的发展。苏联作为世界上第一个社会主义国家，没有现成的社会主义发展模式可以模仿，但列宁作为无产阶级革命家、理论家，勇于探索，大胆创新，探索出了一条适合苏联发展的道路，这是对马克思的科学社会主义理论的重大贡献。①

马克思主义自从传到中国以来，已历经百年的历史，马克思主义在中国的这一百年是一个不断发展、不断与中国的实际相结合的过程，是一个中国化的过程。中国共产党的前四代领导集体分别对科学社会主义理论的发展形成了自己的时代见解，毛泽东同志在领导中国人民进行新民主主义革命和社会主义建设的实践中形成了毛泽东思想，这是马克思主义中国化的第一次理论飞跃。邓小平同志、江泽民同志、胡锦涛同志在领导中国改革的实践过程中，不断探索如何在经济文化相对落后的国家发展社会主义、建设社会主义的问题，创立了中国特色社会主义理论。习近平新时代中国特色社会主义思想是中国特色社会主义理论体系的重要组成部分，是党中央治国理政的战略思想，是全党全国人民为实现中华民族伟大复兴而奋斗的行动指南。每个国家，每个时代都会有不同的新变化，但从历代领导集体对科学社会主义理论的贡献中，我们可以看出这是有一定规律的，即要在正确把握科学社会主义一般原则的基础上，尊重社会发展的客观规律，联系本国实际，结合时代问题，在实践中探索现实社会主义的发展规律，找到一条适合本国国情的正确的发展道路。理论与实践的充分结合，理论创新与实践创新的辩证关系要求我们要促进理论和实践的良性互动，给科学社会主义理论打上时代发展的烙印，让科学社会主义理论充分展现时代风采。

二、习近平新时代中国特色社会主义思想对科学社会主义一以贯之的坚持

习近平总书记发表了一系列重要讲话。讲话围绕坚持和发展中国特色社会主义、实现中华民族伟大复兴的中国梦，围绕推进经济建设、政治建设、文化建设、社会建设、生态文明建设，围绕推进国防和军队建设、祖国统一、外交工作等，围绕从严管党治党、全面提高党的建设科学化水平，提出许多富有创见的新思想新观点新论断新要求，深刻回答了新形势下党和国家发展的一系列重大理论和现实问题，进一步升华了我们党对中国特色社会主

① 周千猷. 科学社会主义的“新版本”[J]. 求索，2019（04）：44-51.

义规律和马克思主义执政党建设规律的认识。讲话内涵丰富、思想深邃、博大精深，贯穿着坚定信仰追求、历史担当意识、真挚为民情怀、务实思想作风、科学思想方法，闪耀着马克思主义真理的光辉，是坚持和发展中国特色社会主义的最新理论成果，为我们在新的历史起点上实现新的奋斗目标提供了科学指南和基本遵循。

第一，坚持运用辩证唯物主义的世界观和方法论。辩证唯物主义是马克思主义哲学最精华的部分，是马克思主义哲学根据以往哲学创新的成果。坚持用辩证唯物主义的世界观和方法论去解决我国当前改革发展的基本问题，这是中国共产党人应有的本领。中共中央政治局特别安排过对辩证唯物主义的基本原理和方法论的集体学习，只有增强辩证思维和战略思维，才能解决好发展中出现的问题。坚持物质的第一性，建设中国特色社会主义需要立足于客观实际，要适应国内外环境的变化，适应经济发展的新常态，根据变化制定治理之策。改革开放40多年，而今改革进入了深水区，出现了新矛盾新问题，我们要有问题意识，发现矛盾、承认矛盾、解决矛盾，运用矛盾分析法看待发展的问题。要坚持认识是从实践中得来的基本观点，坚持实践第一的观点，要学习马克思主义的认识论，掌握实践与认识的辩证关系，在实践的基础上推进理论的创新。在实际工作中要坚持辩证的思想，反对形而上学的思想，善于运用事物联系和发展的特性，要具有系统思维、整体思维和大局意识，善于处理马克思主义哲学范畴之间的关系，妥善处理实际工作中的各种重大关系。①

第二，遵循人类社会及其历史发展的规律。人类社会历史的发展是有规律的，马克思早在《共产党宣言》中就宣告“资本主义的灭亡和无产阶级的胜利是同样不可避免的”。人类社会向前发展的根本动力是社会基本矛盾运动，只要人类社会存在，社会基本矛盾就必然存在，从封建社会到资本主义社会再到社会主义社会，每一次的历史前进都是由社会矛盾所推动的，这个历史规律是客观存在的，是不以人的意志为转移的。在阶级社会，阶级斗争是社会发展的重要动力，而在社会主义的中国，改革是实现我国各项战略目标的重要动力。无论是革命还是改革，都是解决社会矛盾的一种应对之策，

---

① 秦书生，张海波. 论习近平新时代中国特色社会主义思想对科学社会主义的坚持与发展［J］. 社会主义研究，2020（01）：1-8.

这是两种殊途同归的手段，目的都是为了社会的前进。虽然马克思的共产主义理想看似还很遥远，但我们不能认为共产主义是虚无缥缈的，必须要坚持“四个自信”，坚信美好的共产主义理想是一定会实现的！习近平总书记多次强调中国共产党人应树立高远的革命理想，“革命理想高于天”，一个马克思主义政党最不能失去的就是理想信念，它是共产党人的“主心骨”，只有以共产主义的远大理想为行路之灯塔，才能开创马克思设想的美好未来。

第三，构建人民民主的民主政权。自阶级社会出现和国家诞生以来，国家政权代表的总是少数人作为统治阶级的利益，封建社会的国家和资本主义社会的国家就是这样国家政权的代表。马克思认为要使无产阶级成为统治阶级，只有多数人成为国家的主人才能争取民主，巴黎公社政权的出现使马克思的这一主张成为现实。科学社会主义就是要解放无产阶级和全人类，建立属于多数人民主的新的国家机器，健全人民民主专政的制度，完善保证人民当家作主的各项制度。人民民主理论是以毛泽东为核心的党的第一代领导集体对马克思主义民主思想继承和发展的结果，协商民主更是中国特色社会主义民主政治所特有的民主形式。进入新时代以来，习近平总书记高度重视人大工作和政协工作，多次在公开场合表示选举民主和协商民主作为我国民主制度的两大重要模式，要相辅相成，共同发展，不可偏废。人民通过选举投票行使自己的民主政治权利，在人民内部出现的问题在进行决策之前要通过协商，这是选举民主和协商民主在人民内部真实的体现。发扬民主精神，让人民民主真正落地生根，必须要加足开动民主机器的马力，加快建设社会主义民主政治。

第四，以资本主义政治经济学和社会主义政治经济学优势互补发展经济。资本主义政治经济学是建立在生产资料私有制的基础上的，是为资产阶级所服务的，但资本主义政治经济学发展有几百年之久，已形成了一套系统严密的科学论证体系，尤其在微观经济上发挥着重要的作用。马克思颠覆了私有制的所有制和分配方式，形成了社会主义政治经济学的雏形，但并没有形成具体的实践模式。社会主义中国根据西方资本主义经济发展的成就和危机，结合苏联经济发展模式以及中华人民共和国成立之初对我国经济发展所做出的艰辛探索，形成了一条社会主义市场经济的发展道路。我国经济进入新常态以来，以习近平同志为核心的党中央深刻把握经济新常态给我国发展带来的机遇和挑战，坚持不断完善社会主义市场经济，使市场在资源配置中起到决定性作用。同时，要更好地发挥政府的调节作用。要坚持社会主义的所有制和分配形式的基本特征，坚持公有制为主体和按劳分配为主要方式，辅助以其他所有制形式和分配方式，坚持社会主义市场经济的改革方向。经济体制改革要处理好政府和市场之间的关系，以改革促发展，使资本主义政治经济学和社会主义政治经济学优势互补，相互借鉴，构建新时代中国特色社会主义政治经济学话语体系。

第五，用马克思主义意识形态占领社会主义文化的主阵地。共产主义革命不仅要和传统的所有制关系实现最彻底的决裂，还要和传统的观念实现最彻底的决裂。社会主义革命的胜利建立了社会主义社会，社会主义国家要坚持马克思主义的主流意识形态，社会主义国家和无产阶级政党要敢于和反马克思主义的潮流做斗争，坚定自己的马克思主义信仰，而在这个过程中，党的领导起到了关键性的作用。党的十八大以来，习近平总书记关于意识形态工作的重要论述，体现了意识形态工作的重要性。要把马克思主义政党对意识形态工作的认识提升到新的高度，坚持马克思主义在意识形态领域的指导地位。当前网络科技非常发达，通过网络冲击马克思主义意识形态指导地位的手段层出不穷，不同的意识形态激烈碰撞。在同这一社会现象做斗争时，我们要加强党对意识形态工作的宣传和思想工作的领导，坚决打赢这场意识形态领域的“战争”，要毫不动摇地坚持马克思主义在意识形态领域的指导地位，在对待西方外来文化时，既要坚守社会主义底色，又要以包容的态度互鉴互学；在对待传统文化时，要坚持扬弃的态度，使中华文化得到创造性转化和创新性发展，使其为我所用，为我服务。

三、习近平新时代中国特色社会主义思想对科学社会主义理论的创新性发展

2018 年 5 月 4 日，习近平总书记在纪念马克思诞辰 200 周年大会上的讲话概括了马克思的一生，阐明了马克思主义的真理性和科学性，总结了马克思主义自诞生以来给世界带来的积极而又深远的影响，更明确了新时代我们学习和实践马克思主义的重点内容，以及殷切地提出了全党同志学习马克思主义应有的学习态度和方法。这次纪念会讲话的内容本身就是一部光辉的马

克思主义著作，是习近平总书记关于马克思、关于马克思主义最直接的思考，对党的建设和中国特色社会主义的发展具有重要指导意义，也是习近平新时代中国特色社会主义思想对科学社会主义理论基本内容的一次创新性发展，这种发展还体现在以下几个方面。

在剖析世界形势以及时代特点和中国特色社会主义新定位的现实基础上，科学社会主义理论在新时代产生了发展的创新性观点。任何理论的创新都要紧密结合社会实践的变化，对当今世界形势和中国国情的正确把握，是科学社会主义理论能够顺利发展到今天仍然熠熠生辉的现实前提。党的十八大以来，习近平总书记根据马克思主义哲学原理以及世界政治经济的变化，对世界形势做出了正确的研判，对我国仍然处于社会主义初级阶段的基本国情做出了有理有据的分析，这些论述既科学地阐明了中国特色社会主义进入新时代的科学内涵和基本要求，又揭示了科学社会主义理论在新时代发展的条件和基础。今天我国的中国特色社会主义建设进入了新时代，我们要创造新时代中国特色社会主义的新辉煌。“历史交汇期”是对中国特色社会主义继续向前发展的前景阐述，这个时期既有挑战，又有机遇，既要完成全面建成小康社会的质变，又要开启现代化强国建设的量变，既是科技革命，又是产业变革的交汇。科学社会主义理论在 20 世纪末遭遇了低谷，但在这个“历史交汇期”，科学社会主义理论一定能进入全面发展的时代，一定会具备走向繁荣的生机与活力。经过 40 多年的改革开放，社会主要矛盾发生了变化，新矛盾要求我们在加快经济发展的前提下，注重经济发展的质量和效益，切实解决好关于人民群众切身利益的问题。党的十九大报告对未来国家各个方面的建设做出了重大部署，我们要抓住这个交汇期，实现各项事业的同频共振，不能让理论创新与实践发展擦肩而过。另外，“大的历史时代”仍然没有变，虽然科学社会主义理论在中国发展得很好，但世界仍然处于资本主义社会形态占统治地位的局面，资本主义经过几百年的发展，在 21 世纪出现了许多新的特征，世界的多极化、经济的全球化、文化的多样化等，世界存在着一种政治经济文化的互相认同和包容的现象；而不稳定、不和平的因素也在增长，这些也是科学社会主义理论得以发展的条件。人类社会从第一次工业革命的基本完成正式进入了资产阶级时代，但这个时代从诞生起就有矛盾，就有斗争，“两个必然”的总趋势仍然是不可避免的。因此，马克思关于人类社会及其发展规律的分析没有过时，坚持和发展科学社会主义理论的根本依据还是存在的。

中国特色社会主义，既坚持了科学社会主义基本原则，又根据中国国情和时代特点被赋予了鲜明的中国特色。这就是说，中国特色社会主义是科学社会主义基本原则同当前中国具体国情相结合的结晶。它在本质层次上，就是科学社会主义，而不是别的什么主义；在科学社会主义基本原则怎样创造性地付诸实践的层次上，符合中国国情和时代特点，具有鲜明的中国特色。"中国特色"，不是就本质层次说的，而是就科学社会主义基本原则的实现形式而言的。科学社会主义与中国特色社会主义是"源"与"流"的关系，离开科学社会主义，就没有中国特色社会主义。

中国特色社会主义的本质内涵是社会主义，不是其他的什么主义，这也是它的理论原则。党的十八大之前，有人把中国特色社会主义说成中国特色资本主义、国家资本主义的延续、新官僚资本主义等，这些观点都是错误的。一个主义可以有自己的民族特色、时代特色、实践特色，但是理论原则不能丢，一旦丢了原则，就会动摇人心，动摇政党和国家的稳定性。明确了中国特色社会主义的质的规定性，其实就是坚持和发展了科学社会主义的基本原则。中国特色社会主义是科学社会主义理论逻辑和中国改革社会实践历史逻辑的辩证统一，是具有中国气派、中国风格、中国特色的科学社会主义，是21世纪的中国最鲜明、最有活力、最前卫的科学社会主义，是统揽"四个伟大"的社会主义，是坚持"五位一体"总体布局的社会主义。另外，党的领导是中国特色社会主义最本质的特征，党作为最高的政治领导力量，是领导一切的，这体现了马克思主义理论的政党学说。新时代尊重人民的主体地位，遵循人民是历史创造者的历史唯物主义原则，这也体现了中国特色社会主义对科学社会主义理论的继承。社会主义特征是搞集体富裕，社会主义经济发展必须要走共同富裕的道路；社会主义是要改善全体人民的生活，而不是改善某一个阶级或者阶层的生活；共同富裕的原则不能丢，这是对资本主义剥削制度的批判，体现了共产主义的基本原则和共产主义社会的基本特征。社会基本矛盾运动是社会历史发展的根本动力。生产力决定生产关系的原则不能丢，生产力是最革命的因素，要把发展生产力作为社会主义的根本任务。如果不发展生产力，社会主义的本质就不能体现，这不是违反唯物论，而是坚持了辩证唯物论的原则。中国特色社会主义和科学社会主义是本质关联的，是一脉相承的，任何时候都不能割断它们之间的联系。①

在整体阐明新时代坚持和发展中国特色社会主义的理论基础上，产生了科学社会主义理论的最新成果和重要部署方面的创新性内容。习近平新时代中国特色社会主义思想回答了新时代的重大课题，习近平新时代中国特色社会主义思想是对新时代社会实践及其理论问题的科学解释，其坚持科学社会主义的基本原则，是科学社会主义在新时代的理论成果。每个时代有每个时代的任务和需要解决的课题，新时代坚持和发展什么样的中国特色社会主义、怎样坚持和发展中国特色社会主义，是以习近平同志为核心的党中央必须要解决的时代课题。坚持问题导向是马克思主义的鲜明特点，习近平总书记牢牢把握问题的导向性，深刻掌握从问题的来源到问题的解决的脉络主线，用“八个明确”来回答“是什么”的问题，用“十四个坚持”来回答“怎么办”的问题。作为习近平新时代中国特色社会主义思想的精神实质和丰富内涵的“十四个坚持”，构成坚持和发展中国特色社会主义的基本方略，更加丰富和充实、发展了科学社会主义理论。无论是科学社会主义基本原则还是新时代中国特色社会主义思想，它们的真理魅力都需要在实践中体现。我们要以习近平新时代中国特色社会主义思想为指导，将新时代中国特色社会主义的基本方略作为我们的行动纲领，新时代坚持和发展中国特色社会主义的基本方略涉及新时代我国的政治、经济、文化、社会民生、生态文明、宗教、教育、军事、外交、党的建设等各个方面。以习近平同志为核心的党中央立足新的伟大实践，坚持理论和实践相结合，创立了习近平新时代中国特色社会主义思想。这一科学理论凝结了我们党对科学社会主义的理论思考、经验总结，体现了我们党对坚持和发展中国特色社会主义的担当和探索，是马克思主义中国化的最新成果，是中国特色社会主义理论体系的重要组成部分，是新时代中国共产党人的精神旗帜，丰富发展了科学社会主义理论。科学社会主义的最高目标是实现共产主义，而习近平新时代中国特色社会主义思想为实现这个目标，做出了一系列的重大部署。中国特色社会主义是最低纲领和最高纲领的统一，在社会主义初级阶段，实现将我国建成社会

① 金民卿. 习近平新时代中国特色社会主义思想对科学社会主义理论的原创性发展[J]. 前线，2018（04）：4-8.

主义现代化强国的目标是我们的基本纲领，而在完成这个目标的同时，又分为全面建成小康社会、基本实现社会主义现代化、全面建成社会主义现代化强国三个小目标。这样的重大部署既是战略安排，又是长远规划，更是历史发展的必然趋势即实现共产主义的奠基石。

社会主义的历史从早期空想社会主义到科学社会主义，已经有500年的发展历程了，1848年《共产党宣言》的发表，标志着科学社会主义理论的诞生，由此可见，科学社会主义理论也已经有170多年的历史了，在这170多年的科学社会主义发展历程中，无产阶级革命家不断丰富和发展科学社会主义理论，从西方到东方，从马克思到习近平，科学社会主义理论仍然焕发着勃勃生机，这得益于科学社会主义理论的与时俱进。从马克思的科学社会主义到习近平新时代中国特色社会主义思想，既有坚持，又有发展，唯一不变的是中国共产党人内心对真理的崇高信仰，对马克思人格魅力和马克思主义真理魅力的崇拜，科学社会主义必将在中国蒸蒸日上。我们在科学社会主义理论和中国化的马克思主义——习近平新时代中国特色社会主义思想的指导下，必将实现马克思的共产主义社会的社会理想，实现全人类的解放。①

在当代中国坚持和发展习近平新时代中国特色社会主义思想，就是真正坚持和发展马克思主义，就是真正坚持和发展科学社会主义。必须高举马克思主义和中国特色社会主义伟大旗帜不动摇，必须坚持习近平新时代中国特色社会主义思想的指导地位不动摇。

第三节 推进习近平新时代中国特色社会主义思想“五进”

——中国梦视域下厚植“中国近现代史纲要”课的思政教育功能

将中国梦战略思想融入“中国近现代史纲要”的课堂，既是推进习近平新时代中国特色社会主义思想“五进”的必然要求，又是对教育部要求的课程思政和思政课程建设的有力落实。以中国梦的视域讲解“中国近现代史纲要”课，可以厚植课程的思政教育功能，探索中国梦的历史来源，坚定该课

① 杨明伟. 认清中国特色社会主义是社会主义不是别的什么主义［J］. 红旗文稿，2019（12）：4-81.

程思政教育功能的合理性，最终增强青年学生对习近平新时代中国特色社会主义思想的理解，构建大思政课程体系，提高青年学生的历史素养，树立正确的历史观。①

中国梦的战略思想是习近平总书记在参观《复兴之路》展览时提出的，正是由于历史上中华民族取得了辉煌的成就，因此我们需要复兴中华民族，使我们的国家更加富强。习近平总书记在2013年主持中央政治局第七次集体学习时强调：“历史是最好的教科书。”中华民族是世界上最古老的民族之一，历史和文字把古老的中国文明推向了世界，也让世界了解了中国自古至今塑造的灿烂文明。坚持和发展中国特色社会主义，推动党和国家各项事业继续前进，培养合格的社会主义建设者和接班人，必须要学习党史、国史、文明史。大学生只有充分了解历史，尤其是中国的近现代史，学习好“中国近现代史纲要”课（以下简称“纲要”课），才能真正领悟习近平总书记“中国梦”战略思想的历史来源和合理内核。

一、贯穿历史与现实，探索中国梦的历史来源

1840—1919年中国近代风云变幻的80年中去理解中国梦的具体表现——国家富强。党的十九大报告中指出：“实现中华民族伟大复兴是近代以来中华民族最伟大的梦想。”② 中国梦的提出是伴随着古代中国“天朝大国”之梦的破碎而产生的。封建王朝的最后一个盛世“康雍乾盛世”，是中国封建社会经济发展的顶峰时期。乾隆年间，中国的经济总量曾一度达到世界第一，古代中国的物质文明和精神文明丰富多彩、灿烂辉煌，“天朝大国”在1840年前的中国持续了很久，这是我们中国梦战略思想的古代源头。这80年是中国社会由昌盛到衰落所经历的第一个时期。近代外国资本主义的入侵和本国腐朽没落的封建统治，使近代中国矛盾激增而突出，帝国主义大肆践踏中国的政治主权，疯狂掠夺中国的经济财富，使近代中国积贫积弱，求得国家富强成为近代中国的一个重要任务。农民阶级、地主阶级、资产阶级

---

① 张玲. 习近平系列讲话精神进“中国近现代史纲要”课的初步探索与实践［J］. 思想政治课研究，2017（03）：23-26.

② 习近平. 决胜全面建成小康社会 夺取新时代中国特色社会主义伟大胜利——在中国共产党第十九次全国代表大会上的报告［N］. 人民日报，2017-10-28.

纷纷提出自己的政治主张，以求民族独立、国家富强。中国近代最早产生富强理念的应该是地主阶级抵抗派，以林则徐、魏源为代表的地主阶级抵抗派主张坚决抵抗西方的侵略，但他们同时又主张向西方学习，“师夷长技以制夷”。杰出的爱国人士、民族英雄林则徐是一位忧虑国家富强的开明人士，他面对西方滚滚而来的鸦片狂潮、大量白银外流的局面，强烈主张禁烟；他为了国家的富强，积极主张对外开放，反对闭关锁国。地主阶级洋务派领导的洋务运动以“自强”和“求富”为口号，主张通过创办大量军事工业和民用工业使国家变得独立富强。洋务运动虽然是封建地主阶级为了维护自己的最后统治而实行的无奈之举，但它对中国近代的影响是巨大的，它虽然最终没有使国家走上富强的道路，但它是近代中国探索国家富强的一次伟大尝试，是国家富强理念的一次不成功的实践。虽然这些都是封建统治阶级为了维护统治而做出的实践，但近代以来，无论哪个阶级、哪个派别，都深深地保有富强理念，中国梦中的国家富强延续了近代仁人志士求取国家富强的社会发展理念。

1919—1949 年中国近代翻天覆地的 30 年中去理解中国梦的具体表现——国家富强、民族振兴、人民幸福。在纪念五四运动 100 周年大会上，习近平总书记指出，“五四运动以全民族的搏击培育了永久奋斗的伟大传统。”“中国人民和中华民族从斗争实践中懂得，中国社会发展，中华民族振兴，中国人民幸福，必须依靠自己的英勇奋斗来实现。”①

在这 30 年间，中华民族为了民族的振兴展现了全民族奋斗搏击的力量。中华民族是一个伟大的民族，中国人民是伟大的人民，以中国共产党领导的新民主主义革命是带领全国各族人民求取民族振兴的伟大实践。五四运动是 1919 年 5 月 4 日发生在北京的一场以青年学生为主，广大群众、市民、工商人士等阶层共同参与的，通过示威游行、请愿、罢工等多种形式进行的爱国运动。从五四运动当中我们看到了人民群众的真正的觉醒，它是一次彻底的反帝反封建的爱国运动。这次运动是中华民族争取民族振兴的群众性的革命运动。如果说五四运动是中国人民用“罢课、罢市、罢工”表现出的民族振兴运动，那么抗日战争是中国人民用流血和牺牲的方式来争取民族振兴的一

---

① 习近平. 加强对五四运动和五四精神的研究 激励广大青年为民族复兴不懈奋斗［N］. 人民日报，2019-04-21.

次伟大抗战。在这场战争中，国共合作，共赴国难，中华民族建立了最广泛的抗日民族统一战线，团结一切可以团结的力量，实现全民族的抗战。民族意识在抗日战争中空前觉醒，民族独立意识充分形成，打倒日本帝国主义，争取民族独立，实现民族振兴。被称为“当代佘太君”的在华北平原送丈夫、儿子上战场的农村妇女——邓玉芬是那个时代全民抗战的真实写照。抗日战争的胜利说明，只有全民族的联合，才能打倒日本帝国主义，才能实现民族的独立和振兴，才能真正维护中华民族的自身利益。在这翻天覆地的30年，中华民族为了求取民族振兴付出了巨大的代价，在这个时期，中国人民受到了“三座大山”的压迫，推翻这三座大山，是实现民族独立和振兴的前提和基础。中华民族求取民族振兴的梦想永远都没有被忘记，任何时候也不会被忘记。在新时代，只有牢记民族独立来之不易，才能有源源不断实现民族振兴的巨大动力。

从中华人民共和国成立70多年的辉煌历史进程中去理解中国梦的具体表现——人民幸福。中华人民共和国的成立使中国共产党取得了合法的执政地位，人民性是无产阶级政党的显著特性。中华人民共和国成立以后，中国共产党不断带领中国人民探索社会主义建设、发展的道路。中华人民共和国的成立，使人民群众翻身做了国家的主人，这是人民群众首次感到充实的幸福感。随着“一化三改”的完成，社会主义基本制度在中国得到确立，社会生产关系由私有制转变为公有制，人民群众当家作主的地位得到了法律的保障，人民群众获得了满满的幸福感。1978年，随着十一届三中全会的召开，中国开始进入了改革开放的新时期，现代化建设的新局面得以展开，中国特色社会主义事业不断向前发展，以经济建设为中心的发展战略不断促进社会进步，人民生活水平得到极大提高。在改革开放的新时期，中国取得了举世瞩目的发展成就，中国共产党带领全国各族人民走进了富起来的时代，人民群众获得了殷实的幸福感。党的十八大以来，以习近平同志为核心的党中央不断开拓中国特色社会主义更为广阔的发展前景，确定了全面建成小康社会，实现中华民族伟大复兴的战略目标。进入新时代以来，人民群众对精神生活的需求逐渐增加，社会主要矛盾转变为人民日益增长的美好生活需要和不平衡不充分的发展之间的矛盾，这也是人民群众不断追求幸福感的真实体现。人民幸福最大的外在表现就是对国家、对社会有很高的满意度。因此，夺取新时代中国特色社会主义伟大胜利，实现人民幸福要推进国家治理体系和治理能力的现代化，建设一个文明、和谐、美丽的人居环境。中国的光明前景已经形成，中国人民的幸福感正在不断提升，新时代人民群众已经取得了“爆棚”的幸福感。让人民幸福是中国共产党执政以来持续不变的执政理念，中国共产党始终坚持立党为公，执政为民，坚持为人民群众谋幸福。中国共产党的执政地位是历史的选择，是人民的选择，更是中国未来的选择。2021年是中国共产党成立100周年，100年来，中国共产党领导中国人民实现了从站起来到富起来再到强起来的伟大飞跃，其本质上就是中国共产党以民为贵、一心为民、坚持初心、砥砺前行的时代壮美画卷！

二、在中国梦视域下厚植“纲要”课思政教育功能的合理性

在中国梦视域下厚植“纲要”课思政教育功能的合理性之一：中国梦折射了中国近现代史的历史进程，更是中国近现代史的固有内容和有机外延。习近平总书记指出：“实现中国梦必须走中国道路，必须弘扬中国精神，必须凝聚中国力量。”① 中国道路是中国近现代史上确立的一条适合中国国情的中国特色的社会主义道路；中国精神是中国共产党带领广大人民进行革命、建设、改革培育形成的一系列精神，主要以民族精神和时代精神为核心内容；中国力量更是在中国近现代史上得到充分彰显。实现中国梦要从中国近现代史上寻找奋斗力量，寻找梦想起源。2018年版的“纲要”教材虽然几经变化，但不变的是对我国近现代历史时期的划分和对近现代重大历史事件的准确定位。中国近代史开始的标志性事件是1840年的鸦片战争，近代史截止的时间是1949年中华人民共和国的成立，中华人民共和国成立之后是中国的现代史，中国的现代史是没有明确下限时间的，它的下限是有无限的伸展性的。中国梦的战略思想是习近平总书记2012年提出来的，写在2018版教材中，这说明中国梦战略思想本来就包含在中国现代史的内容中。如果“纲要”教材编写于2012年前，那么中国梦战略思想就是中国现代史的有机外延。中国梦战略思想承接中国近现代仁人志士的奋斗理想，上承中国近现代史的主要内容，下启中华人民共和国成立100年建成富强民主文明和谐美丽

① 张旭. 习近平再阐中国梦 三个“必须”勾画具体路径［N］. 人民日报，2013-03-18.

的社会主义现代化国家的目标，是中国近现代史不可分割、不可跳跃的一个重要部分。厚植“纲要”课的思政教育功能，要紧密结合中国梦战略思想与“纲要”课的历史关联。中国梦战略的出场方式就是以古喻今，以史为鉴。历史是最好的教科书，讲述党的理论思想要有“大历史”观，要坚持历史唯物主义观点，坚持历史是现实的前提，历史是未来的经验，要从中国近现代史中汲取高校思政教育的素材和营养，真正发挥“纲要”课程的思政教育价值。

在中国梦视域下厚植“纲要”课思政教育功能的合理性之二：中国近现代史实质上是近代以来中国人的追梦史，经历了梦碎、梦醒、逐梦、圆梦四个阶段，最终在中国共产党的领导下走上了中国特色社会主义的大道，逐步接近中华民族伟大复兴中国梦的伟大目标！中国近现代史两大历史任务之间存在着承接的关系。《文心雕龙》中讲道：“文之思也，其神远矣。故寂然凝虑，思接千载。”伟大思想家在凝神构思时，往往会联系到多年前的生活。中国近现代史的两大历史任务就是在民族独立的基础上实现国家富强，在人民解放的基础上实现人民幸福。从1840年开始，中国人民经过了将近110年的斗争，实现了民族独立和人民解放，但国家富强和人民幸福的历史任务还很艰巨。中华人民共和国的成立，既是一个历史任务的结束，又是一个历史任务新的开始。实现中华民族伟大复兴，是近代以来中国人的夙愿，而中国梦就是这个夙愿的新时代的表达。中国梦战略思想的提出凝聚着无数中国共产党人要完成中国近现代民族独立和人民解放两大历史任务的夙愿，具有历史性与时代性相结合的特点。在当下如果我们不再强调国家富强和人民幸福的中国梦，那就是与中国近现代史的割裂，遗忘了近现代史上革命先烈的真实愿望诉求，是一种梦想的断层。在中国梦视域下厚植“纲要”课思政教育功能，要深刻理解中国梦思想所蕴含的历史性和科学性，让学生从近现代史上的两大历史任务中去领略中国梦的预见性与前瞻性。中国梦并非是当下所独有的，也并非是当前空间所独有的，中国梦在不同的时空条件下，会具有不同的内涵和意义。中国梦并非是个体所做的生理学的梦，而是社会历史之梦，承载着重大的历史使命感。“纲要”课的思政教育意义，在于让学生了解历史，了解推动历史进程的前进是如此不易，了解科学理论的诞生并非是一蹴而就的，而是对前后相关的历史事件的综合考量。厚植“纲要”课的思政教育功能，是在讲清历史事件的基础上，挖掘深层次与当下现实相结合的教育意义，从历史使命感中去寻找自身存在的价值。

在中国梦视域下厚植“纲要”课思政教育功能的合理性之三：有利于让青年大学生树立正确的历史观，坚定崇高的理想，以个人梦融入中国梦之中。一个人只有有了正确的历史观，才能对历史事件做出客观公正的评价，因此，正确的历史观涉及青年大学生的高尚历史素养的形成。历史素养的基本要素包括历史知识、历史思维能力和历史意识的价值观。历史是新时代大学生安身立命的理论基础。青年学生影响着祖国的未来，而青年学生的历史观影响着祖国的发展方向和前途命运。习近平总书记指出，“历史是最好的教科书”①；“中国传统文化博大精深，学习和掌握其中的各种思想，对树立正确的世界观、人生观、价值观很有益处”②；“观察和认识中国，历史和现实都要看，物质和精神也都要看。中国人民近代以来170多年斗争史，中国共产党90多年奋斗史，中华人民共和国60多年发展史，改革开放30多年探索史，这些历史一脉相承，不可割裂”③。

大学时期是青年大学生的历史观、人生观、价值观等多种观念形成的重要时期，高校思想政治课程教师只有讲好“纲要”课，才能帮助大学生树立正确的历史观。正确的历史观能够坚定大学生对社会主义制度的自信。我们要坚决否定历史虚无主义，尊重历史，尊重人民，在充分了解党史、国史的基础上增强对马克思主义的认同、对中国共产党的认同、对社会主义道路和改革开放的认同，自觉增强学习贯彻习近平新时代中国特色社会主义思想的坚定性和自觉性！理想信念是精神之“钙”，正确的历史观有利于让青年大学生坚定服务国家、服务社会的理想，对事物做出正确的价值判断。中国梦是一个个的个人梦想所汇聚成的，当然也包括历史人物的梦想，中国梦的实现需要每一代人，每个个体的共同努力。在中国近现代史上，涌现了许多为实现理想、梦想而奉献了生命的英雄前辈，“纲要”课发挥思政教育功能要讲好他们的事迹，青年大学生要从他们的身上学习为实现梦想奋不顾身的精

① 以史为镜以史明志知史爱党知史爱国［J］. 求是，2021（12）：2-4.

② 习近平. 在中央党校建校80周年庆祝大会暨2013年春季学期开学典礼上的讲话［EB/OL］. 中国文明网，2013-03-03.

③ 习近平. 习近平在布鲁日欧洲学院的演讲［EB/OL］. 共产党员网，2004-04-01.

神。大学生要把自己的梦想融入中国梦之中去，秉承先集体后个人的原则，逐步实现自身梦想，为实现中国梦贡献青春力量。

三、如何在中国梦视域下厚植“纲要”课的思政教育功能

紧紧围绕习近平总书记中国梦的战略思想，设计好中国梦战略思想的教案和课堂。高校教师要在熟悉“中国近现代纲要”的基础上，把中国梦战略思想融入课堂，融入中国近现代历史讲解的各个时期。在新民主主义革命之前，地主阶级抵抗派、洋务派、农民阶级、资产阶级改良派、革命派，这些阶级和派别为拯救当时的中国，提出了政治主张和发展要求，他们为改变当时中国落后贫穷的局面做出了历史实践。他们也有各自的阶级梦想和派别梦想，我们要在把他们的梦想和中国梦进行区分的基础上寻找他们共同的关联点。虽然这些阶级和派别在追逐梦想的道路上没有成功，但是他们为中国共产党的成立和我党带领中国人民逐梦奠定了历史基础。在新民主主义革命时期，中国共产党为带领中国人民追逐民族独立、人民解放之梦付出了巨大的牺牲。后来中国革命出现了新的转机，革命道路的转变、革命理论的形成、革命实践的一次次胜利为民族独立、人民解放之梦奠定了政治基础。中华人民共和国成立后，社会主义革命和建设时期，中国共产党又确定了一个个社会发展目标，如独立自主、超英赶美、确立政治制度、提高国际地位等，这些是这一时期中国共产党的新梦想，为中国特色社会主义的开创奠定了经济基础。从改革开放到中国特色社会主义的新时代，随着中国特色社会主义制度、理论、道路的确立，社会主义在中国展现了勃勃生机，中国共产党在这一时期圆了回归梦、入世梦、飞天梦、奥运梦、航母梦等，在新时代真正确立了中国梦。尤其在2020年，我国全面建成了小康社会，摘掉全国贫困地区的帽子，我们的小康社会建设梦想成真。我们的中国梦也一定能够变为现实。因此，只要讲清我国近现代历史中的一个个梦想，以中国梦为课程讲解的主线，设计好“纲要”课堂的各个环节，青年学生就能在对历史的思考和对梦想的憧憬中真正了解掌握习近平总书记中国梦战略思想的历史特性。

在中国近现代史的思想革命变化中，要明确中华传统文化与马克思主义理论之间的关系，明确尊马和尊孔的定位及功能。“纲要”课的讲解中绕不开的两大思想体系就是中华传统文化和近代由西方东渐而来的马克思主义。

以孔家儒学为正宗的孔孟之道占据中国古代社会长达几千年之久的正统地位。在近代历史中，中华传统文化除了在太平天国运动和新文化运动中受到两次不同程度的冲击之外，其他时期一直占据着显性的优势地位。十月革命后，马克思主义传入中国，在与中国近代史上其他思潮的博弈中，马克思主义不仅没有出现先天外来的劣势，而且展示出物竞天择的理论气度和巨大的理论潜力。经过新文化运动，马克思主义成为中国共产党人的历史选择。虽然以孔家儒学为代表的中华传统文化在近现代史中依旧发挥着重要作用，但已经由显性地位变成了隐性地位。马克思主义与中华传统文化也具有许多契合的地方，正是由于两者之间的契合性，马克思主义才能与中国国情、中华文化相结合实现马克思主义的中国化。习近平总书记在曲阜讲话的“四个讲清楚”进一步说明了中华优秀传统文化在新时代的价值意义。我国的马克思主义者是马克思主义的历史唯物主义者，中国五千年的历史，任何时候、任何时期都不能割裂，处理好了尊孔与尊马的关系就能正确看待中国历史与当前的现实之间的关系。我们要以中华传统优秀文化推进中国新时代的前进，从中汲取实现中国梦的精神力量。只有把握好中华传统文化与马克思主义之间的区别和关联，才能讲好中国近代史上历史人物的思想变化，才能了解中国近现代史中无数志士仁人为了民族独立、人民解放和实现国家富强、人民富裕这两大历史任务进行的不屈不挠、英雄顽强的斗争，他们的流血牺牲最终都是为了实现中国梦这一伟大目标。

以习近平新时代中国特色是社会主义思想为引领，改革“纲要”课教学策略，汇聚思政育人的多重方案。① 教育部等八部门于 2020 年 4 月印发的《关于加快构建高校思想政治工作体系的意见》指出，要加强政治引领，厚植爱国情怀，强化价值引导，在理论武装体系、学科教学体系、日常教育体系、管理服务体系等方面对高校思政工作建设提出了具体意见。“纲要”课作为高校学生四门马克思主义理论课程之一，作为哲学社会科学的一类，具有强烈的育人作用。要突出“纲要”课的教学主题，即实现中华民族伟大复兴的中国梦。要把中国梦的战略思想融入“纲要”课的教育教学目标中去，要把实现中国梦的伟大实践融入“纲要”课的教育教学的全过程。“纲要”

① 张玲. 习近平系列讲话精神进“中国近现代史纲要”课的初步探索与实践［J］. 想政治课研究，2017（03）：23-26.

课不仅要用新时代我国取得的巨大成就来说明“四个选择”（历史和人民选择了马克思主义，选择了中国共产党，选择了社会主义，选择了改革开放）的伟大正确性，更要讲清中国共产党的逐梦之路与经验启示，而追逐前进的动力是马克思主义理论的开拓与创新。在“中国近现代史纲要”课探索设计新的教学内容过程中，可以在教学大纲的基础上，在各个专题讲座中穿插体现习近平总书记历史观的系列讲话，特别在讲解新民主主义革命时期要注重介绍习近平总书记关于中国梦的系列讲话。在讲解每个专题时，要遵循纵深推进的原则，纵深推进习近平历史观融进课堂的教学。① 要依据多重条件来进行选题，在教材框架的基础上选择相互有关联的、有重大历史影响力的人物，来逐一讲解人物专题。坚持强化课堂对学生的思想政治引领，可以设置“纲要”课与思想政治教育相结合的问题研讨，如有关历史人物的网络热议问题，中国梦在社会上引起的公众反应等。引导青年学生联系现实，帮助青年学生用历史思维和历史唯物主义的方法看待中国梦、看待社会热点，使其在科学认知中知史、明史、爱国、爱党。深刻挖掘思政育人的多重途径，从社会现实中引申思政教育价值。②

党史学习教育动员大会于2021年1月20日上午在北京召开。习近平总书记强调，全党同志要做到学史明理、学史增信、学史崇德、学史力行，学党史、悟思想、办实事、开新局，以昂扬姿态奋力开启全面建设社会主义现代化国家新征程，以优异成绩迎接建党一百周年。③

---

① 方玉萍. 习近平历史观融进“中国近现代史纲要”教学的思考［J］. 教育评论，2019（01）：99-103.

② 徐奉臻. 在思政课教学中何以实现中国梦之“三进”——以“中国近现代史纲要”课为例［J］. 思想政治教育研究，2015（03）：52-55.

③ 新华社. 习近平在党史学习教育动员大会上强调 学党史悟思想办实事开新局 以优异成绩迎接建党一百周年［N］. 人民日报，2021-02-21.

第四节 习近平中国特色社会主义思想融入“思想道德修养与法律基础”课程研究

在新冠肺炎疫情防控这场无硝烟的战争中，出现了丰富的高校思想政治理论课的元素，这些元素既有警示的意义，警示我们如何去做，又有许多教育的意义，教育我们如何去学。我们应深度挖掘疫情防控战中的道德和法治元素，使之与“思想道德修养与法律基础”课（以下简称“思修”课）相融合，在探究两者融合的重要意义基础上，创新课程的教学方法，建立教师的教学学术体系，注重实践教学与理论教学相统一，运用多种学生喜闻乐见的教学方式将疫情防控战中的道德和法治元素贯穿到教学的全部环节和全部过程，以真正提升课程的教学效果，提高学生的道德水平，培养学生的法治素养。

全国上下、勠力同心共同应对的无硝烟的新冠肺炎疫情防控阻击战，是一场人民战争，是一场对党的领导和中国特色社会主义制度优势的考验，更是一面反射道德与法治的双面镜。直至今日，对新冠肺炎疫情的防控仍然没有止步，病毒还没有在中国大地上被彻底消灭，加强疫情防控教育，尤其在后疫情时代，加强青年大学生的爱国主义教育、理想信念教育、道德法治教育、卫生防疫教育显得异常重要。树立青年大学生在后疫情时代正确的世界观、价值观需要从人民防疫斗争讲起，从疫情防控战中的道德典型和法治案例讲起，真正挖掘素材，以具体的人民防疫实践感染青年大学生，提升青年大学生的道德修养和法律素质。“思修”课是青年大学生进入大学的第一门思想政治教育课，将人民防疫战与思修课教育相结合有利于青年大学生更好地明德守法，真正掌握疫情中中华美德和中国特色社会主义法治的内容。

一、深度挖掘疫情防控战中“思修”课教育的道德与法治元素

2021 年版的“思修”教材中专门引用了习近平总书记的话：“在这次抗疫斗争中，青年一代的突出表现令人欣慰、令人感动。参加抗疫的医务人员

中有近一半是‘90后’‘00后’，他们有一句话感动了中国：2003年非典的时候你们保护了我们，今天轮到我们来保护你们了。”① 新冠肺炎疫情的爆发对于祖国的发展来说是一场重大的灾难，但灾难往往是具有两面性的，虽然会影响我国经济的正常发展，但更会凝聚中华儿女战“疫”的力量，增强抗“疫”的信心。对于青年大学生来说，人民抗击新冠肺炎疫情的斗争史就是一堂感性而又生动的“思政课”，它汇集着“思修”课堂教学的丰厚素材，挖掘这些素材，把这些素材与习近平总书记关于抗击新冠肺炎疫情的重要论述相结合后展现给青年学生，让青年学生在完整的视域中看到中国之治的“德”与“法”。“思修”课从个人的人生观讲起，逐渐讲到理想信念、中国精神、核心价值观、社会道德以及国家法律。在这次疫情防控战中，思修课的各个板块都得到了体现，只有深度挖掘，才能完美展现，只有完美展现，才能将感性体验和理性体验两者相结合。

道德属于社会意识，法律属于上层建筑，两者是维持社会稳定、规范人们行为的不同的两个方面。习近平总书记在统筹推进新冠肺炎疫情防控和经济社会发展工作部署会议上对关于宣传疫情防控战中的感人事迹，弘扬真善美的指示是对疫情防控战中人民展现出的优良道德品质的充分肯定。习近平总书记在中央全面依法治国委员会第三次会议上对关于疫情防控关键期要树立科学防控、依法防控、在法治轨道内推进各项防控工作的指示是对疫情防控战中所暴露出的工作问题所提出的法治要求。② 中国能够取得这次疫情防控战的伟大胜利，靠的是“中国伟力”，这个“伟力”是多个力量的合力，是历史和社会的合力，有历史、有制度、有法律，更有许多平凡而伟大的中国人民。

人生的青春阶段是最美好的，也是最有力量的。这次疫情防控战，就涌现出了一大批“90后”甚至“00后”的抗疫青年。如何解答人生的青春之问，北京大学援鄂医疗队全体“90后”党员给出了优秀的答案，夏思思医生、彭银华医生等更是用生命书写青春之问的答案。据统计，此次抗击疫情的战役中，青年医护人员的占比已远超过一半，这次抗疫的胜利，青年人起

---

① 习近平. 习近平总书记在全国抗击新冠肺炎疫情表彰大会上的讲话［N］. 人民日报，2020-09-09.

② 石伟. 为疫情防控提供有力法治保障［N］. 学习时报，2020-02-10.

到了顶住疫情防控半边天的作用。这些抗疫中的青年他们在用实际行动履行责任担当、践行爱国情怀，真正创造了有意义的人生。抗疫的胜利也彰显了在我国作为意识形态的社会主义理想信念的巨大胜利，中国共产党有理想信念，中国人民有理想信念，以习近平同志为核心的党中央在这场无硝烟的战争中充分表现出了坚决打赢疫情防控阻击战的信心和信念，这体现了一个政党以人民为中心的道德价值追求，以保卫人民生命财产安全的内在伦理精神。晏乃军、樊树锋等这些奋不顾身、主动请缨的共产党员，他们舍小我、全大义，敢于逆行而上，他们的力量源泉来自哪里？来自共产党员的光荣称号，来自共产党人的理想信念，因为这是他们的本色，这是他们的初心，是丝毫不需要修饰的本色和干干净净的初心。“我是党员我先上”，“我将无我，不负人民”，这种崇高奉献的精神使得一大批共产党员签下了抗疫请战书。中国共产党党员占到了全国人口的 7%，但在抗疫一线从事疫情防控工作的党员占到了 76.1%，他们是新时代最可爱的人。中国共产党和共产党员将道德意志和理想信念的善良动机转换成具体的行动并在具体实践中不断排除障碍，将其变成一以贯之的能力机制。

中华民族自古以来就崇尚精神，儒家追求“君子”，道家推崇“真人”，近代梁启超呼吁“新民”，归根究底都是对人的精神品格的关注。中国的民族精神是以爱国主义为核心的，古往今来，爱国主义的事迹在中国大地久唱不衰。爱国主义的民族精神世代演绎，是因为我们探寻出了精神的来源，从这次疫情防控战中我们更能看出答案。在疫情防控战中，总有一些平凡的英雄挺身而出，而又不留姓名，抗疫一线的医护人员在与死神搏斗的时候，是谁给予他们物质和精神的支持？我们从主动请缨的郝莺歌、朴实的农村党支部书记王国辉、坚韧乐观的快递小哥赵彬、竭尽所能助力抗疫的研究生马姣姣和她的团队，还有许多默默无闻地在平凡的岗位上敬业奉献的人的行动中找到了答案，那就是人民，人民群众既创造了物质财富，又创造了精神财富，是社会发展的决定力量。英雄来自人民，爱国主义的民族精神由人民书写和演绎。人民群众是滋养爱国主义民族精神的厚重“土地”，爱国主义要想继续传唱，一刻也离不开“土地”。援鄂前线的医务人员，援建火神山医院的 20 名龙华技工，他们用爱国和敬业精神汇聚成道义的力量，用爱国和敬业作为抗疫的精神指引，他们是人民群众中的英雄，是无私奉献的、逆向而行的人民群众的代表，是社会主义核心价值观的积极践行者。

2019 年，党中央、国务院出台了《新时代公民道德建设实施纲要》。而爆发的新冠肺炎疫情不仅是对国家治理体系和治理能力的一次大考，更是对我国公民道德建设的考验。公民道德建设涉及领域很广，也只有在不断建设中我们才能发现更多公民道德的问题。明大德，我们要了解社会主义道德的核心和原则。在我国，为人民服务是社会主义道德的核心，集体主义是社会主义道德的原则。全国各行各业的从业人员都在秉持着“苟利国家生死以，岂因祸福避趋之”的道德情怀。为抗疫失去生命的医护工作人员、为居家隔离运送生活用品的志愿者、为疫区自费捐赠物资的普通农民，这些都是明大德的典型代表。守公德，遵守公共生活中的道德规范。社会的不断进步大大拓宽了公共生活的领域，在抗击疫情中尤其要注意网络生活的道德要求，加强网络道德自律，积极引导网络舆论。抗击疫情，网络引导不能缺位，在网络上发表关于疫情的评论，我们一定要守住底线，坚决同恶意攻击党的领导和社会主义制度以及抗疫英雄的言论做斗争。助力打好疫情防控的网络舆论战，这是在网络领域守公德的基本要求。严私德，在养成个人品德时，我们要向上向善，知行合一。私德与公德最大的不同在于适用的领域，私德是在私人领域必须要遵守的道德，但随着现代家庭的社会化，关于遵守私德的行为越来越具有公德的性质，提高个人在抗疫中的道德素质和私德水平，关键在于要严以修身，正心明道，内在要自修，外在要对标道德模范，向抗疫英雄学习。

近些年来，我国在汲取历次经验教训的基础上，不断完善疫情防控有关的法律法规，但“天下之事，不难于立法，而难于法之必行”。在此次疫情防控战中，有些地方执法不严，有些地方有法不依，出现了乱设疫情防控卡点、违法猎食野生动物、隐瞒高风险疫区出行踪迹等现象，这些都是损害法律生命力和权威性的行为，我们要坚决制止。每个公民要培养法治思维。首先要尊重和维护法律权威，此次疫情防控中出现的违法犯罪行为，透露出部分公民法律意识较为薄弱，对此，在疫情防控中立法部门要不断完善野生动物保护法以及陆生野生动物保护实施条例、水生野生动物保护实施条例、传染病防治法、突发事件应对法、动物防疫法、突发公共卫生事件应急条例等法律法规，宣传部门有责任加大全民普法工作力度，弘扬社会主义法治精神，增强全民法治观念。①

只有充分发挥我国国家制度和国家治理体系的显著优势，坚持全面依法治国，布局疫情防控期间全面依法治国的科学格局，集中力量办大事，为疫情防控工作提供有力法治保障，才能赢得这场疫情防控战的伟大胜利。

（二）将疫情防控战中的道德与法治元素融入“思修”课教育的重要意义

在疫情得到有效控制后，我国高校开启了青年学生高校思想政治教育的第一课，这有利于增强思修课的实效性。习近平总书记在给北京大学援鄂医疗队全体“90后”党员回信中提道：“在新冠肺炎疫情防控斗争中，你们青年人同在一线英勇奋战的广大疫情防控人员一道，不畏艰险、冲锋在前、舍生忘死，彰显了青春的蓬勃力量，交出了合格答卷。”②“思修”课作为高校思政教育的第一门课程，是为了让青年学生在树立正确的世界观、人生观、价值观、法治观的基础上，去接受马克思主义，去接受中国特色社会主义理论，这也是我国高校思想政治理论课的新的时代要求。人生的青春之路需要从人生观开启，而人生观的正确与否需要时代和人民去评定。习近平总书记的回信充分肯定了青年医疗队党员，青年学生在国家危难之时表现出的英勇行为，更应是“思修”课教育的聚焦点。高等教育是青年学生学校教育的最后一个环节，也是青年学生进入社会之前的教育阶段，用什么样的手段去引申高等教育的思政特性，显得异常重要。思想政治理论课要兼具理论性和实效性，而增强实效性的最好手段就是用从人民防控疫情斗争中挖掘出的道德和法治元素来感染人。中国特色社会主义进入了新时代，思想政治理论课要不断丰富新的时代内容，加强青年学生的时代观教育成了一项重要的内容，而疫情引申出的思想政治教育正切合了这一目的。疫情防控是人民进行伟大斗争的一项无法避开的环节，青年学生投身于疫情防控中去，就是投身了伟大事业，建设了伟大工程，可以切实增强青年学生的直观现实性，使青年学生真正肩负起历史的重任，使梦想在奋斗中变为现实。

将疫情防控战中的道德与法治元素融入“思修”课教育，是坚定青年学

① 石伟. 为疫情防控提供有力法治保障［N］. 学习时报，2020-02-10.

② 王政淇，于子青. 勇担时代使命重温习近平对青年人的殷殷寄语［J］. 台声，2020（14）：14-17.

生理想信念，增强爱国主义民族精神的需要。理想信念对于中国共产党人来说是精神上的“钙”，对于青年大学生来说，理想信念是“原生高钙”。习近平给正在北京大学首钢医院实习的西藏大学医学院学生回信中提道：“医生是人民健康的守护者。在这次新冠肺炎疫情防控斗争中，军地广大医务工作者冲锋在前、英勇奋战，用行动诠释了白衣天使救死扶伤的崇高精神。”① 医务工作者这种崇高精神从哪里来？从理想信念中来，从爱国主义民族精神上来。理想信念对于人的精神世界具有重要的决定性作用，钙是化学物质中最具活泼性的物质之一，它能与许多化学物质发生反应，形成新的物质，而理想信念是人的精神意识当中最具活泼性的形态，也能与人的许多精神状态发生反应，左右人的精神世界。在当代，爱国就是爱社会主义，就是坚定马克思主义信仰。青年是一个人的人生初期阶段，坚定的理想信念不会一劳永逸，但在人生初期就坚定马克思主义的理想信念，树立高尚的爱国情怀，可以使青年学生少走弯路，多一点对正确的理想信念的坚持。学习“思修”课程的理论内容，是一种加强理论武装的“补钙”方法，而投入疫情防控，是在直面重大现实问题，是在用实际行动练就理想信念的“金刚之身”。疫情防控战中的这些道德和法治元素是现实的，体现了中华民族的自信心和自豪感的来源，将其与“思修”课教育相结合是很有必要的。青年学生是最有希望和最富有朝气的一代，当然也是受西方资本主义思潮影响最深的一代，疫情防控中的元素有利于青年学生了解本国国情，认知本国制度，弘扬民族精神，增强爱国主义教育。

将疫情防控战中的道德与法治元素融入“思修”课教育，有利于提升青年学生的道德水平，深化道德教育的引导作用。“思修”课程要深入贯彻落实《新时代公民道德建设实施纲要》，用疫情防控中涌现的先进模范引领道德风尚，用我国疫情防控中的正确舆论营造良好道德环境，用优秀文艺作品陶冶青年学生的道德情操。疫情防控中涌现了许多战斗的堡垒和先进的模范，从家喻户晓的钟南山、李兰娟院士到没有留下名字的默默无闻付出的志愿者、快递小哥等，还有各个地区评选的时代楷模、道德模范，他们都是榜样，青年学生要以榜样为力量进行对标，加强自身道德修养。疫情影响下，

① 顾晋. 疫情面前救死扶伤 仁心仁术造福人民——学习习近平总书记给西藏大学学生的回信体会［J］. 前进论坛，2020（04）：53-54.

人们的日常生活和社会公共秩序难免会受到冲击，因此，疫情过后重塑社会公共道德显得刻不容缓，在这个时候加强重视舆论引导具有重要作用。要把疫情防控中的正确价值导向和道德要求体现在经济社会发展中，体现在青年学生的教育中，体现在“思修”课堂的教学中。尤其是要加强对关于疫情防控中热点问题的引导，以事说理、以案明德，在“思修”课教育中要划清疫情防控战中遵守和违背社会公德、公序良俗的界限，真正向青年学生展现疫情防控战中的真善美。疫情防控也为文艺发展提供了众多鲜活的素材，各条文艺战线和广大文艺工作者紧紧围绕疫情防控工作，创造了一大批以文学、音乐、戏曲、曲艺、摄影、书法、美术等艺术形式表现的优秀文艺作品，用这些体现疫情防控的优秀文艺作品深化对青年学生的道德教育引导，既符合《新时代公民道德建设实施纲要》的总体要求，又为思修课教育寻找到了新的载体。

将疫情防控战中的道德与法治元素融入“思修”课教育，有利于推进习近平关于疫情防控的重要论述融入“思修”课，铸牢大学生的道德法律意识。习近平总书记关于疫情防控的重要论述坚持用马克思主义社会治理观点看待疫情，内涵丰富，从个人、社会、国家到世界，体现了个人防护、社会动员、国家治理、国际合作的防控逻辑思路。“德”和“法”始终是贯穿防控治理的一条主线的两个方面，要将习近平对有关疫情防控中道德先进和依法防控的指示有计划地分解到“思修”课程的各个章节中去，“思修”课可以承担习近平关于疫情防控重要论述“德”和“法”方面的理论宣传教育，推进其在高校思政课教育中的传播，使我国以德治国和依法治国的国家治理理念深入大学生的心里。从实践上看，这可以丰富“思修”课程的教学素材，增强时代感，强化中国梦与中国精神理论教育，加强社会主义核心价值观教育。习近平总书记关于依法防控疫情的重要论述，对建设中国特色社会主义法治体系、全面完善依法治国的基本格局具有重要的意义，有利于各级领导干部培养疫情防控的法治思维，全面提高依法防控依法治理的能力。青年学生在深入学习贯彻习近平关于疫情防控的重要论述时，首先，要加强理论学习，既要系统学，又要跟进学，时刻关注党中央习近平总书记对疫情防控的新要求。其次，要牢牢把握疫情治理的政治方向，厚植疫情防控教育中的爱国主义情怀，提高政治定位。再次，要增进疫情治理的科学思辨观，坚定自身科学的主观思辨能力，直面疫情，用科学的政治的态度面对疫情。最后，青年学生必须要投身具体实践，不断提高疫情防控的工作能力，与全国人民一道在开展防控疫情中铸牢道德底线，树立正确的法律意识和法治观念。

（三）将疫情防控战中的道德与法治元素融入“思修”课教育的具体路径

在疫情防控中挖掘道德和法治元素，结合青年学生的学情，转“思修”课教材体系为教学体系。作为思政课教师，在坚定马克思主义基本原理观点的基础上，应不断提高理论的阐释能力和案例的分析能力，运用“思修”课的教学观点去引导学生理解疫情防控战中的道德与法治元素。一是以教材为中心，通过对教材知识体系的梳理和课堂上教学素材的讲授，讲清“思修”课教材中的道德和法律的知识内容，在学生接受了这些知识内容之后，再融入疫情防控战中的道德与法治元素，激发学生在教材原有的知识体系上去思考这些思政教育的元素，达到以学生为主体，激发学生兴趣的目的。二是必须要考虑教学对象自身的特点，“思修”课面向的是刚步入大学校园的大一新生，他们在高中教育阶段更多接受的是理论通识教育，所以要充分考量他们的认知情况、知识储备量、思维特点、兴趣爱好等，在熟悉教学对象的基础上去探索适合的教学方法，探索疫情防控战中的道德和法治元素与“思修”课相结合的融合点。授课教师在选取这些元素时，一定要有针对性和典型性，从典型入手，将这些元素有效地融入课堂教学中。

坚持案例渗入、内容更新和应景考核相结合的方法，将疫情防控战中的道德和法治元素融入教学的全部环节和全部过程。疫情防控战中的道德和法治元素是一个个具体的、活生生的人所创造的，是人民群众创造的一笔物质和精神财富，如何把这些财富运用到高校思政教育中去，是每一个思政教育工作者所必须面对的课题。要把疫情防控战中的具体案例渗入“思修”课程的理论讲解中，贯穿“思修”课程的教学始终，例如，各个地区涌现的抗疫先进个人、集体，习近平总书记关于疫情防控工作的回信、讲话，时刻关注疫情防控中涌现的新典型、新案例来更新课堂讲授的内容体系，鼓励学生在网络媒体平台寻找能感染自身的抗疫新事迹，在教师掌控课堂的前提下，充分组织学生进行课堂讨论，鼓励学生用“思修”课程的原理知识来研讨疫情防控战中的道德和法治元素，充分展示新时代高校学生的道德素质、法律能力和自己的人生感悟。在课程考核时，坚持应景考核，首先，“内容应景”，兼顾“思修”课程的教材理论知识和疫情防控中的道德、法治案例；其次，要注意学生掌握新论断、新案例、新形势的情况；最后，一定要“形式应景”，倾听学生的想法，注意学生的建议，汇集学生喜爱的课程考核方式，在进行可行性和科学性分析的基础上选择合适的方式。

以实践教学辅助理论教学，开展形式丰富多样的关于疫情防控与“思修”课融入的实践活动，巩固课堂教学效果。思想政治理论课由于课程自身的特性，往往被人们认为缺乏实践性，但疫情防控战中的道德和法治元素来源于人民抗疫的伟大实践，是人民为了抗疫付出鲜血甚至生命的实践结晶。我们可以在业余课堂开展关于疫情防控宣传的专题讲座以及举办社团式的实践教学活动，积极鼓励青年学生参加疫情防控的实践活动，在活动中切身感受疫情防控中的道德和法治元素。我们可以举办关于野生动物保护法、传染病防治法等的系列讲座活动，对相关法律进行大力宣传；也可以举办模拟法庭活动，组织学生参与，让学生扮演各个角色，让学生亲身经历对违法猎食野生动物、隐瞒疫情防控期间行踪者的法律制裁，切实感受法律的权威和尊严。在实践教学中要坚持以学生为中心的教学思想，切实满足青年学生日益增长的道德和法律需求，为青年学生的道德水平和法律素养增添疫情防控的时代要求，增强青年学生在疫情防控中依法行使权力和履行义务的法律意识。通过疫情防控的实践教学，使青年学生真正懂得尊重抗疫的英雄模范，崇尚道德，遵守法律、维护法律，敢于同那些抹黑抗疫英雄、破坏法律权威的言行做斗争，使道德和法律能够深入青年学生的内心。

多管齐下推进疫情防控中的道德和法治元素进入学生头脑。思想理论教育的最终目的就是推动马克思主义进入学生头脑，在学生头脑中落地生根，这也是最难的环节。疫情防控中的道德和法治元素要想进入学生头脑，教师和学生必须达成一定的教和学的共识，教师头脑里也应该有这些元素，并且还必须是系统化、理论化的。疫情防控中的道德和法治元素内容，主要体现在习近平总书记关于疫情防控的重要论述中和人民抗疫的斗争中。我们可以利用新媒体等网络手段整合疫情防控中“思修”课的课程资源，利用教师对其进行梳理和归纳总结，对网络课程资源进行充分的开发。这样，教师的自我充电就显得更加重要，要提升思政课教师对于疫情防控工作的理解能力，提升思政课教师对疫情中的道德和法治元素的挖掘能力，提升思政课教师的业务能力。要改革和完善教学方法，挖掘疫情防控中的思想政治教育元素。疫情中的思想教育元素是一个新型的、不同于以往的题材，该以什么样的教学方法与其相配套，是一个需要考究的问题，但无论用何种手段，必须要把课程的重点和难点、疫情防控中的热点、大学生关注疫情的焦点结合起来，综合运用多种教学方法。

第五节　关于提升思政课对增强大学生“四个自信”的引领力的研究

思想政治理论课是以传道、授业、解惑为基本要求以灌输培育社会主义核心价值观为根本宗旨的教育。提高思想政治理论课教学质量，要把握好灌输与养成、说服与疏导、理论与实践、一般与典型、言传与身教五对基本范畴之间的关系。

马克思主义在中国化过程中所具有的民族特色与中国传统文化紧密相连，与中华民族传承至今的独立自主的民族精神息息相关，与我们基于中国特色社会主义的文化自信、理论自信、制度自信、道路自信浑然一体，是我们坚定“四个自信”的精神源泉。

中国特色社会主义文化立足于中华优秀传统文化，在弘扬红色革命文化与建构社会主义先进文化的互动中勃兴。这三种文化有机融合、交相辉映，构成了内涵丰富的中国特色社会主义文化，并彰显出独特的民族特色。厘清新时代中国特色社会主义文化的民族特色，是我们坚定文化自信的思想基础和精神支撑。

在当代中国，爱国主义的本质特征就是培育和践行社会主义核心价值观，在中国特色社会主义发展道路上实现国家富强、民族振兴、人民幸福的中华民族伟大复兴的中国梦。

一、提升思政课对增强大学生“四个自信”的引领力的相关研究动态

习近平总书记在全国教育工作大会上指出：“教育引导学生树立共产主义远大理想和中国特色社会主义共同理想，增强学生的中国特色社会主义道路自信、理论自信、制度自信、文化自信。”① 在学校思政课教师座谈会上他进一步指出，“思想政治理论课是落实立德树人根本任务的关键课程……我们办中国特色社会主义教育，就是要理直气壮开好思政课，用新时代中国特色社会主义思想铸魂育人，引导学生增强中国特色社会主义道路自信、理论自信、制度自信、文化自信。”② 总书记的系列重要论述，不仅明确了新时代思想政治理论课的历史地位，也指出了其肩负的历史使命。因此，办好新时代高校思政课需要不忘初心、牢记使命，在立德树人的道路上继续前行，以理想信念教育为核心，推动高校思政课改革创新，不断提升思政课对增强大学生“四个自信”的引领力。

当前学术界对思政课建设的研究成果也并不算少，通过对中国期刊全文数据库进行检索统计，截至 2021 年，以“思政课”为主题的学术论文共有 7086 篇，以“四个自信”为主题的论文有 678 篇，但以“思政课+四个自信”为题的仅有 5 篇，目前还没有以思政课对增强大学生“四个自信”引领力提升研究为题的相关学术论文、硕博论文和学术专著。由此可见，该领域的研究尚处于起步阶段。通过对目前学术界研究成果进行梳理，不难发现这些研究主要从三个维度展开：

（一）办好思政课的相关研究

1. 根本问题说

顾海良（2019）认为，实现中华民族伟大复兴的使命，必须培养一代又一代拥护中国共产党领导和我国社会主义制度、立志为中国特色社会主义事业奋斗终生的有用人才。“办好思政课”，最根本的是要全面贯彻党的教育方

① 习近平. 坚持中国特色社会主义教育发展道路 培养德智体美劳全面发展的社会主义建设者和接班人［N］. 人民日报，2018-09-11.

② 习近平. 用新时代中国特色社会主义思想铸魂育人 贯彻党的教育方针落实立德树人根本任务［EB/OL］. 新华网，2019-03-18.

针，解决好培养什么人、怎样培养人、为谁培养人这个根本问题。①

2. 政治认同说

高国希等（2019）认为，高校思政课是针对大学生开展的马克思主义理论教育，是高校课程体系中专门化、集中性的育人课程，具有突出的政治性。这种政治教育能够促进学生的思想成长，增强其政治认同，提升其思想境界。②

3. 打造“金课”说

靳诺（2019）认为，要用科学的态度对待科学，用真理的精神追求真理，用信仰的力量讲授信仰，讲出中国特色社会主义应有的自信，讲出身处百年未有之大变局的定力，讲出担当民族复兴大任应有的使命感和责任感，努力把思想政治理论课打造成学生“真心喜爱、终身受益、毕生难忘”的“金课”。③

4. 改进创新说

吴潜涛（2019）认为，敢于直面问题，坚持问题导向，认真学习领会、贯彻落实习近平总书记在学校思想政治理论课教师座谈会上讲话精神，学校思想政治理论课就会在加强中改进、在实践中创新，在越办越好的实践中把立德树人的根本任务落到实处，培养担当民族复兴大任的时代新人。④

（二）“四个自信”的相关研究

1. 科学内涵说

李君如（2018）指出，我们对中国特色社会主义的自信，是科学的自信。“四个自信”不是没有科学内涵的空洞口号，不是没有科学依据的盲目

---

① 大学生思想政治教育评价中心. 理直气壮办好思政课 用习近平新时代中国特色社会主义思想铸魂育人——访教育部高校思想政治理论课教学指导委员会主任委员顾海良教授［EB/OL］. 大学生思想政治教育评价中心网络，2019-05-07.

② 高国希. 高校课程体系合力育人的理论逻辑［J］. 中国高等教育，2017（23）：19-24.

③ 靳诺：站在新的起点上把思政课越办越好［J］. 中国高校社会科学，2019（03）：1-4.

④ 吴潜涛. 理直气壮开好学校思想政治理论课——高校思政课教师学习贯彻习近平总书记在学校思想政治理论课教师座谈会上的重要讲话精神座谈会发言摘登［N］. 中国教育报，2019-04-16.

自信，而是具有丰富内涵和充分依据的科学的自信，也是合乎社会发展规律和中国国情的科学自信。①

2. 深厚力量说

沈壮海等（2019）认为，不断增强的道路自信、理论自信、制度自信、文化自信，不仅是我们办好思政课的自信来源与有力支撑，更是我们奋力前行、改革创新的重要基础与深厚力量。②

3. 学理依据说

张传鹤（2018）提出了“四个自信”的学理依据：马克思主义揭示的人类社会发展的客观规律给了我们深厚的道路自信；中国特色社会主义理论的科学性、真理性、先进性品质给了我们理论自信；中国特色社会主义制度的独特优势给了我们制度自信；中国特色社会主义文化的独特魅力给了我们文化自信。③

4. 精神支柱说

田心铭（2017）认为，对中国特色社会主义道路、理论体系、制度和文化的自信，就是对社会主义和共产主义的信念在道路、理论体系、制度和文化四个方面的展开，也是中国共产党人对马克思主义的信仰在现阶段的集中体现。在这个意义上说，“四个自信”是我们的精神支柱。

（三）“四个自信”与思政课创新发展研究④

1. 坚实基础说

林泰（2019）认为，改革开放以后，我们逐步形成了中国特色社会主义道路、理论、制度和文化，这为科学讲授理论奠定了坚实基础。大学生是追求真理的，以透彻的学理分析回应学生，用真理的强大力量引导学生，才能

---

① 李君如. 中国特色社会主义“四个自信”专题研究［J］. 中国井冈山干部学院学报，2018（05）：19-20.

② 沈壮海. 理直气壮开好学校思想政治理论课——高校思政课教师学习贯彻习近平总书记在学校思想政治理论课教师座谈会上的重要讲话精神座谈会发言摘登［N］. 中国教育报，2019-04-16.

③ 张传鹤. 论坚定“四个自信”的学理渊源及发展脉络［J］. 山东社会科学，2018（11）：142-146.

④ 田心铭. 不忘初心 牢记使命［N］. 新华日报，2017-11-22.

让学生真学真信。①

2. 历史审视说

张润枝（2019）认为，思政课应强化历史感的培养，讲清中国特色社会主义道路的开拓史、中国特色社会主义理论的发展史、中国特色社会主义制度的形成史和中国特色社会主义文化的传承史，要帮助青年学生，从历史的纵深认识当前时代的理论和实践来源，坚定四个自信。②

3. 内化认同说

冯刚等（2019）指出，坚持价值性与知识性相统一有利于实现教育效果最大化。只有坚持知识教育与价值教育相结合，将价值观的引导寓于知识传授之中，实现骨骼与血肉的结合，才能发挥思想政治理论课的力量，让学生自然而然地理解、认同并内化。③

4. 立志增信说

王新生等（2019）认为，思政课发挥育人主渠道作用，引导学生树立坚定的共产主义理想信念，自觉拥护党的领导和社会主义制度，立下为实现共产主义远大理想和中国特色社会主义共同理想不懈奋斗的鸿鹄之志，增强“四个自信”。④

二、提升思政课对增强大学生“四个自信”的引领力研究

国外对思政课和“四个自信”的研究比较少见，主要散见于美国等西方智库和研究中国学者的相关谈话和研究报告。如美国学者熊玠在其主编的《习近平时代》（由美国时代出版公司于 2015 年 8 月在美国纽约出版）一书中对习近平意识形态工作重要论述有所涉及，但并未对其具体内涵进行解读和诠释（熊玠，2016）。值得关注的是，西方国家比较热衷于对爱国主义、生活教育、家庭教育以及公民教育的研究，这些对道德教育的系统研究与我

① 林泰. 十八大以来中国共产党对社会思潮的引领［J］. 高校马克思主义理论研究，2017（01）：1-4.

② 张润枝. 思政课引导学生坚定“四个自信”［EB/OL］. 腾讯教育，2019-09-12.

③ 冯刚. 深刻把握新时代思政课“八个统一”的建设规律［J］. 中国高等教育，2019（09）：11-14.

④ 王新生. 用正确的价值观念引导学生收获真知［J］. 中国大学教学，2019（Z1）：20-25.

们对思政课和意识形态领域的相关研究可以说是异曲同工，对我们办好新时代思政课具有一定的借鉴意义。从整体上来看，国外的研究一是多从道德层面、生活角度等方面评价，基本未涉及意识形态方面；二是全面准确深入进行研究的力作不多；三是用西方理论范式来套解新时代中国特色社会主义思想以及我们的思政课建设，导致一些观点和分析不确切，或违背客观原则。

综上，目前学术界对办好思政课与增强我国当代大学生“四个自信”的相关研究还处于起始阶段，现有成果能够为我们进一步深入、全面、系统研究该问题提供一定的研究基础，但也存在一些不足之处。第一，部分研究有余，整体研究不足。不少学者仅仅就习近平总书记某一次重要讲话进行政治解读和研究，而从宏观上系统梳理办好思政课与增强“四个自信”辩证关系并进行整体研究的相对较少。第二，一般研究有余，深入研究不足。目前学术界对思政课和“四个自信”的研究大多注重政治解读，很少从我国思政课建设的历史进程角度透视办好思政课的时代价值、历史意义、机制构建、实现路径等，多视角、多维度、多层次的研究明显不足。第三，学理研究有余，实践研究不足。目前的研究主要集中于领导人关于思政课建设的重要论述或基本要求，或者关注于“四个自信”的生成向度、学理依据、科学内涵等，很少有人能够系统阐释出“四个自信”视域下办好思政课的实践路径，在实践中创新发展等方面的研究明显不足。

在此基础上，我们今后的研究将着力在以下方面有所突破：澄清办好思政课和增强“四个自信”的理论前提，划定理论界限；突出马克思主义理论整体性，全面把握“四个自信”的生成逻辑和科学内涵；在本体论、方法论和认识论的有机统一中，开展具有马克思主义哲学高度的系统研究；以研究范式创新为抓手，实现对思政课在增强大学生“四个自信”过程中引领力提升实践路径的重点突破。

理直气壮地办好思政课是马克思主义政党的根本要求，中国特色社会主义进入新时代，意味着中国特色社会主义道路、理论、制度、文化不断发展，并逐步形成“四个自信”，如何实现提升高校思政课对增强大学生“四个自信”的引领作用是一个重大理论问题和现实问题。我们从事这个研究的独到价值和意义在于：

（一）学术价值维度

在梳理我国思政课建设的历史沿革、时代背景、思想内涵、精神实质、理论逻辑、现实意义等方面的基础上，探究办好思政课与增强“四个自信”相融相依的理论逻辑与价值指向，可以深化我们对社会主义办学规律和意识形态建设规律的认识，为习近平新时代中国特色社会主义思想政治工作思想的形成提供理论支撑。

（二）应用价值

在厘清“四个自信”生成逻辑和发展脉络的基础上，研究提升思政课在增强大学生“四个自信”过程中引领作用的实践路径，可以增强大学生的“四个自信”和对西方和平演变图谋的免疫力，更好地用习近平新时代中国特色社会主义思想铸魂育人，完成立德树人的根本任务，为实现中华民族伟大复兴培育德才兼备的高素质人才。

三、提升思政课对增强大学生“四个自信”的引领力研究的研究对象、总体框架、重点难点、主要目标

（一）研究对象

办好思政课与增强大学生“四个自信”的相关问题的研究对象主要包括两者的价值意蕴、生成逻辑、本质功能与辩证关系等，要落脚于思政课对增强“四个自信”引领作用的实践路径。

（二）总体框架

思政课对增强大学生“四个自信”的引领力提升研究的总体框架拟围绕习近平总书记关于思政课建设的相关重要论述展开，深入探究办好思政课与增强“四个自信”的辩证关系，提出思政课对“四个自信”引领力提升实践路径。

第一部分：办好思政课的根本任务和价值意蕴。

习近平总书记指出，“办好思想政治理论课，最根本的是要全面贯彻党

的教育方针，解决好培养什么人、怎样培养人、为谁培养人这个根本问题"①，凸显了新时代办好思政课的极端重要性。本研究从理论维度、历史维度和现实维度三个方面全方位分析办好思政课的本质功能，旨在揭示新时代办好思政课的价值意蕴。

理论维度：办好思政课就是要加强马克思主义理论尤其是中国特色社会主义理论体系对课程的有力支撑。

历史维度：办好思政课是中国共产党的优良传统和经验总结。从中国共产党100年的实践探索和创新发展的历史看，重视思想政治教育是一贯要求。

现实维度：办好思想政治理论课，就是要直面学生提出的现实问题，用马克思主义理论解疑释惑，用新时代中国特色社会主义思想铸魂育人。

第二部分："四个自信"的精神实质和生成逻辑。

"四个自信"是中国特色社会主义的"四个自信"，其精神实质是坚定对中国特色社会主义的信念。增强"四个自信"，必须抓住这个精神实质。中国特色社会主义"四个自信"的基本指导思想和方法论基础一致，在内容上既相互依存又相互促进，形成联系紧密的逻辑结构，构成内在统一的科学整体。一方面，中国特色社会主义"四个自信"相互独立。四个自信各有侧重：道路自信是根本，理论自信是基础，制度自信是关键，文化自信是灵魂。另一方面，中国特色社会主义"四个自信"内在统一。四个方面的指导思想和实践基础是一致的，四个方面在内容上既相互依存又相互促进。中国特色社会主义道路的开辟，中国特色社会主义理论体系的创立，中国特色社会主义制度的形成，中国特色社会主义文化的发展，都是历史演进与现实选择相结合的产物，都统一于中国特色社会主义伟大实践之中。

第三部分：思政课与增强"四个自信"的辩证关系。

思政课是落实立德树人根本任务的关键课程，致力于培养既坚定拥护中国共产党领导和社会主义制度，又有能力为中国特色社会主义事业奋斗终生的有用人才，具有价值性和知识性的双重属性。价值性与知识性的统一是思政课改革创新的基本要求，也是思政课与增强"四个自信"的逻辑结合点和价值契合点，彰显两者辩证统一的逻辑关系。一方面，"四个自信"赋予思

---

① 吴晶，胡浩. 习近平主持召开学校思想政治理论课教师座谈会［N］. 人民日报，2019-03-19.

政课鲜明的价值导向：道路自信为办好思政课指明了方向，理论自信为办好思政课奠定了基础，制度自信为办好思政课制定了遵循，文化自信为办好思政课赋予灵魂。另一方面，办好思政课可以增强对“四个自信”的内心认同：厘清中国特色社会主义道路的正确性，可以坚定道路自信；阐释好中国特色社会主义理论的科学性，可以增强理论自信；彰显中国特色社会主义制度的优越性，可以增强制度自信；讲清楚中国特色社会主义文化的先进性，可以增强文化自信。

第四部分：思政课对增强大学生“四个自信”的引领作用。

马克思主义从来就不仅仅是书斋里的理论，实践性是其重要理论本质，理论性和实践性相统一既是新时代思政课改革创新的基本要求，也是办好新时代思政课的现实需要。思政课在人才培养中担负的重大使命就是要给学生正确的价值引领，帮助学生树立清醒的理论自觉和文化自觉，进而坚定“四个自信”。办好思政课对增强大学生“四个自信”具有重要的引领作用。理直气壮地讲清楚中国道路是历史和人民的选择，可以增强大学生的道路自信，在批判各种错误思潮的基础上阐释中国特色社会主义理论的科学性和先进性能够增强其理论自信，比较鉴别中国特色社会主义制度的优越性和人民性可以增强其制度自信，立足于中国特色社会主义文化的包容性和民族性特点构建我们的话语体系可以增强大学生的文化自信。

第五部分：提升思政课对增强大学生“四个自信”引领作用的实践路径。

致力于完成立德树人根本任务，结合习近平总书记关于思政课的系列重要讲话，本研究拟从开好思政课、讲好思政课、建好思政课、管好思政课等方面探究提升思政课对增强大学生“四个自信”引领力的实践路径：理直气壮开好思政课，牢牢把握意识形态领域领导权；以中国特色社会主义教育为核心内容，始终掌控思政课教学主阵地；以“六个要”为参照标准，提高思政课教师的综合素质；以“八个统一”为科学原则，在守正创新中讲好思政课；协同创新课程和教材建设体系，打造高“抬头率”的思政“金课”；探索思政课实践教学新载体，增强教学的亲和力和感染力；强化党对思政课的领导，构建党政齐抓共管的工作格局；凝聚课程思政的育人合力，让所有课程与思政课同向同行。

（三）研究的重点和难点

1. 研究重点

（1）办好思政课与增强“四个自信”的辩证关系。

（2）结合高校实际探究提升思政课对增强大学生“四个自信”引领力的实践路径。

2. 研究难点

（1）提升思政课对增强大学生“四个自信”的引领力的研究的研究目标的复杂性。既要保证理论深度和学术影响力，又要力图构建具有可操作性的体制机制和现实路径，突出课题研究的实效性。

（2）提升思政课对增强大学生“四个自信”的引领力的研究的研究对象的复杂性。对长期执政的中国共产党来说，意识形态领域斗争纷繁复杂，为研究工作的针对性、精准性带来挑战。

（四）主要目标

系统梳理办好思政课的价值意蕴和增强“四个自信”的精神实质。

探究提升思政课在增强大学生“四个自信”过程中引领作用的理论逻辑、现实逻辑和实践路径，为新时代办好思政课提供参考。

四、课题研究的基本思路和具体研究方法

（一）研究的基本思路

我们进行思政课对增强大学生“四个自信”的引领力提升的研究立足于新时代中国特色社会主义的历史背景和伟大实践，遵循“立足文本—理论升华—问题导向—机制建构—联系实际”的研究路径，坚持“理论和实践”相结合、“历史考察和逻辑分析”相统一的基本原则。在查阅有关文献的基础上，明确办好思政课的历史经验、基本内涵和时代价值，梳理“四个自信”的生成逻辑；以深入考察和分析目前思政课建设存在的突出问题为前提，提出新时代思政课建设面临的机遇与挑战；在理论与实际的结合点上构建系统、开放、动态的课程体系，提升思政课对增强大学生“四个自信”引领力的运行机制和现实路径。

（二）具体研究方法

坚持以马克思主义理论为指导，运用多种方法探究思政课增强大学生

“四个自信”引领力的理论内涵、现实需要和实现路径。

1. 文献研究法

在中国共产党关于思政课和“四个自信”重要论述的理解方面，主要通过对原著文献、权威研究成果和大量学术论点等材料的分析而不断深入，坚持政治性和学术相统一，坚持文献分析与现实问题分析相结合。

2. 定性研究法

在实现办好思政课与增强大学生“四个自信”的理论逻辑和现实逻辑探索方面，主要运用归纳和演绎、分析与综合以及抽象与概括等辩证思维方法进行深入分析，坚持历史和逻辑相统一，坚持问题导向和目标导向相结合。

3. 实证研究法

在提升思政课对增强大学生“四个自信”引领力的实现机制构建方面，主要通过实地调研和案例分析等方法进行实证研究，有效探索新时代办好思政课的路径和策略。

（三）研究计划

研究的准备。完善研究提纲，召开课题论证会，制订课题研究的具体方案、计划和步骤，进一步收集、整理相关文献及研究成果。

研究的调研。开展课题内容的相关调查研究，统计整理分析调研材料，完成学术论文。

研究报告的撰写。研讨办好思政课与增强“四个自信”协同推进的理论逻辑、现实逻辑及实现路径等，撰写研究报告初稿。

（四）研究可行性

1. 研究思路清晰

提升思政课对增强大学生“四个自信”的引领力的研究紧密围绕提升思政课对增强大学生“四个自信”引领力的理论逻辑、现实逻辑、思想创新、实践路径等展开，思路清晰，结构严谨，问题集中。

2. 研究方法切实有效

本课题研究将理论研究、调查研究和实证研究相结合，紧密结合实际，以学术界和课题组已有相关成果为基础，研究方法务实可行，有充分保障。

五、提升思政课对增强大学生"四个自信"的引领力的研究在学术思想、学术观点、研究方法等方面的特色和创新

（一）学术思想新

突出系统性、整体性思维，深入研究中国共产党思政课建设的重要论述，总结提炼其中蕴含的思想内容、现实逻辑、理论逻辑、核心要义，揭示其重大理论价值、重要地位和原创性贡献；坚持问题导向、目标导向，从新时代增强"四个自信"的现实视角，深入研究办好思政课面临的现实问题，探索提升思政课对增强"四个自信"引领力的落实机制。

（二）学术观点新

坚持理论创新，拟在梳理办好思政课价值意蕴的基础上，紧紧结合新时代增强"四个自信"面临的重大问题，在理论和实践、继承与创新的结合点上，就提升思政课对增强"四个自信"引领力必须坚持的主要任务、基本原则、重点难点、驱动机制、协同机制、方法载体、实践路径等提出一系列新的重要观点。

（三）研究视角新

在增强"四个自信"的时代背景下，聚焦办好思政课的历史沿革、理论来源、现实基础、思想价值、实践要求等问题。这些问题都是学术界研究较为薄弱但又非常重要的领域，体现了研究视角的创新。

第六节　习近平新时代中国特色社会主义思想与全球治理思想

一、中国特色社会主义发展道路为发展中国家走向现代化提供了全新选择

习近平新时代中国特色社会主义思想内涵丰富，包含政治、经济、文化、外交、军事、安全等方方面面，是新时代党和国家的重要指导思想和行动指南，也是我国作为一个发展中的大国积极承担大国责任，积极参与全球

治理，为形成良好的世界秩序而不断孜孜追求的指导思想，提供了解决世界问题的中国方案。如正确认识本国利益与他国利益、国际利益的正确义利观，建立相互尊重、公平正义、合作共赢的新型国际关系，共建“一带一路”倡议，推动构建人类命运共同体等。

中央外事工作会议2020年6月22日至23日在北京召开。中共中央总书记、国家主席、中央军委主席习近平在会上发表重要讲话强调，我国对外工作要坚持以新时代中国特色社会主义外交思想为指导，统筹国内国际两个大局，牢牢把握服务民族复兴、促进人类进步这条主线，推动构建人类命运共同体，坚定维护国家主权、安全、发展利益，积极参与引领全球治理体系改革，打造更加完善的全球伙伴关系网络，努力开创中国特色大国外交新局面，为全面建成小康社会，进而全面建设社会主义现代化强国而努力奋斗。当今世界正处于百年未有之大变局，面临的不稳定性、不确定性日益突出。在这样一个世界发展何去何从的十字路口，习近平总书记以卓越政治家和战略家的恢宏视野、战略思维，鲜明地提出了一系列关乎人类前途命运的新理念、新思想、新主张，占据了人类道义制高点，凸显了中国特有的大国风范、大国担当，构成了习近平新时代中国特色社会主义思想的重要组成部分。这一思想坚持中华文明的主体性、社会主义现代化建设的实践性，着力把当代中国在社会主义道路上建设现代化的积极探索和宝贵经验，加以理论化、系统化，构建了坚持马克思主义原则，体现独特文明特征，独立于西方模式和西方话语体系的思想体系、价值体系、制度体系、目标体系、战略体系，深刻凝结着当代中国对人类美好未来的艰辛探索，拓展了发展中国家走向现代化的途径，给世界上那些既希望加快发展又希望保持自身独立性的国家和民族提供了全新选择。

今天的中国，一方面，引进来自世界各地的产品、资金、技术、人才和服务；另一方面，中国的产品、资金、技术、人才、服务也走向世界，中国的思想、制度、文化开始辐射全世界。在这样的历史背景下，中国的政策主张在本质上已经成为影响全球经济走向的重要因素，中国的发展在战略本质上已经成为全球经济战略的一部分，中国的国际战略在本质上已经成为全球治理体系改革的一部分。从理论归属上来说，新时代中国的政策主张、发展战略、国际战略本身就是习近平新时代中国特色社会主义思想的重要内容。

从这个角度上来说，习近平新时代中国特色社会主义思想具有了世界历史意义。

具体来说，习近平新时代中国特色社会主义思想的世界历史意义表现在经济、制度和价值观三个层面。①

习近平新时代中国特色社会主义思想的形成、发展和指导党和国家事业发生的历史性变革、取得的历史性成就的生动实践，以及中国特色社会主义道路越走越宽广，使世界上正视和相信马克思主义和社会主义的人多了起来，使世界范围内两种意识形态、两种社会制度的历史演进及较量，发生了有利于马克思主义、社会主义的深刻转变。这不仅对于社会主义在中国的发展，而且对于世界社会主义发展和人类进步，都是具有深远历史意义的大事件。② 世界社会主义事业前景广阔，充满着光辉的未来。

习近平新时代中国特色社会主义思想包含着对人类发展重大问题的睿智思考和独特创见，为建设美好的世界贡献了中国智慧、中国方案。如诠释如何正确看待和处理本国国家利益与他国的国家利益。2013 年 10 月，习近平在中华人民共和国首次周边外交工作座谈会上指出："要找到利益的共同点和交汇点，坚持正确义利观。"③ 要建立相互尊重、公平正义、合作共赢的新型国际关系，共建"一带一路"倡议，推动构建人类命运共同体等。因此，习近平新时代中国特色社会主义思想既是思想、价值体系，又是指引人们积极践行这些思想的行动指南。习近平新时代中国特色社会主义外交思想是习近平新时代中国特色社会主义思想的重要组成部分，在习近平新时代中国特色社会主义外交思想的指引下中国前所未有地走近世界舞台的中央，中国的发展理念、发展道路的影响力显著增强，中国在国际上的话语权显著增强，中华优秀传统文化中所蕴含的天下为公、以和为贵、求同存异、和合共生等理念越来越显示出独特价值，在全球治理中具有重要的思想价值，获得世界

---

① 中共中央宣传部. 习近平新时代中国特色社会主义思想三十讲［M］. 北京：学习出版社，2018：15.

② 曙光. 习近平新时代中国特色社会主义思想的重大意义［N］. 光明日报，2017-11-24.

③ 钱彤. 习近平在周边外交工作座谈会上发表重要讲话强调：为我国发展争取良好周边环境［N］. 人民日报，2013-10-26.

大多数国家的广泛理解和认同。①

中国特色社会主义发展道路为发展中国家走向现代化提供了全新选择。经过改革开放40多年的发展，今天，中国已经成为世界第二大经济体、第一大工业国、第一大货物贸易国、第一大外汇储备国。40多年来，按照可比价格计算，中国国内生产总值年均增长约9.5%；以美元计算，中国对外贸易额年均增长14.5%。中国人民的生活从短缺走向充裕、从贫困走向小康，现行联合国标准下的7亿多贫困人口成功脱贫，占同期全球减贫人口总数的70%以上。2008年世界金融危机以来，中国成功救市，成为世界经济发展的新引擎。中国连续多年为世界经济的贡献率已经超过30%，为世界经济的发展做出了重要贡献，成为世界经济增长的主要稳定器和动力源，促进了人类和平与发展的崇高事业。

习近平于2018年4月在博鳌亚洲论坛上指出：“40年来，中国人民始终上下求索、锐意进取，开辟了中国特色社会主义道路。中国人民坚持立足国情、放眼世界，既强调独立自主、自力更生又注重对外开放、合作共赢，既坚持社会主义制度又坚持社会主义市场经济改革方向，既‘摸着石头过河’又加强顶层设计，不断研究新情况、解决新问题、总结新经验，成功开辟出一条中国特色社会主义道路。中国人民的成功实践昭示世人，通向现代化的道路不止一条，只要找准正确方向、驰而不息，条条大路通罗马。”② 因此，中国特色社会主义道路为发展中国家走向现代化提供了全新选择和成功的范例。

历史上西方大国的崛起都是靠血淋淋的扩张侵略、殖民，甚至战争来实现的。中国不靠殖民、不靠霸权，而是靠激发全体中国人民的干劲，团结一心，撸起袖子加油干，实现国家富强、人民幸福。中华人民共和国成立到现在才短短70多年，改革开放到现在才40多年，就取得了西方用二三百年时间取得的现代化成就。这是马克思主义中国化指导的结果，是中国人民坚定地走中国特色社会主义道路的结果，是中国坚持和平发展，改革开放，走互

---

① 中共中央宣传部. 习近平新时代中国特色社会主义思想三十讲［M］. 北京：学习出版社，2018：3.

② 刘华，周慧敏，刘红霞. 习近平在博鳌亚洲论坛2018年年会开幕式上的主旨演讲［EB/OL］. 新华网，2018-04-10.

利共赢路线的结果。因此，中国特色社会主义发展道路为大国的和平崛起、国家富强、人民幸福，以及为世界的和平与可持续发展提供了全新的样板。

二、习近平新时代中国特色社会主义思想包含全球治理思想

习近平新时代中国特色社会主义思想包含全球治理思想，体现的是思想价值的光辉，思想的光辉是永恒的，思想价值在全球共治中具有重要的作用，如习近平提出的国家利益和国际关系层面的正确义利观，要在全球治理层面构建人类命运共同体。正确义利观倡导义利并举、以义让利，尊崇和尊重国家的主权独立和领土完整，尊重他人（国家）的合理关切和核心利益，在不损害他国利益基础上谋求本国利益；既合理关切和捍卫本国核心利益，又照顾和关切他国的利益以及全人类的利益。构建人类命运共同体，体现的是马克思主义的人类命运共同体思想，是基于共商共建共享理念基础上的利益共享。习近平总书记于 2021 年 1 月 25 日在世界经济政坛“达沃斯议程”对话会中表示：“世界问题错综复杂，解决问题的出路是维护和践行多边主义、推动构建人类命运共同体。”① 习近平总书记的讲话照亮了人类前行之路。

（一）顺应经济全球化的发展趋势，积极促进经济全球化

改革开放以来，我国顺应经济全球化的发展趋势，积极促进经济全球化。习近平在 2018 年亚洲博鳌论坛会上的讲话中指出：“当今世界，开放融通的潮流滚滚向前。人类社会发展的历史告诉我们，开放带来进步，封闭必然落后。世界已经成为你中有我、我中有你的地球村，各国经济社会发展日益相互联系、相互影响，推进互联互通、加快融合发展成为促进共同繁荣发展的必然选择。”“面向未来，我们要同舟共济、合作共赢，坚持走开放融通、互利共赢之路，构建开放型世界经济，加强二十国集团、亚太经合组织等多边框架内合作，推动贸易和投资自由化、便利化，维护多边贸易体制，共同打造新技术、新产业、新业态、新模式，推动经济全球化朝着更加开

---

① 新华社. 习近平出席世界经济论坛“达沃斯议程”对话会并发表特别致辞［N］. 人民日报，2021-01-26.

放、包容、普惠、平衡、共赢的方向发展。”①

2018年7月25日，习近平在金砖国家工商论坛上的讲话中强调：“坚持合作共赢，建设开放经济。开放合作是科技进步和生产力发展的必然逻辑。贸易战不可取，因为不会有赢家。经济霸权主义更要不得，因为这将损害国际社会共同利益，最终也将搬起石头砸自己的脚。”②

当前正面临着第四次工业革命，“在世界经济经历深刻调整变革之时，只有开放才能使不同国家相互受益、共同繁荣、持久发展，才是各国应当作出的明智选择……要让经济全球化的正面效应更多释放出来，帮助新兴市场国家和发展中国家，特别是非洲国家和最不发达国家有效参与国际产业分工，共享经济全球化的红利。”③

（二）推动不结盟的全球伙伴关系

坚持以深化外交布局为依托打造全球伙伴关系，这是新时代中国外交的重要内涵。我们要推进大国协调和合作，加强同周边国家的睦邻友好关系，增进与发展中国家的团结合作，积极做好多边外交工作，打造全方位、多层次、立体化的全球伙伴关系网络。我国提倡对话而不对抗，结伴而不结盟的外交理念，致力于推动全球伙伴关系的健康发展。

2012年11月，中共十八大报告明确指出：“我们将改善和发展同发达国家关系，拓宽合作领域，妥善处理分歧，推动建立长期稳定健康发展的新型大国关系。”由此可见，建立“新型大国关系”已经写入党的十八大报告以及十二届全国人大第一次会议的重要文件中，成为中国外交政策和指导对外关系的重要外交新理念。建立新型大国关系由此成为中国外交战略的重要内容，以此带动建立相互尊重、公平正义、合作共赢的新型国际关系。④

2013年，习近平主席在美国安纳伯格庄园与美国总统奥巴马会晤时提出

① 刘华，周慧敏，刘红霞. 习近平在博鳌亚洲论坛2018年年会开幕式上的主旨演讲[EB/OL]. 新华网，2018-04-10.

② 习近平. 顺应时代潮流　实现共同发展——在金砖国家工商论坛上的讲话［N］. 人民日报，2018-07-26.

③ 习近平. 顺应时代潮流　实现共同发展——在金砖国家工商论坛上的讲话［N］. 人民日报，2018-07-26.

④ 杨洁篪. 以习近平外交思想为指导 深入推进新时代对外工作［J］. 求是，2018（8）：1-4.

了中美建立新型大国关系的主张，要建立不对抗不冲突、相互尊重、合作共赢的新型大国关系。中国深化与俄罗斯的全面战略伙伴关系，中俄全面战略伙关系是“不对抗、不结盟、不针对第三方”，建立在平等信任的基础上、面向21世纪的战略协作伙伴关系。中欧全面战略伙伴关系不断深化，政治互信不断加深。北欧经济发达、创新活跃，中国和北欧国家有着良好的双边关系和真诚合作意愿，双方各领域交流合作稳步扩大。中国和欧盟是世界上的两支重要力量。当前，中欧全面战略伙伴关系发展日趋成熟深入，和平、增长、改革、文明四大伙伴关系全面推进，中欧共同投资基金、互联互通等五大平台建设取得积极进展。中欧双方都在推进结构性改革，促进经济社会发展。双方对接各自发展战略、加强利益融合，对促进中欧经济共同增长具有重要意义。中欧双方要坚持开放包容的共同理念，为促进世界和平和繁荣做出新贡献。总之，中国推动不结盟的全球伙伴关系深入发展，为促进国际关系民主化、促进世界经济发展、维护世界和平，做出了积极贡献。

（三）倡导世界多极化、国际关系民主化

推动形成公平公正的世界秩序体系，以更好地适应国际格局的变化，更加公正合理、平衡地反映大多数国家，特别是新兴市场国家和发展中国家的意愿和利益。坚决维护以联合国宪章宗旨和原则为核心的国际秩序和国际体系，维护和巩固第二次世界大战后形成的国际规则和多边贸易体制，提高国际法在全球治理中的地位和作用。

（四）共商共建共享的全球治理观

习近平总书记的讲话明确了中国外交以推动构建新型国际关系、推动构建人类命运共同体为方向，这将有助于推动全球治理体系改革和建设。坚持以公平正义为理念引领全球治理体系改革。全球治理日益成为我国对外工作的前沿和关键问题。我们要勇担重任，积极推动构建更加公平、反映大多数国家意愿和利益的全球治理体系。①

党的十八大以来，在习近平总书记的全球治理思想指导下，我党深刻把握新时代中国和世界发展的大势，在中国参与全球治理方面进行一系列重大

① 人民日报评论员. 习近平外交思想是新时代中国特色大国外交的根本遵循和行动指南［N］. 人民日报，2018-06-23.

理论和实践创新。

习近平总书记强调，要高举构建人类命运共同体旗帜，推动全球治理体系朝着更加公正合理的方向发展。要坚持共商共建共享，推动“一带一路”建设走实走深、行稳致远，推动对外开放迈上新台阶。要运筹好大国关系，推动构建总体稳定、均衡发展的大国关系框架。要做好周边外交工作，推动周边环境更加友好、更加有利。要深化同发展中国家的团结合作，推动形成携手共进、共同发展新局面。广大发展中国家是我国在国际事务中的天然同盟军，要坚持正确义利观，做好同发展中国家团结合作的大文章。要深入推动中国同世界深入交流、互学互鉴。① 习近平总书记的全球治理思想照亮了人类前进的方向。

第七节　习近平新时代生态文明思想进入思政课研究

生态文明建设是新时代我国发展的必然选择，也是习近平总书记带领中国人民建设中国特色社会主义的最重要发展需求。习近平生态文明思想是对马克思、恩格斯生态文明思想的传承与发展，是对中国传统生态文明建设智慧结晶的继承，是历代中国共产党人关于生态文明的深化，也是中国特色马克思主义理论生态观的最新阐释。在思想政治教育课程中，要讲清楚习近平新时代生态文明思想从不同的维度、不同的方面论证关于生态文明建设的科学内涵，并且从政治、经济、文化、社会等方面论证中国特色生态文明建设实现的路径保障。

习近平总书记在党的十九大报告中明确指出关于我国社会主义生态文明建设的一系列问题，并且强调“要把我国建成富强民主文明和谐美丽的社会主义现代化强国”，要“坚持人与自然和谐共生”。重点阐述了关于生态文明建设的重要目标，并且集中反映了我们党对于人与人和睦相处、人与自然和谐共存、人与社会共同进步等一系列规律的科学认识和把握。深入理解和研究习近平生态文明建设的理论，对于推进人们对生态文明建设理论的理解、

① 人民日报评论员. 习近平外交思想是新时代中国特色大国外交的根本遵循和行动指南——论彻落实中央外事工作会议精神［N］. 人民日报，2018-06-24.

促进社会生态文明建设理论在现代社会中的实践以及生态文明建设理论与实践的平衡发展具有非常重要的意义。同样，对于生态文明建设理论的实践研究是中国社会各个领域生态健康协调发展的重要保障。

一、习近平生态文明建设理论的产生

从理论方面来看，习近平生态文明思想是从马克思、恩格斯生态文明建设的观点发展而来的，是对科学社会主义生态建设的最全面阐释，是中国特色社会主义建设最新的成果之一。马克思、恩格斯经典观点表明，人与自然的和谐相处主要表现在以下几个方面：

首先，人是自然的一部分，人要敬畏自然，要尊重人类赖以生存的唯一的环境；其次，正确认识自然客观规律与发挥主观能动性的关系，人可以在一定的程度上发挥主观能动性，使生存环境更加优越；最后，坚持可持续发展的战略，面对现有的环境采用长远持久发展的策略，要建立人类和环境保护的长效机制。经典理论指出，人类是一切活动的主体，生态自然环境是客观的，人类有责任、有义务遵循自然规律，做到人与自然生态环境的和谐发展。所以说，马克思、恩格斯经典生态理论的论述是习近平生态观的核心内容，不仅不否认人类可以发挥主观能动性改造自然，而且强调在一定的范围内与自然和谐相处。

中国五千年的文明源远流长，影响深远，尤其在生态文明建设方面。中国古代儒家思想就强调“天人合一”的境界，自然在社会生活中占主导地位，人们敬畏自然，遵守自然规律。中华人民共和国成立以来，党中央历代领导集体立足社会主义初级阶段的基本国情，在领导中国人民摆脱贫穷、发展经济、建设现代化的历史进程中，深刻把握人类社会发展规律，持续关注人与自然的关系。着眼不同历史时期社会主要矛盾发展变化，总结我国发展实践，借鉴国外发展经验，从提出“对自然不能只讲索取不讲投入、只讲利用不讲建设”到认识到“人与自然和谐相处”，从“协调发展”到“可持续发展”，从“科学发展观”到“新发展理念”和坚持“绿色发展”，这些都表明我国环境保护和生态文明建设作为一种执政理念和实践形态，贯穿于中国共产党带领全国各族人民实现全面建成小康社会的奋斗目标过程中，贯穿于实现中华民族伟大复兴美丽中国梦的历史愿景中。这些思想和理念为当代中国特色社会主义生态文明建设理论提供了坚实的基础。

从世界经济的角度来看，随着全球经济的飞速发展，目前人类面临三大难题：资源匮乏、环境污染、生态破坏。进入工业文明以来，人们从自然界当中获得了越来越多的物质满足，拥有了大量的资源。这种急功近利的思想使得人类与自然处于严重对立的局面，催生了一些“反自然、反生态”的理论和行为，为生态环境的发展带来前所未有的压力。工业文明的“强度”与“规模”效应不断提升是以全球生态平衡为代价的，资源枯竭、环境恶化等问题已威胁着整个人类的持续发展。① 进入20世纪以来，世界各地出现了不同程度的生态危机。虽然自然灾害的发生有部分客观因素，但是人类活动给生态带来的压力是不可否认的，并且在很大程度上占了主要因素。

面对这样的生态危机，20世纪60年代资本主义国家掀起了一场浩浩荡荡的保护环境的“绿色革命运动”。评论家指出“绿色革命”是继工业革命后的又一次重大改革。全世界已经把视角转向如何处理生态危机，环境保护的意识已经开始萌发，特别是发展中国家。发展中国家面临发展经济和保护生态环境的双重压力，如何处理好两者的关系至关重要。习近平生态建设思想正是在这样的国际背景下提出来的。

从我国发展的因素来看，中国近几十年的发展是举世瞩目的，也是值得肯定的。环境国素已经纳入衡量经济发展的具体目标之中。之前重点强调经济的发展是否满足人们日益增长的物质的需要，强调国家是否能够满足人民最基本的生活需求。新时代我国社会主要矛盾已经转化为人民日益增长的美好生活需要和不平衡不充分的发展之间的矛盾。随着生活水平的提高，人们开始关注生态与社会可持续发展的问题，急需国家和政府为保护生态发展提供支持。党的十八大以来，新一代领导集体面对这一系列问题，提出了很多关于治国的新理念，尤其是在保护环境方面。习近平总书记强调：“单纯依靠刺激政策和政府对经济大规模直接干预的增长，只治标、不治本，而建立在大量资源消耗、环境污染基础上的增长则更难以持久。”②

---

① 宋献中，胡珺.理论创新与实践引领：习近平生态文明思想研究［J］.暨南学报（哲学社会科学版），2018，40（01）：2-3.

② 习近平.共同维护和发展开放型世界经济——在二十国集团领导人峰会第一阶段会议上关于世界经济形势的发言［N］.人民日报，2013-09-06.

二、习近平生态文明建设思想的深刻内涵

（一）人与自然和谐相处

自然界是人类赖以生存的环境，只有与自然界和谐相处，人类才能从长远上取得更大的进步，才能从自然界获得更多的资源。坚持人与自然的和谐发展是习近平生态文明发展观的最根本理念。马克思曾经指出，人类的活动必须在自然界进行，自然界是人类进行活动的唯一场所，进而人类的活动受到自然界限制，自然界也不可避免地受到人类活动的影响。人、自然和社会是构成世界整体性不可或缺的部分，它们相互依存、相互影响、相互制约，处理好各部分关系才能达到共赢的目的。人们已经意识到经济快速发展给生态环境带来的影响，并且采取了相应的应对措施。现在出现了一种新的社会现象，即人与人的关系在经济迅速发展的今天逐渐紧张，人与人交往的异化，已经将彼此的关系延伸到对自然的影响，所以说人与社会以及人与自然的关系是环环相扣、联系密切的。在新时代，人与自然的和谐程度比以往都要高，同时我们面临的挑战也最大。习近平总书记指出："生态兴则文明兴，生态衰则文明衰。"① 生态文明建设有助于人与人以及人与社会的健康发展。只有友好地对待自然，合理处理生态问题，人与自然、人与社会、人与人的关系才能够和谐发展。

（二）绿水青山就是金山银山

社会经济的发展与生态健康长足发展是和谐共生，不可分割的。经济的发展离不开对生态环境的开发和利用，生态环境的健康发展对经济发展意义重大。良好的生态环境是经济发展的保障，为了达到人与社会经济的和谐发展，必须重视对生态环境的保护和利用。"金山银山"和"绿水青山"这"两座山"的概念首先由习近平总书记提出，他形象地将经济建设和生态保护比喻为金山银山和绿水青山。这一重要理论的提出给中国日后如何在现有的生态环境下发展经济指明了方向。习近平总书记剖析了人们对于"两座山"理论的三个阶段：第一个阶段，人们对于金山银山的需求多，对后者关

① 习近平. 坚决打好污染防治攻坚战 推动生态文明建设迈上新台阶 [N]. 人民日报，2018-05-20.

注少；第二个阶段，人们认识到之前行为的弊端，开始关注绿水青山，希望双赢局面出现；第三个阶段，人们意识到“两座山”是相互影响、相互制约的，金山银山是以绿水青山的实现为前提的。

习近平总书记提出了“保护生态环境就是保护生产力，改善生态环境就是发展生产力”① 的环境生产力论，进而“绿水青山就是金山银山”的理念被历史性地记录在十九大报告上。这一理论深刻揭示了经济发展与生态环境建设的关系，也为国家日后正确处理两者关系指明了方向。

（三）实行法治的生态制度思想

相比较一些宏观的环境保护的观念只是停留在意识层面，习近平总书记致力于把国家生态文明建设的理论上升到国家建设的层面，根据国家现在发展的实际情况，走上以制度建设为保障的道路。首先，深化人们的生态保护意识，制定相应的行政法规。增开一些关于生态保护的课程，在思想上让人们树立保护生态的意识。其次，制定非常严格的法律规范，特别是对于重型污染企业实行相应的措施进行整改或者引导转型。最后，保护生态环境要采取预防措施，防患于未然，从源头上制止生态污染的行为。

早在党的十八大报告中就提出：“保护生态环境必须依靠制度。要把资源消耗、环境损害、生态效益纳入经济发展评价体系，建立体现生态文明要求的目标体系、考核办法、奖惩机制。”② 党的十八届三中全会将“加快生态文明制度建设”作为全面深化改革的重要方面；党的十八届四中全会通过了《中共中央关于全面推进依法治国若干重大问题的决定》，进一步要求加快建立生态文明法律制度；党的十八届五中全会把绿色发展作为“五大发展理念”之一；党的十九大报告进一步强调，“要加快生态文明体制改革，建设美丽中国。”这一系列关于生态文明建设的论断形成了习近平生态制度思想的核心：要想推动生态文明建设，严格的制度以及严密的法治，是必不可少的。③

---

① 习近平. 习近平总书记谈绿色［N］. 人民日报，2016-03-03.

② 胡锦涛. 坚定不移沿着中国特色社会主义道路前进 为全面建成小康社会而奋斗——在中国共产党第十八次全国代表大会上的报告［N］. 人民日报，2012-11-18.

③ 习近平. 坚持节约资源和保护环境基本国策 努力走向社会主义生态文明新时代［N］. 人民日报，2013-05-25.

三、习近平生态文明建设理论实践路径

习近平生态文明建设思想作为中国新时期马克思主义的最新成果以及中国特色社会主义建设的重要组成部分，最终体现在生态文明建设的实践建设上。党和国家不仅确立了关于生态文明建设的相关理论，而且从实践上逐步践行理论。

第一，从经济建设方面而言：转变经济发展方式是有效的实践路径。

面对日益紧张的能源短缺问题、环境破坏问题以及生态污染等历史上最严峻的问题，国家提出必须转变以污染环境为代价带来经济快速发展的发展模式，摒弃之前唯 GDP 论的经济评判标准，向绿色发展模式转变。党的十九大报告将降低资源消耗进一步细化为降低能耗、物耗。中国日后在能源合理使用以及能源节约方面要投入更多的精力，把能源环境问题划分得更加细致，才能达到经济发展与环境保护的协调发展。一方面，要提升科技在生态建设中的地位。科技是革命进行的最基本的保障，人类社会的进程离不开科技的发展。在生态文明建设时期科技建设要以社会的可持续发展为前提，加强国际交流。发展“无污染”的科技项目，重视各个国家科技创新成果的分享以及人才的培养。另一方面，要加强循环、低碳经济的发展。循环经济是国家生态建设必须选择的发展模式，资源由此可以得到最大限度的利用，从而减轻能源使用的压力，垃圾分类就是资源循环利用的有效措施。低碳经济是运用制度以及科技手段来改变现有的生活方式和生产模式，控制空气中温室气体排放，降低全球变暖的趋势。这些手段现在已经运用到生态文明的建设上来，并且已经初见成效。

第二，在政治建设方面要提升生态保护理念。

生态文明建设需要政治文明建设为其指明方向和前进的目标，政治制度建设是生态文明建设发展的重要保障。重视政治生态文明的建设也是生态文明建设的重要组成部分。政治生态文明建设主要表现在两个方面：政治观念的形成以及政治制度的确定、实施。政治观念是政治制度实施的重要前提，积极的政治观念对政治制度的建立有积极的作用。在日后评判经济发展水平时，要把保护生态环境、绿色生活方式、低碳经济等也纳入考核的范围，使得政治观念逐步深入人心。同时，生态文明的建设离不开完备的政治制度作

为保障，党的十八大指出“保护生态环境必须依靠制度”①。政治制度的建设是国家生态文明建设的重要保障，没有制度的观念最终无法成为实践的行动方针。整个社会形成全民参与的政治制度，采取监督体制，奖罚分明，使生态政治制度能够更高效地实行。在政治观念推广以及政治制度的实施过程中，要始终把人民的利益放在第一位，形成全民参与的民主的生态政治体系。这也是政治生态文明建设顺利进行的重要保障。②

第三，在社会建设方面要形成全民参与的体系。

生态文明建设是一项全民参与的事业，是依靠公众来完成的浩大工程。提高公众的生态保护意识是生态文明建设践行的重要保障。一是推行绿色生活方式。生态文明建设要落实到生活的方方面面，引导人们积极展开绿色出行、低碳生活等活动，创造全民参与、人人受益的绿色环境。奖惩分明也是保证绿色生活方式有序进行的有效措施。对表现好的公民实行奖励，对表现不好的公民实行相应的处罚。二是倡导绿色消费。现代社会已经将终端绿色消费方式运用到生活当中，引导人们进行绿色消费，从而变相引导工业生产绿色化以及原料使用绿色化。作为社会人，人们有责任以自己的行为将生态文明建设和社会经济发展紧密联系在一起，引导生产，选择消费。在日后的生活中，要逐步形成绿色环保的生活方式，为国家和社会生态文明建设出力。

第四，在文化建设的方面要培养生态的自豪感。

中国作为五千年文明传承的大国，自古就有关于生态文化建设的意识。“天人合一”的观点就是生态文化建设的雏形。人是大自然的一部分，大自然为人类提供资源和场所，人类只有与大自然和谐相处，才能达到双方平衡发展的局面。近年来，自然灾害频频发生，人们已经认识到自己行为对大自然造成了伤害，因此，培养生态文化意识对于生态文明的建设至关重要。“生态文化是建设美丽中国的向心力。”③ 一方面，要普及生态文明建设的知

---

① 中共中央文献研究室. 十八大以来重要文献选编：上［M］. 北京：中央文献出版社，2014：32.

② 杨卫军. 从可持续发展到建设美丽中国：党的生态文明建设思想的演进与实现路径［J］. 探索，2013（04）：26-29.

③ 江泽慧. 弘扬生态文化 推进生态文明 建设美丽中国（学习十八大报告 贯彻十八大精神）［N］. 人民日报，2013-01-11.

识。从幼儿教育入手，从根源上培养儿童的生态环境保护意识。人们要以实际行动引导和影响下一代，做到保护环境人人有责。另一方面，培养生态文明心理。让人们认识到，生态文明是社会文明的组成部分，致力于生态文明建设也是为社会做贡献。从不同的方面培养人们为生态文明发力的意识，让人们认识到生态文明建设是个人价值以及民族责任感的重要体现，从心理上认同这种做法。现代社会是一个“山水林田湖草是生命共同体”，只有人们共同致力于生态文明建设，才能保证整个自然界良性循环和健康发展。

第七章

习近平新时代中国特色社会主义思想“五进”中的“进课堂”研究

在习近平新时代中国特色社会主义思想“进课堂”的教学中，教师为保证学生更好地掌握方法、获取知识、提高能力，通常会采用一定的教学手段组织教学活动，这种在特定教学原则指导下为达到教学目的、传授习近平新时代中国特色社会主义思想的教学内容而进行的师生互动的综合性活动，就是教学方式。

第一节　习近平新时代中国特色社会主义思想“五进”中教学方式的改进

在习近平新时代中国特色社会主义思想“进课堂”的教学中，教学方式是同教学内容一样，都是充分必要的保障条件，好的方式对于提高效率、增强价值观的认知度有着重要的促进作用。

习近平新时代中国特色社会主义思想进课程教材的整体布局与分科安排科学有序，学科学段环节全面覆盖，思想内涵充分阐释，学习要求循序渐进、螺旋上升，全面提升课程教材铸魂育人功能，教育引导学生树立共产主义远大理想和中国特色社会主义共同理想，坚定“四个自信”，厚植爱国主义情怀，把爱国情、强国志、报国行自觉融入建设社会主义现代化强国、实现中华民族伟大复兴的奋斗之中。

一、树立主体性教学理念

在习近平新时代中国特色社会主义思想“进课堂”的教学中，要充分发挥学生的主体性，这种主体性可以表现为认知的自主性、行为的主动性和实践的创造性。作为习近平新时代中国特色社会主义思想“进课堂”教学中的一项活动，充分发挥学生主体性的直接目的在于增强我国大学生对习近平新时代中国特色社会主义思想的认同感，提高习近平新时代中国特色社会主义思想的践行度。认同和践行习近平新时代中国特色社会主义思想的基础在于当代大学生对习近平新时代中国特色社会主义思想的信仰，这与习近平新时代中国特色社会主义思想的学习过程中大学生主体性的充分发挥是密不可分的。因此，必须充分重视调动和发挥在学习习近平新时代中国特色社会主义思想过程中当代大学生的主体性。

充分发挥当代大学生在学习习近平新时代中国特色社会主义思想中的主体性的重大意义在于激发和培养当代大学生的学习积极性和主观能动性。在习近平新时代中国特色社会主义思想的课程中强化社会主义核心价值观的教育，促进教师的“教”与学生的“学”有机结合，从而在进行社会主义核心价值观的教学活动中，自然有效地将社会主义核心价值观植入学生脑中，促进当代大学生“德”的发展的同时，也促进“智”的发展。

在习近平新时代中国特色社会主义思想“进课堂”的进程中，教师需要树立“双主体”教学观念。“双主体”的教学观念，指的是在教学过程中，“教”学生学会主动，能够主动发挥学生的创造性，从而形成正确的价值观、人生观。

双对等课堂观念，指的是在教育教学过程中师生之间的双导向价值观念，就习近平新时代中国特色社会主义思想“进课堂”而言，指的是在教学中既不能片面强调教育的社会价值而忽略教育对于个人的意义，又不能弱化教育的社会价值，而应该引导当代高校大学生将自己的前途命运和国家的前途命运紧密地联系在一起，以实现中华民族伟大复兴为己任，从而促进学生的个体发展与社会发展紧密相连。

双主体教学观念、双对等课堂观念、双导向价值观念是主体性教学理念的具体表现，可以通过互动启发式教学法、问题研讨式教学法、开放式教学法等多种具体的教学方法加以实现，这些教学方法能够从不同的角度强调学生在学习中的主体地位，从而更好地发挥学生的主观能动性。对于习近平新时代中国特色社会主义思想“进课堂”而言，学生具有了学习的主观能动性，就形成了认知的前提，进而就会形成认同和践行的基础。

第一，互动启发式教学法在习近平新时代中国特色社会主义思想“进课堂”中的运用。与互动启发式教学法相对应的是传统的单向灌输式教学法，这种教学方法注重的是知识性内容的传授，虽然也传授必要的价值观方面的知识，但其更重要的任务在于通过有效的启发式教育，使习近平新时代中国特色社会主义思想进入当代大学生的头脑中，使受教育者形成正确的人生观和价值观。对于任何个体而言，观念的确立、思想的生成乃至信仰的坚定，绝不能只依靠简单的知识传授与理论灌输，而更需要个体的能动认同和主动践行。所以，需要改变不可行的传统的教学方法。具体说来，应该做到如下几个契合：一是教育目的与主体性地位的契合——灌输式教学法不适合社会主义核心价值观教育，但“灌输”却一定是社会主义核心价值观教育的目的，要引导学生更好地学习和践行习近平新时代中国特色社会主义思想，这就需要我们在运用启发式教学法时，把学生作为教与学的中心。二是教学内容与现状的契合——社会主义核心价值观不是机械的价值条目，而是基于社会实践的具体价值追求，它能引导学生认同和践行习近平新时代中国特色社会主义思想。社会主义核心价值观教育的教学内容能够联系学生实际、关照学生的利益诉求、考虑学生的接受能力，从而更好地引导学生完成对社会主义核心价值观的内化。三是教学内容与教学方法的契合——个体对于理论的认知和认同有客观的内在规律，有针对性的教育从效果上看一定会比不考虑特殊性的泛化教育要好得多。因此，在思想政治理论课中强化社会主义核心价值观教育，一定要注意选择合适的时机、运用好的方法教授特定的教学内容。如对法学类的学生而言，有关教材要讲授好习近平法治思想，要系统阐释习近平总书记关于全面依法治国、中国特色社会主义民主政治发展道路、国际关系和全球治理等方面的重要论述及习近平外交思想。讲清楚全面依法治国新理念、新思想、新战略，即坚持党对全面依法治国的领导；坚持以人民为中心；坚持中国特色社会主义法治道路；坚持依宪治国、依宪执政；坚持在法治轨道上推进国家治理体系和治理能力现代化；坚持建设中国特色社会主义法治体系；坚持依法治国、依法执政、依法行政共同推进，法治国家、法治政府、法治社会一体建设；坚持全面推进科学立法、严格执法、公正司法、全民守法；坚持统筹推进国内法治和涉外法治；坚持建设德才兼备的高素质法治工作队伍；坚持抓住领导干部这个“关键少数”。使学生理解全面依法治国是中国特色社会主义的本质要求和重要保障，是国家治理的一场深刻革命。从而达到习近平新时代中国特色社会主义思想进课堂、进头脑的目的。

第二，问题研讨式教学法在习近平新时代中国特色社会主义思想“进课堂”中的运用。传统思维强调教师讲授内容的绝对权威性，这种权威结论式教学法是违背正常的教学规律的，而研讨式教学法是在探究中厘清理论认识、在论辩中学生形成正确的认识，最终目的在于深化受教育者的理论认知。变权威结论式教学法为问题研讨式教学法，教师既要重视对学生的权威性知识的传授（也就是引导学生掌握符合主流意识形态要求的知识），也要重视教学过程中学生反馈给教师的信息，特别是那些在信息网络化现实背景下学生知晓而教师不知的信息，从而实现师生之间在知识交流之中的信息对等。唯有如此，学生与教师才能在同一个平台上对视与对话，习近平新时代中国特色社会主义思想“进课堂”中应用问题研讨式教学法才能获得最好的效果。

第三，开放式教学法在社会主义核心价值观教育中的运用。与开放式教学法相对的是封闭式教学法，封闭式教学法在教学观念、教学时间、教学过程、教学评价等方面封闭保守，不利于提高学生的认同度。开放式教学法正好与封闭式教学法相反，这种教学方式在指导上注重学生的能力培养和思想形成，在教学时空上讲求课堂前后辐射，在教学内容上增加实践性内容，在教学形式上注意采用多种模式促使学生学习的能动性得到充分发挥。运用这种创新性的学习方式，有利于增强学生对习近平新时代中国特色社会主义思想“进课堂”中的感受体验，有利于提高他们学习习近平新时代中国特色社会主义思想的兴趣，也有利于传授大量生动鲜活的现实信息和知识，从而提高他们应用习近平新时代中国特色社会主义思想分析、认识社会的能力。这种创新的学习方法，还有利于激发学生的主体意识、挖掘当代大学生的内在潜能，更有利于激发他们在学习习近平新时代中国特色社会主义思想中主动探求的欲望。具体说来，最基本的做法是，在习近平新时代中国特色社会主义思想课程的教学中，以对当代大学生进行正确的人生观、价值观教育为根本目的，着眼于社会的发展和学生专业的特点，既注重帮助学生学习掌握习近平新时代中国特色社会主义思想，将其内化于心，同时又注重将其外化于行；既要做好课堂讲授这一基本功课，又要灵活采用课堂辩论、学生讲解、社会调研、情景模拟等授课方式；从而调动起学生持续的学习兴趣，并把这种兴趣转化为深化探究和主动学习践行习近平新时代中国特色社会主义思想的不竭动力，促使学生形成符合社会主义核心价值观要求的世界观、人生观和价值观。

二、以研究性教学推进习近平新时代中国特色社会主义思想“进课堂”

习近平新时代中国特色社会主义思想“进课堂”，应注重“研究性教学”。作为教学理念的“研究性教学”，既重视对当代大学生学习兴趣的调动，又力求提高当代大学生对习近平新时代中国特色社会主义思想的研究能力；既重视学生对习近平新时代中国特色社会主义思想的学科知识的系统掌握，又希望培养学生对习近平新时代中国特色社会主义思想的刻苦研究精神。作为教学模式的研究性教学，既重视发挥教师的主导作用又重视发挥学生的主体性作用，要求教师根据课堂教学的具体内容和学生的实际认知水平，适时适度地引导学生参与习近平新时代中国特色社会主义思想课堂教学的研究中来，启发他们通过积极的、主动的探究去发现和掌握新知识，促进他们提高学习和研究习近平新时代中国特色社会主义思想的能力。

研究性教学的目的在于让习近平新时代中国特色社会主义思想进入当代大学生的头脑，要用习近平新时代中国特色社会主义思想武装我国当代的大学生。而要实现这个目的，就需要从根本上改变教学过程中对学生的传统定位，要将学生视为知识的主动构建者。学生在学习习近平新时代中国特色社会主义思想中主动探究，选择热点和难点问题进行研究，结合国内外的现实进行习近平新时代中国特色社会主义思想的研究。习近平新时代中国特色社会主义思想进入我国当代大学生的科研，使他们的马克思主义理论水平得到提高，坚定了我国高校当代大学生的共产主义信仰和践行习近平新时代中国特色社会主义思想的自觉性。

以社会主义核心价值观为逻辑主线、以为人民服务为根本任务的思想政治教育的理论课程，较之于其他课程更加强调在形成正确思想的基础上树立坚定的无产阶级立场，更加注重用理性的观点和科学的方法去发现、分析和解决人生和社会的现实问题。习近平新时代中国特色社会主义思想“进科研”，不仅仅是大学教授和老师做关于习近平新时代中国特色社会主义思想的科研，更重要的是带着当代大学生在学习习近平新时代中国特色社会主义思想的过程中做研究。如在以中国化的马克思主义为核心内容的“毛泽东思想和中国特色社会主义思想概论”课程中，强化“富强”“民主”“文明”“和谐”等价值原则的教育，从而教育和引导学生认识中国走社会主义发展道路的历史必然性。可以按照“夯实基础—设置课题—学生探究—师生互动—成果展示”的模式，适时适度地将之作为传统式课堂教学的补充，让学生自主学习，引导学生学会应用习近平新时代中国特色社会主义思想研究社会的现实问题，以认识和解决当今社会的现实问题。

在夯实基础环节，要做的工作是帮助学生打牢研究习近平新时代中国特色社会主义思想必备的知识基础，教会学生进行习近平新时代中国特色社会主义思想研究的基本研究方法，引导学生树立对习近平新时代中国特色社会主义思想的研究意识。这就要求我们在日常教学的每一个环节，用过程式而非结论式的方法讲解思想政治理论的基础知识，以启发式而非灌输式的方法传递研究理念，既教知识又讲范式，既谈理论又讲方法，既强调认知又强调认同。

教师通过对中国社会主义革命和建设的经验教训、中国共产党对社会主义本质认识不断升华的过程等实践性与理论性内容、中国特色社会主义理论体系形成的过程等的讲授，使我国高校的大学生在探究中学习和掌握习近平新时代中国特色社会主义思想。教师还要结合自己对习近平新时代中国特色社会主义思想研究的积累，向学生介绍研究心得，进一步从研究视角引导学生初步掌握学术论文或研究报告的写作范式。

在设置课题环节，要做的工作是依据价值观教育的要求，通过教材体系向课程体系有效转换丰富教学内容，帮助学生打下一定的知识基础和研究基础。在这样的前提下，提出课题供学生研究，引导学生从较深层次理解理论。其中有两个方面需要特别注意，一方面是课题确定的方法，可以通过

“面向学生征求课题—结合实际筛选课题—教师主导确定课题”的路径进行。另一方面是设置课题时应当遵循三个原则：一是课题既要与“习近平新时代中国特色社会主义思想”的课程内容相衔接，又要围绕习近平新时代中国特色社会主义思想的教学中心和内容；二是研究课题设计的开放性，既要做到课题的设置难度适当，可以让比较多的学生参加，又要做到课题的研究能够从多个角度进行，从而更好地实现习近平新时代中国特色社会主义思想“五进”；三是学生欢迎，也就是课题具有时效性的同时也具有典型性，既能够引发学生的共鸣以提高参与的积极性，又能够启发学生的思维以形成普遍性的结论。如针对经济学类课程的学生，在课程教学中，要阐释习近平新时代中国特色社会主义经济思想，深入讲述新发展阶段、新发展理念、新发展格局和“七个坚持”：坚持加强党对经济工作的集中统一领导；坚持以人民为中心的发展思想；坚持适应把握引领经济发展新常态；坚持使市场在资源配置中起决定性作用，更好发挥政府作用；坚持适应我国经济发展主要矛盾变化完善宏观调控；坚持问题导向部署经济发展新战略；坚持正确工作策略和方法，稳中求进。引导学生充分认识到加快形成以国内大循环为主体、国内国际双循环相互促进新发展格局的重要现实意义，使学生认识到习近平新时代中国特色社会主义经济思想是党的十八大以来推动我国经济发展实践的理论结晶，是中国特色社会主义政治经济学的最新成果，开拓了 21 世纪马克思主义政治经济学的新境界。

在学生探究环节，教师要做的是组织和指导学生进行研究性学习，问题的关键在于如何组织和指导学生的课外研究性学习。在实际操作中，教师可以根据教学进度，提前确定研究课题：对学生进行分组，指定一名组长担任研究负责人，并给相应的研讨小组布置研究任务；指导教师与组长共同商定阅读书目和研究计划、确定文献收集方案和分步研究方案；组长在课内课外组织小组成员自主学习、独立研究和充分讨论；小组的每位成员写出研究心得，小组也得出主要结论，最后由组内有一定理论功底、文字能力相对较好的同学按照论文范式整合成论文或报告。

在师生互动环节，要做的工作是教师与学生进行充分交流，指导学生就初步形成的研究结论做必要的修改和完善，在此基础上，了解取得的成果、发现存在的不足，归结出带有共性的问题，然后采用与统稿人私下沟通或与各小组集体讨论的方式解决这些问题，这样既能够激发学生探究的热情又能够把握学生的研究方向，既有助于进行习近平新时代中国特色社会主义思想的立场和观点的显性教育，又有助于进行正确的价值观和方法论的隐性教育，从而更好地引导学生运用所学的习近平新时代中国特色社会主义思想进行深入有效的研究。教师必须要把握好适度性的原则，也就是说要在适当的时机、用适合的方法进行适度引导。要使我国高校的大学生带着使命学、带着信仰学、带着感情学，深刻感悟习近平新时代中国特色社会主义思想蕴含的马克思主义立场、观点、方法，筑牢信仰之基，补足精神之钙，把稳思想之舵。

在成果展示环节，要做的工作是各小组把自己的研究报告，研究的文章、研究问题的结果等向全班展示，教师分别就每一项成果进行总体评价，并就普遍性存在的问题进行深入分析。成果展示可以用报告会的形式进行，学生借助 PPT 课件将其研究的思路、依据的理论和形成的结论介绍给全班同学，教师和其他同学从展示中发现问题并就此进行质询和辩论，组织学生就质询和辩论的内容进行集中讨论，对研究成果中涉及的理论、原则和范式做进一步的讲解，这是研究性教学全程中非常重要的一个环节，既能通过成果的呈现使学生在学习与研究过程中的主体性得以体现，又能使课题通过集中讲解达成现实共识，从而进一步巩固和加深学生对习近平新时代中国特色社会主义思想的认同，达到强化对习近平新时代中国特色社会主义思想的学习效果。特别需要注意的是，在学生的研究成果中出现一些不正确的观点十分正常，这正体现出我们对当代大学生进行习近平新时代中国特色社会主义思想“五进”工作的必要性。我们在对学生进行习近平新时代中国特色社会主义思想的理论分析和系统性的学术讲解的时候，要做到立意高远，教师基于对习近平新时代中国特色社会主义思想的深刻把握，深层次地阐释重大社会问题和各种思潮的原因和本质；要以实事求是的科学态度，解答学生在习近平新时代中国特色社会主义思想“进科研”中遇到的问题，对问题的讲解要切合学生实际，评析力求准确全面。

在习近平新时代中国特色社会主义思想进教材、进课堂过程中，教师针对不同的课程要区别对待，如哲学社会科学课程是习近平新时代中国特色社会主义思想进课程、进教材的重要渠道，要充分发挥主干课程的作用，分专题讲述习近平新时代中国特色社会主义思想。习近平新时代中国特色社会主义思想进哲学类课程教材，就是要讲清楚习近平新时代中国特色社会主义思想蕴含的马克思主义的世界观和方法论，要生动体现辩证唯物主义和历史唯物主义，深入阐释习近平总书记关于坚持实事求是、提高科学思维能力、保持战略定力、坚持问题导向、重视调查研究、发扬钉钉子精神、依靠学习走向未来等方面的重要论述，使学生充分认识到习近平总书记科学思想方法和工作方法是一个完整系统的科学方法论体系，具有鲜明的马克思主义理论品质和深邃的精神实质。

习近平新时代中国特色社会主义思想进管理学和社会学类课程教材就是要系统阐释习近平总书记关于社会主义社会建设的重要论述：讲清楚社会建设的主线是带领人民创造幸福美好生活；社会建设的重点任务是坚持在发展中保障和改善民生，加强和创新社会治理；社会建设的基本原则是坚持社会公平正义，坚持解决好人民最关心最直接最现实的利益问题，坚持尽力而为与量力而行相结合，坚持守住底线，坚持共建共享，坚持完善制度，使学生认识到习近平总书记关于社会主义社会建设重要论述体现了中国共产党对人类社会发展规律、社会主义建设规律的最新认识，具有重大的理论意义、实践意义、时代意义、世界意义。

教育学类课程的教材要系统阐释习近平总书记关于教育的重要论述，讲清楚教育改革发展必须坚持的新理念新思想新观点，即坚持党对教育事业的全面领导，坚持把立德树人作为根本任务，坚持优先发展教育事业，坚持社会主义办学方向，坚持扎根中国大地办教育，坚持以人民为中心发展教育，坚持深化教育改革创新，坚持把服务中华民族伟大复兴作为教育的重要使命，坚持把教师队伍建设作为基础工作，使学生认识到习近平总书记关于教育的重要论述开创了马克思主义教育思想新境界，为加快推进教育现代化、建设教育强国、办好人民满意的教育、培养德智体美劳全面发展的社会主义建设者和接班人提供了行动指南。

习近平新时代中国特色社会主义思想进理学、工学、医学类课程教材要结合学科专业特点，阐释人民至上，生命至上思想，培养学生胸怀祖国、服务人民的爱国精神，勇攀高峰、敢为人先的创新精神，追求真理、严谨治学的求实精神，淡泊名利、潜心研究的奉献精神，引导学生认识创新在我国现代化建设全局中的核心地位，理解科技作为国家发展战略支撑的重大意义，努力把科技自立自强信念自觉融入人生追求之中。

习近平新时代中国特色社会主义思想进入各学科的教材都要结合学科特点，有机地融入党史、中华人民共和国史、改革开放史、社会主义发展史等内容，阐释习近平总书记关于历史问题、历史思维的重要论述，引导学生在学思践悟中坚定理想信念，在奋发有为中践行初心使命，不断增强历史定力、锤炼历史思维。

三、强化实践教学观念

“坚持政治理论教育和实践教育相结合”是加强和改进大学生思想政治教育的基本原则，作为当前大学生思想政治教育主线的社会主义核心价值观教育，也必须坚持这个原则。“要通过形式多样的实践教学活动，提高学生思想政治素质和观察分析社会现象的能力，深化教育教学效果。”①

一般认为，学习可以分为两个水平层次，第一个水平层次是初级知识学习，主要学习方式是理解和记忆，基本学习内容是由事实、概念、原理构成的学科知识，这种知识逻辑严密、结构清晰、意义明确。第二个水平层次是高级知识学习，其主要学习方式是运用和体认，基本学习内容是有关知识的应用，这种知识不像学科知识那样逻辑严密、结构清晰、意义明确。实践教学有助于强化这种知识的学习：在价值判断与选择互动的实践教学中，帮助学生更多地接触和了解社会，使学生由感性领悟向理性思考升华，使大学生从被动接受向主动研究转变中强化开拓精神和创新精神的培养，这也是实践教学对思想政治教育的现实意义。

要在习近平新时代中国特色社会主义思想的学习中更好地运用教学教育，还必须对实践教学的内涵有清晰的认识。我们要全面整理习近平总书记在地方工作的创新理念、重大实践，及时梳理视察地方、学校发表的重要论述，深入挖掘育人价值，有机融入各级各类课程教材和教学实践过程，不断丰富学习内容，引导学生进一步理解习近平新时代中国特色社会主义思想发展脉络和实践要求，使习近平新时代中国特色社会主义思想进教材、进课

① 邢华平. 基于“大思政”格局下的高校思政课实践教学与大学生社会实践一体化探略［J］. 成都中医药大学学报（教育科学版），2018（02）：70-71.

堂、进学生头脑更加系统全面、生动具体。我们认为，实践教学并不单纯地指走出课堂。综合对实践教学的现有研究，可以把实践教学概念做这样的界定：以学生广泛参与教学过程为前提，遵循课堂与社会相补充、学习与研究相融合的原则，综合运用多种教育教学方法以实现培养学生结合现实思考问题、运用理论分析问题、通过科研解决问题等实践能力的教学方式。实践教学必须坚持针对性、时效性和实效性，也就是说，实践教学内容的选择，要紧密联系实际、力戒形式主义，要针对社会热点；实践教学方案的设计与实施，要体现出社会主义核心价值观的价值导向，能折射社会发展的趋势，具有鲜明的时代特征；实践教学的目的，要立足于引导学生人生观、价值观以及促进学生的知行合一。

我们可以把思想政治理论课教育教学中与之相应的实践教学划分为教学过程实践、课内实践教学、课外实践教学三个组成部分。

下面对这三种实践教学形式以“道德修养与法律基础”课为例做简要分析。

对于学生而言，实践可以分为参与性实践和间接性实践两种。参与性实践是学生亲身参与其中的实践，间接性实践是学生不参与其中但可以通过形象的材料体悟他人的实践。教学过程实践就是基于间接性实践的一种实践教学形式，指的是在教学中运用实践性材料、采取间接参与的形式组织课堂，让学生置身于他人的实践以丰富自己的感性经验，从而更客观地运用所学分析现实问题，提高理性认知能力。在“道德修养与法律基础”课的课堂教学中，可以组织学生观看与教学内容密切相关的音像资料，将他们导入间接性实践。例如，我国的“祝融”火星车登月的案例等就是最好的教学资料，我们在讲授社会主义道德建设的章节时，选择全国道德模范、感动中国人物事迹展播的视频作为间接性实践的材料，按“爱国、敬业、诚信、友善、和谐”等社会主义核心价值观的要素进行专题剪辑，在讲授完相关知识性内容后适时播放给学生观看，同时辅以相应的课堂问题交给学生讨论，如“习近平总书记为核心的党中央是如何领导我国人民战胜新冠肺炎病毒的”“北斗三号精神的伟大意义”“吴文秀实践习近平‘精准扶贫思想’研究”“焦裕禄精神的现实意义研究”“‘特别能吃苦、特别能战斗、特别能攻关、特别能奉献’的载人航天精神研究”“2021 年感动中国的人物：身患绝症坚守抗疫一线的人民英雄张定宇”等。教学过程实践依托真实的典型事例，于情打动学生、于理说服学生，有助于提高学生的学习兴趣、增强学生的学习与思考的动机，这种习近平新时代中国特色社会主义思想“进科研”，有效地提高了当代高校大学生的思想政治教育的实效性。

课内实践教学指的是在课堂教学中采用具有鲜明情境性、过程性和参与性的方式组织的实践教学，教师采用诸如案例分析、实景模拟、小组讨论、分组辩论、学生讲授等方法引导学生在课内以模拟的形式参与实践，以社会主义核心价值观为价值标准评判和分析社会热点问题、理论难点问题。例如，在讲授“人生价值”时可以设计主题为“学习习近平总书记讲话‘青年的价值取向决定了未来整个社会的价值取向，而青年又处在价值观形成和确立的时期，抓好这一时期的价值观养成十分重要。这就像穿衣服扣扣子一样，如果第一粒扣子扣错了，剩余的扣子都会扣错。人生的扣子从一开始就要扣好’① 的科研课题研究”；在讲授“社会公德”时可以设计科研课题论述你对“论习近平总书记对全国道德模范表彰活动作出的重要指示”的认识。习近平总书记对全国道德模范表彰活动作出的重要指示中指出：“全国道德模范体现了热爱祖国、奉献人民的家国情怀，自强不息、砥砺前行的奋斗精神，积极进取、崇德向善的高尚情操。要广泛宣传道德模范的先进事迹，弘扬道德模范高尚品格，引导人们向道德模范学习，争做崇高道德的践行者、文明风尚的维护者、美好生活的创造者。要培育和践行社会主义核心价值观，推进社会公德、职业道德、家庭美德、个人品德建设，深化群众性精神文明创建活动，着力培养担当民族复兴大任的时代新人，让社会主义道德的阳光温暖人间，让文明的雨露滋润社会，为奋进新时代、共筑中国梦提供强大精神力量和道德支撑。”②

教师可以指导大学生做科研项目“论道德模范的榜样力量”“论当代大学生要‘做崇高道德的践行者、文明风尚的维护者、美好生活的创造者’”；在讲授“爱国主义”时，可以选取“爱国主义的传统”“爱国主义的时代价

---

① 习近平. 青年要自觉践行社会主义核心价值观——在北京大学师生座谈会上的讲话 [N]. 人民日报，2014-05-05.

② 习近平. 习近平对全国道德模范表彰活动作出重要指示 [N]. 人民日报，2019-09-06.

值”“爱国主义与全球化”“如何促进民族团结”等多个知识点请学生进行课堂讲授。然后可以让学生认真学习习近平总书记“爱国主义是我们民族精神的核心，是中华民族团结奋斗、自强不息的精神纽带。五四运动时，面对国家和民族生死存亡，一批爱国青年挺身而出，全国民众奋起抗争，誓言‘国土不可断送、人民不可低头’，奏响了浩气长存的爱国主义壮歌”① 的讲话。做《论爱国主义是我们民族精神的核心》《论爱国主义是中华民族团结奋斗、自强不息的精神纽带》等研究论文和研究报告。这样，既有助于吸引学生的注意力以引导学生融入教学活动，又有助于调动学生的主动性以引导学生自主学习探究，还有助于展示学生的能力以帮助学生增强学习自信，不断强化学生对习近平新时代中国特色社会主义思想的认同。

课外实践教学指的是以充分调动学生自我教育的热情为前提，以学生在课内学到的理论知识和间接经验为基础，组织学生走出课堂甚至走出学校，开展习近平新时代中国特色社会主义思想学习的社会实践课程，对社会进行与学习习近平新时代中国特色社会主义思想密切相关的综合性考察、应用性调研、导向性研讨、科研性的资料收集等实践活动。例如，在讲授“道德”时，可以组织学生分小组对校园不文明现象进行调查研究，增强学生对于文明的直接体验，加深当代大学生对习近平新时代中国特色社会主义思想的深刻理解和内化；在讲授“理想和信念”时，可以组织学生参观“延安梁家河”“河北正定”等教育基地，让学生感受习近平新时代中国特色社会主义思想的形成来源。这样，通过以思想教育为主、以体验为主、以服务社会为主、以培养能力为主等价值诉求各不相同但与习近平新时代中国特色社会主义思想教育导向相契合的多种课外实践活动，通过以社会实践和社会调查的形式开展的习近平新时代中国特色社会主义思想“进科研”的活动，强化课堂教学的效果，强化“进课堂”效果，达到“进头脑”的目的，引导学生做习近平新时代中国特色社会主义思想的坚定信仰者和忠诚的自觉践行者。

① 习近平. 在纪念五四运动100周年大会上的讲话［N］. 人民日报，2019-04-30.

第二节 习近平新时代中国特色社会主义思想“五进”中课堂教学形式的革新

——以“微课”为例

树立主体性教学理念，让习近平新时代中国特色社会主义思想“进科研”，运用研究性教学方式、强化实践性的教学观念，目的都是在于增强社会主义核心价值观教育的实效性，而实效性的增强最终需要以“进教材”和思想政治理论课的“习近平新时代中国特色社会主义思想”的“进课堂”教学为依托，所以，把课堂教学形式的革新作为重要的落脚点是至关重要的。在思想政治理论课的教学实践中，课堂教学形式的革新可以有多种路径，这里，我们以最新出现的“微课”（Micro-lecture）为例，探讨有机地融主体性教学、研究教学和实践教学等理念为一体的方法。

“微课”的概念最早由美国新墨西哥州圣胡安学院的戴维·彭罗斯（David Penrose）提出，指的是选取某一知识点、专题、实验活动作为选题，针对教学中常见、典型、有代表性的问题或内容进行设计，完成简短而完整的教学过程，其类型包括但不限于教授类、解题类、答疑类、实验类、活动类等。“微课”的教学目的在于“解惑”而非“授业”。选题“小而精”，具备独立性、完整性、示范性和代表性的特点。能够有效解决教与学过程中的重难点问题，时间一般为10—20分钟。

在信息技术日益发达的今天，“微课”的出现与应用适应了“要运用新媒体新技术使工作活起来，推动思想政治工作传统优势同信息技术高度融合，增强时代感和吸引力”① 的时代要求。“微课”体现了现代教育理念和现代教育技术的融入。它不同于传统的单一教学资源，而是集教学课例、教学课件和教学反思于一体的主题式教学单元，它在相对紧凑和集中的教学时间内，既能够进行重难点知识的传授，又能够调动学生主动思考的积极性，还能够为学生创设进一步自主学习的问题情境，是在传统的课堂教学之外的

① 张烁. 全国高校思想政治工作会议12月7日至8日在北京召开［N］. 人民日报，2016-12-08.

一种比较有效的补充。对于习近平新时代中国特色社会主义思想的教育而言，要想更好地发挥思想政治理论课的主阵地作用，可以把“微课”与思想政治理论课课堂教学改革有机结合，提高习近平新时代中国特色社会主义思想“五进”的针对性和实效性。

在思想政治理论课中运用“微课”进行习近平新时代中国特色社会主义思想的教育，需要重点做好三项工作。第一项工作是教学主题的选择。一般来讲，短小精炼且具有独立性、代表性和示范性是首要的、基本的要求。“微课”要么是理论依据相对集中、逻辑性强，要么是比较契合学生实际、现实性强，要么是涉及多个学科领域、交叉性强。好的教学主题既可以增强习近平新时代中国特色社会主义思想教育的吸引力，又可以提升学生学习的热情。第二项工作是教学设计的优化，主要是指编写出优秀的教案和制作出精良的课件。紧扣主题且主线清晰、突出重点且层次分明、教学目的明确且符合教学规律是对课件首要的基本要求；对于理论依据相对集中、逻辑性强的主题，做到既准确聚焦、讲清讲透，又深入浅出，使学生易懂；对于比较契合学生实际、现实性强的主题，既做到联系理论讲现实，生动有趣，又做到基于现实谈理论，归于理性；对于涉及多个学科领域、交叉性强的内容，既做到教师主导、简明但全面地涵盖所有知识，又做到学生主动、积极但有序地进行自主思考。习近平新时代中国特色社会主义思想“进课堂”的教学设计要能够很好地将教材体系转换为教学体系，有助于社会主义核心价值观教育有效性的增强。第三项工作是“微课”的课堂应用，主要是指在合适的时候，以合适的方式把经过充分准备的“微课”资源推向学生，起到好的教学效果。通常情况下，“微课”有两种课堂应用形式，一种形式是制作成“微课”视频，上传至网络平台供学生课外自主学习或在课堂教学的过程中穿插播放以代替教师的实时讲授；另一种形式是在课堂中按照“微课”教学模式的要求由教师现场讲授。这两种模式各有利弊，但可以相互补充，建议结合实施。

下面，列举一个利用“微课”进行社会主义核心价值观教育的教案。

主题：凝聚诚信力量打牢实现中国梦的道德基础

教材：《思想道德修养与法律基础》（高等教育出版社 2018 年版）

第 10—11 页培育和践行社会主义核心价值观

第 28—29 页坚定实现中华民族伟大复兴的信心

第 109—111 页诚实守信是公民道德建设的重点

一、教学目标

1. 掌握“诚信”的内容。
2. 把握“倡导和践行诚信价值观”对于实现“中国梦”的意义和作用。

二、教学难点

1. 如何把“诚信”与“中国梦”联系起来。
2. 践行诚信的价值观，为什么会有助于建构互尊互重的交往模式。
3. 社会主义核心价值观教育论。

三、教学准备

1. 收集有关“诚信”的典型案例，准备相关的视频、图片资料。
2. 教学过程：教师讲授。
3. PPT 展示+师生互动。

四、教学反思

社会主义核心价值观的教育重点在于引导学生践行，如何在 20 分钟的课堂讲授时间内，让学生真正领会并相信“诚信”对于实现“中国梦”的意义，还需要进一步改进课堂教学的方式方法，提高学生对课程主题的关注度、理解度和接受度。

五、讲稿

同学们，我们今天这次课的主题是：诚信与中国梦。

我这里有一个关于卖菜的小视频，想和大家一起来看一看（放视频）。很明显，这个视频的主题就是“诚信”，最后的点题之句“诚信可以成为一种习惯”，是对那些淡忘了甚至背叛了诚信原则的人的规劝，是当下社会对于相对缺失的诚信的呼唤。

诚信，就是诚实守信，是指在立身处世和人际交往中、在政治活动和国家治理中，以内诚于心、外守于信为准则进行自律和他律的一种道德法则。诚信这个词，由意义相通的两个字“诚”与“信”复合组成，其中的“诚”，意为“真实无伪、恭敬审慎”，它是道德的外衣、人间的常道；其中的“信”，意为“言出必行、行责自担”，它是立身的原则、兴业的保证。

《孟子》中说“诚者，天之道，思诚者，人之道”，《荀子》中说“夫诚者，君子之守也，而正事之本也”。在以儒家学说为主体的中国传统文化中，“诚”既是一个天道和人道的范畴，又是一个表示天人关系的范畴。从天道方面讲，“诚”是宇宙的本体、属性和功能，自然依天时的运行就是“诚”的根源；从人道方面讲，“诚”是道德生活的准则和价值追求的目标。

个人依天性的修为就是“诚”的表现。所以，诚既体现为“天人之诚”，也就是追求天人合一，又体现为“德性之诚”，也就是做到正心诚意，还体现为“知行之诚”，也就是求得守仁行义。具体地讲，“诚”表现为“真诚”“诚信”“诚直”“精诚”，戒除的是“伪”“欺”“枉”“懈”，追求的是“真”与“实”，也就是“对人要真情实意、对物要货真价实、对事要求真务实”。

《论语》中说“言忠信，行笃敬，虽蛮貊之邦行矣”，《荀子》中说“自四五万而往者，强胜非众之力也，隆在信矣”。在以儒家学说为主体的中国传统文化中，“信”是一种人与人之间的伦理准则，其中包含信守诺言、坚贞不二、全力相助、同甘共苦等伦理要求。但是，作为一种伦理准则的“信”并不具有价值的评判标准，信只有遵循“义”的统率，才能成为人间美好的德性。所以，结合了“义”的信，既是立身处世的根本前提，也就是追求“忠诚守信”，又是交朋处友的重要准则，也就是做到“言而有信”，还是治国理政的基本原则，也就是做到“取信于民”。具体地讲，对个人来说，人无信不立，所以信是立人之道；对于事业来讲，业无信不兴，所以信是兴业之道；对于国家而言，国无信不宁，所以信是治世之道。

作为一种道德法则的诚信，同时也是一种价值观念，它在长达几千年的中华历史中得到了持续发展和弘扬，对我国的政治、经济、文化、教育乃至国民心理都产生了深刻的影响。直到今天，“诚信”更是作为“社会主义核心价值观”的重要内容之一，为“实现中华民族伟大复兴的中国梦”这一宏伟目标，提供着重要的价值导向作用和道德导引作用。

习近平总书记反复论及的"中国梦"，既是国家富强文明、民族振兴之梦，也是人民安居乐业、生活幸福之梦。这个梦最直接的目标，就是21世纪中叶、建国100年时的社会主义现代化中国。今天的中国，正行进在实现现代化的路上。

如果我们以现代化为背景来考量，就可以发现，中国梦有着深厚的价值内涵，中国梦憧憬的现代化社会不仅是物质丰裕的社会，更是诚信善治的社会。要实现中国梦的共建共享，从价值观的角度来说，不仅需要越来越富足的生活，也需要有越来越诚信的道德；不仅需要公平正义的法治环境，也需要诚实守信的道德环境。

党的十九届五中全会提出了要"夺取全面建设社会主义现代化国家新胜利"的宏伟目标。现代化之于中国，是一个只有100多年的新课题，实现现代化必然会促进社会转型，而在这个转型的过程中，也会在一定程度上导致道德失范和秩序真空，诚信的缺失就是其中最直观的一个问题。这在当下的某些领域都有体现：诸如毒奶粉、假羊肉、地沟油到影响产业财经的基金黑幕、股市造假、证券骗局，凡此种种，不一而足。如果任由这些问题蔓延下去，不仅会危及整个社会的信用体系，甚至还会动摇社会稳定的根基。所以，以诚信为道德基石重建良好的社会交往规范，是实现中国梦的重要保障。具体而言，这包含如下三个层面：

第一，倡导和践行诚信的价值观，有助于提高全体国民的内在素质，这是实现中国梦的主体保障。

诚信不是一种简单的他律法则，而是每个个体人格、心理和德性的全面提升；中国梦不是一种简单的物的现代化，更是一种制度方式、行为方式的伦理进化与价值升华。而这就需要以每个人不断提升的诚信品质为基础，如果没有诚信，中国梦所指向的"好的生活"就会失去"好的环境""好的信用""好的制度"等方面的保证，就会是空想。在自我修为和人际交往时倡导和践行诚信的价值观，可以不断提升全体国民的内在素质，这是实现中国梦的必然要求。

第二，倡导和践行诚信的价值观，有助于构建互尊互重的交往模式，这是实现中国梦的社会保障。

诚信是社会交往中的道德要求，更是保障交往中所有成员自尊和尊严的伦理基础。因此，如果每个人都不沉迷于“利”的诱惑而坚守诚信原则，在一定意义上讲就是对自我和他人生命尊严的尊重。所以，在制度设计和道德建设时倡导和践行诚信的价值观，可以最大限度地尊重社会公民作为主体性的道德尊严，有助于构建互尊互重的交往模式，这也是实现中国梦的必然要求。

第三，倡导和践行诚信的价值观，有助于提高中国社会的文明程度，这是实现中国梦的战略保障。中国梦的实现，需要通过全面建设经济文明、政治文明、社会文明、文化文明和生态文明作为战略保障，这五个文明建设中的任何一个都离不开“诚信”二字。在经济领域，重视诚信，坑蒙拐骗将失去市场，社会信用体系将日趋完善；在政治领域，社会服务体系和社会保障体系将日益完善，公共服务会更加均等，每一个人将获得更多的社会归宿感和安全感；在文化领域，因为诚信，将会建立起一种更加真诚和更讲尊重的文化、一种更加奋进和愈发包容的文化，从而使人们活得更加坦诚、更有尊严，使创新者得到鼓励、创造者得到褒奖，社会将更加和谐、生活将更加多彩；在生态领域，因为诚信，人与自然关系将变得更为和谐，资源节约型和环境友好型社会将更快实现，美丽中国就会真正变为现实。

最后，让我们用一句话做一个总结吧：凝聚诚信力量，打牢实现中国梦的道德基础。一个人的力量有限，亿万人民的力量无穷。中国梦是民族的梦，也是每个中国人的梦。只要我们每一个人从自身做起，事事诚信、时时诚信，我们的家园会更好，我们的国家会更好，我们就会托举起实现中华民族伟大复兴的中国梦。

第三节 思想政治教育课程的考核方式的创新

践行社会主义核心价值观会为我国当代大学生的人生发展奠定基础，同时促进教师对教学理论的把握和对思想政治教育课程的考核方式进行创新，将对提升社会主义核心价值观教育的质量和效率起到重要的推进作用。

不同的学段有着不同的习近平新时代中国特色社会主义思想进课程教材的要求，大学阶段重在形成理论思维，实现从学理认知到信念生成的转化，增强使命担当。主要以系统学习和理论阐释的方式，运用理论与实践、历史与现实相结合的方法，引导学生全面深入地理解习近平新时代中国特色社会主义思想的理论体系、内在逻辑、精神实质和重大意义，理解其蕴含和体现的马克思主义基本立场、观点和方法，增进对其科学性系统性的把握，提高学习和运用的自觉性，增强建设社会主义现代化强国和实现中华民族伟大复兴中国梦的使命感。

一、传统考核方式的不足之处

高校思想政治理论课现行的课程考核设置一般分为考试课和考查课两种。考试课的考核形式通常为统一组织的期末考试，试题设置有选择题、判断题、辨析题、简答题、论述题、材料分析题等题型，这是最为传统的考核方式。考查课的考核形式一般以任课教师随堂组织的结课考试加上课程论文或调查报告等为期末成绩的主要依据，其考核标准除了期末成绩外，还将平时的出勤、作业、小测验和小论文等指标纳入考核范围，这是一种改良了的传统考核方式。无论是考试还是考查，在形式和内容上都需要进行改革。

第一，以知识测验为主，能力考核的内容较少，素质评价的内容更少。无论是考试还是考查，现行的考核方式均以知识测验为重点，对学生能力的考核多是一带而过，对于学生用习近平新时代中国特色社会主义思想武装头脑，将习近平新时代中国特色社会主义思想内化于心、外化于行的状况不能进行科学的考查。

第二，重视理论层面的考核，对于实践层面的考核却比较欠缺。现有的考核方式容易导致学生出现学用分离、知行不一的情况——学生对知识和理论的掌握与理想信念、行为实践脱节。

第三，学生被动学习与考试，学生对思想政治理论课的学习消极应付、兴趣不浓，这势必严重影响高校社会主义核心价值观教育的效果。

第四，现在高校应用的思想政治教育理论的考核方式大多是以教师为主导的，忽视了学生的自我教育。建议从“进科研”的角度出发，多进行研讨性的考核。

第五，现在高校应用的思想政治理论课的考核方式大多仅注重课程的终结性考核，忽视了对学生的成长性和过程性的评价。这不利于社会主义核心价值观教育实效性的提高。

出现以上情况的原因有两方面。在体制方面，着眼于大学生综合素质提升的思想政治理论课程教育的科学的管理体系还没有建立起来，高校现行的教学管理体系从制度设计到管理方式仍然处于应试教育的框架之中，对学生的考核重点偏向于理论知识掌握的情况，而非学生的创新精神等综合素质。在观念方面，现在的以应试教育为指导思想的思想政治理论课的考核理念已经滞后于习近平新时代中国特色社会主义思想“五进”工作的要求了。

二、思想政治教育课程的新型考核方式的设计

我们应当设计出既契合教学大纲，又注重过程考查和能力评价，还充分考虑到实践教学的新型考核方式。

我们以调动学生的主观能动性、提高学生的实践能力、培养学生创新能力为努力方向，着眼于社会主义核心价值观教育的根本目标，以“读本”课为例，设计了新的思想政治理论课考核方式。我们的方案主要包括考核方案、与考核方案对应的教学方式、具体安排三个部分。“读本”课考核方式设计：第一，改革统一进行期末考试的方式，进行习近平新时代中国特色社会主义思想“进科研”的论文考试和习近平新时代中国特色社会主义思想“进读本”的读书心得的考试。第二，成绩构成：考勤分；课堂讨论分；学生发言讲解分；主题辩论分；研究报告分；读书心得笔记分；辅导员评分。

三、与考核方式对应的教学方式

为了提高习近平新时代中国特色社会主义思想课程教学的针对性与吸引力，增强学生学习的自主性与积极性，充分展示课程的时代性并提升思想政治教育的实效性。我们要探索出与考核方式改革相对应的教学方式的改革。我们设想的与考核方式对应的教学方式的具体程序为：学生在教师的指导下进行探究性的自学——教师根据学生自学的情况进行讲授——学生根据教师的讲授再次进行研究性的自学。学生自主学习的活动包括：选取特定主题分别进行三次小组讨论、一次学生讲解、一次主题辩论、一次社会调查、一次外出考察，形成一篇研究习近平新时代中国特色社会主义思想的科研论文。

“读本”课考核方式设计：

1. 布置论文题目：《习近平新时代中国特色社会主义思想的理论框架》。

2. 介绍学习参考文献。
3. 老师讲解习近平新时代中国特色社会主义思想的理论框架。
4. 全体学生进行讨论发言，通过组织大学生研讨，形成讨论纪要。
5. 论文：《习近平新时代中国特色社会主义思想的理论研究》。

四、在思想政治课程中进行社会主义核心价值观教育

对当代大学生进行社会主义核心价值观教育，我们从提高习近平新时代中国特色社会主义思想“五进”的实效性的视角来看，“思想道德修养与法律基础”（以下简称“思修”）与“读本”课程都讲解了社会主义核心价值观。

“思修”课程的教学目的是要对当代大学生进行人生观、价值观等方面的教育。

“读本”课程注重理论生成的阐释，理论内涵的分析是其在社会主义核心价值观教育中的突出特点。在“思修”课中，社会主义核心价值观在教材的绪论中出现，是贯穿课程各部分内容的主线，可以将其视为“思修”课的逻辑出发点；而在“读本”课中，社会主义核心价值观则是在“五位一体”总体布局一章中出现的，是“习近平新时代中国特色社会主义思想”的重要组成部分。“思修”课中社会主义核心价值体系是着眼于全党全国共同思想基础的需要来讲授价值观的理论内涵的，“读本”课则是着眼于习近平中国特色社会主义思想的“五位一体”的文化建设的需要来讲授社会主义核心价值观的现实功用的。从习近平新时代中国特色社会主义思想的“五位一体”的总体布局的角度去讲授社会主义核心价值观，可以看出中国特色社会主义“五位一体”总体布局并非是一个并列的体系，而是一个有着内在结构的整体性系统。经济建设是根本，政治建设是保证，文化建设是灵魂，社会建设是条件，生态文明建设是基础。

我国高校思想政治理论课程的教师只要严格按照国家教育部的要求，扎扎实实读原著、学原文、悟原理，推进习近平新时代中国特色社会主义思想“五进”，我们就一定能筑牢“铸魂育人”体系，培育爱党、爱国、爱社会主义，立志为中国特色社会主义事业奋斗终生的时代新人。

第四节　习近平新时代中国特色社会主义思想对科学社会主义的坚持和发展

一、习近平新时代中国特色社会主义思想对科学社会主义一以贯之的坚持

第一，坚持运用辩证唯物主义的世界观和方法论。坚持用辩证唯物主义的世界观思维和方法论实际去解决我国当前改革发展中的基本问题，这是中国共产党人应有的本领，中共中央政治局也特别对辩证唯物主义的基本原理和方法论进行过集体学习。坚持物质的第一性，要求我们建设中国特色社会主义必须要立足于客观实际，立足于当前当时的问题，要适应国内外环境的变化，适应经济发展的新常态，根据变化制定治理之策。在实际工作中坚持辩证的思想，反对形而上学的思想，善于运用联系和发展的事物特性，要具有系统思维、整体思维和大局意识，善于处理马克思主义哲学范畴之间的关系，妥善处理实际工作中的各种重大关系。

第二，遵循人类社会及其历史发展的规律。人类社会历史的发展是有规律的，马克思早在《共产党宣言》中就宣告“资本主义的灭亡和无产阶级的胜利是同样不可避免的”。人类社会向前发展的根本动力是社会基本矛盾运动的推动，只要人类社会存在，社会基本矛盾就必然存在，从封建社会到资本主义社会再到社会主义社会，每一次的历史前进都是由社会矛盾所推动的，这个历史规律是客观存在的，是不以人的意志为转移的。

第三，构建人民民主的民主政权。党的十八大以来，习近平总书记高度重视人大工作和政协工作，多次在公开场合讲述选举民主和协商民主作为我国民主制度的两大重要模式，要相辅相成，共同发展，不可偏废。人民通过选举投票行使自己的民主政治权利，人民内部出现的问题在进行决策之前通过协商，这是选举民主和协商民主在人民内部真实的民主体现。发扬民主精神，让人民民主真正落地生根，必须要加油开动民主机器的马力，加快建设社会主义民主政治。

第四，以资本主义政治经济学和社会主义政治经济学优势互补发展经

济。我国经济进入新常态以来，以习近平总书记为核心的党中央深刻把握经济新常态给我国发展带来的机遇和挑战，坚持不断完善社会主义市场经济，使市场在资源配置中起到决定性作用，但仍然要更好地发挥政府的调节作用。要坚持社会主义的所有制和分配形式的基本特征，坚持公有制为主体和按劳分配为主，辅助以其他所有制形式和分配方式，坚持社会主义市场经济的改革方向，经济体制改革要处理好政府和市场之间的关系，以改革促发展。使资本主义政治经济学和社会主义政治经济学优势互补，相互借鉴，构建新时代中国特色社会主义政治经济学的话语体系。

第五，用马克思主义意识形态占领社会主义文化的主阵地。党的十八大以来，习近平总书记关于意识形态工作的重要论述，体现了意识形态工作的重要性，要把马克思主义政党对意识形态工作的认识提升到新的高度，坚持马克思主义在意识形态领域的指导地位。当前网络科技非常发达，通过网络冲击马克思主义意识形态指导地位的手段层出不穷，不同的意识形态相互碰撞，严重动摇马克思主义的真理性。在同这一社会现象作斗争时，我们要加强党对意识形态工作和宣传思想工作的领导，坚决打赢这场意识形态领域的“战争”。在对待西方外来文化时，既要坚守社会主义底色，又要以包容的态度互鉴互学；在对待传统文化时，要坚持扬弃的态度，使中华文化得到创造性转化和创新性发展，使其为我所用，为我服务。

二、习近平新时代中国特色社会主义思想对科学社会主义理论的创新性发展

2018 年 5 月 4 日，习近平总书记在纪念马克思诞辰 200 周年大会上的讲话中概括了马克思的一生，阐明了马克思主义的真理性和科学性，总结了马克思主义自诞生以来给世界所产生的积极而又深远的影响，更明确了新时代我们学习和实践马克思主义的重点内容，以及殷切地提出了全党同志学习马克思主义所应有的学习态度和方法。在剖析世界形势以及时代特点和中国特色社会主义新定位的现实基础上，产生了科学社会主义理论在新时代发展的创新性观点。一方面，经过四十多年的改革开放，社会主要矛盾发生了变化，新矛盾要求我们在加快经济发展的前提下，注重经济发展的质量和效益，切实解决好关于人民群众贴身利益的问题。党的十九大报告对未来国家

各个方面的建设做出了重大部署，我们要抓住这个交汇期，实现各项事业的同频共振，不能让理论创新与实践发展擦肩而过。另一方面，“大的历史时代”仍然没有变，人类社会从第一次工业革命的基本完成开始，正式进入了资本主义时代，但这个时代从诞生就有矛盾，就有斗争，“两个必然”的总趋势仍然是不可避免的。因此，马克思关于人类社会及其发展规律的分析没有过时，坚持和发展科学社会主义理论的根本依据还是存在的。

在展现中国特色社会主义的内在意蕴和时代特色的科学基础上，产生了中国特色社会主义和科学社会主义本质关联的创新性成果。一方面，任何科学理论都有自己的理论原则，中国特色社会主义也不例外，中国特色社会主义既然是党领导人民长期奋斗的结果，既然是中国人民的选择，我们就要搞懂其内在意蕴即本质内涵，中国特色社会主义的本质内涵就是中国特色社会主义是社会主义，不是其他的什么主义，这也是其理论原则。党的十八大之前，有人把中国特色社会主义说是中国特色资本主义、国家资本主义的延续、新官僚资本主义等，这些观点都是错误的，一个主义可以有自己的民族特色、时代特色、实践特色，但是理论原则不能丢，一旦丢了原则，就会动摇人心，动摇政党和国家的稳定性。明确中国特色社会主义质的规定性，其实就是坚持和发展了科学社会主义的基本原则，中国特色社会主义是科学社会主义理论逻辑和中国改革开放实践逻辑以及中国延续几千年的历史逻辑的辩证统一；是具有中国气派、中国风格、中国特色的科学社会主义；是21世纪中国最鲜明、最有活力、最前卫的科学社会主义；是统揽“四个伟大”的社会主义；是坚持“五位一体”总体布局的社会主义。另一方面，党的领导是中国特色社会主义最本质的特征，党作为最高的政治领导力量，是领导一切的，体现了马克思主义理论的政党学说。新时代尊重人民的主体地位，遵循人民是历史创造者的历史唯物主义原则，这也体现了中国特色社会主义对科学社会主义理论的继承。社会主义的特征是搞集体富裕，社会主义经济发展必须要走共同富裕的道路，社会主义是要改善全体人民的生活，而不是某一个阶级或者阶层，共同富裕的原则不能丢，这是对资本主义剥削制度的批判，体现了共产主义的基本原则和共产主义社会的基本特征。社会基本矛盾运动是社会历史发展的根本动力，生产力决定生产关系的原则不能丢，生产力是最革命的因素，要把发展生产力作为社会主义的根本任务，如果不发展生产力，社会主义的本质就不能体现，这不是违反唯物论，而是坚持了辩证唯物论的原则。中国特色社会主义和科学社会主义是有本质关联的，是一脉相承的，任何时候都不能割断它们之间的联系。

在整体阐明新时代坚持和发展中国特色社会主义的理论基础上，产生了科学社会主义理论的最新成果和重要部署方面的创新性内容。习近平新时代中国特色社会主义思想回答了新时代的重大课题，是对新时代社会实践及其理论问题的科学解释，其坚持科学社会主义的基本原则，是科学社会主义在新时代的理论成果。每个时代有每个时代的任务和需要解决的课题，新时代坚持和发展什么样的中国特色社会主义、怎样坚持和发展中国特色社会主义，是以习近平为核心的党中央必须要解决的时代课题。坚持问题导向是马克思主义的鲜明特点，习近平总书记牢牢把握问题的导向性，深刻掌握从问题的来源到问题的解决的脉络主线，用“八个明确”来回答“是什么”的问题，用“十四个坚持”来回答“怎么办”的问题，由此构成了习近平新时代中国特色社会主义思想的基本内涵，更加丰富和充实了科学社会主义理论。无论是科学社会主义基本原则还是新时代中国特色社会主义思想，它们的真理魅力都需要在实践的现实中得以体现。我们要以习近平新时代中国特色社会主义思想为指导，形成建设新时代中国特色社会主义的基本方略，这个方略涉及新时代我国的政治、经济、文化、社会民生、生态文明、宗教、教育、军事、外交、党的建设等各个方面，要极力论证科学社会主义理论的实践特色，体现其实践形态。科学社会主义的最高目标是实现共产主义，而习近平新时代中国特色社会主义思想为实现这个目标，做出了一系列的重大部署。中国特色社会主义是最低纲领和最高纲领的统一，在社会主义初级阶段，实现社会主义现代化强国的建成目标是我们的基本纲领，而在完成这个目标的同时，又分为全面建成小康社会、基本实现社会主义现代化，全面建成社会主义现代化强国。这样的重大部署既是战略安排，又是长远规划，更是历史发展的必然趋势即实现共产主义的奠基石，展望未来共产主义新社会，给了我们信心和动力，但我们要把当前计划、长远目标、最终目的辩证结合起来，用科学社会主义理论和党的方针策略为战略引导，形成引领中国人民的行动纲领，焕发科学社会主义 21 世纪的崭新活力。